CURSO
DE ESPAÑOL
PARA
EXTRANJEROS

ELE ACTUAL

B2

Libro
del alumno

Virgilio Borobio
Ramón Palencia

www.sm-ele.com

Autor
Virgilio Borobio
Ramón Palencia

Edición
Alejandro García-Caro García
Ignacio Martínez García
Jorge Sánchez Arribas

Corrección
Departamento de corrección de SM

Asesoramiento lingüístico
Jorge Sánchez Arribas

Traducción del glosario
Cristina Díez Pampliega (alemán), Bakun (inglés), Anne-Elisabeth Treffot (francés), Ibercentro: Simone Nascimento Campos y Mary Jane de Santana Gomes (portugués)

Ilustración
Julio Sánchez

Cartografía
Estudio SM

Fotografía
Javier Calbet, Sonsoles Prada, María Pía Hidalgo, Fidel Puerta, Sergio Cuesta/Archivo SM; Olimpia Torres; Andrés Hernández Zuazo; Damm/FOTOTECA 9X12; Mattias Tunger/DIGITAL VISION; Javier Pierini, Mel Curtis, Vicky Kasala, Jack Hollingsworth, Ryan McVay, Michael Mattisse, Nancy R. Cohen/PHOTODISC; Eric Audras/PHOTOALTO; Nicolás Ordóñez Carrillo/www.niorcano,com; Jacob Stephens/iSTOCKPHOTO.COM; Celso Pupo Rodrigues, Dubravko Grakalic, Galina Barskaya/DREAMSTIME.COM; J. Duran/DREAMSTIME.COM; J. Duran/GETTY IMAGES; CORBIS/CORDON PRESS; CONTACTO; FIRO FOTO; PRISMA; G TRES ON LINE; LATINSTOCK; BANANASTOCK; ALAMY IMAGES; PHOTONONSTOP; PHOVOIR; SIPA – PRESS; INGIMAGE; THINKSTOCK; ABLESTOCK.COM; 123RF; IMAGESOURCE; AGE FOTOSTOCK; ALBUM; Editorial Alfaguara; Editorial Debolsillo; Editorial Sudamericana; Ministerio de Sanidad

Foto de cubierta
Iván España

Grabación
Rec Division

Edición gráfica
Fidel Puerta Flores
María Pía Hidalgo Rey

Diseño de cubierta e interiores
Estudio SM

Maquetación
Grupo Kunzzo, S.L.

Coordinación técnica y de diseño
Mario Dequel

Coordinación editorial
Cristina Campo García

Dirección del proyecto
Pilar García García

Datos de comercialización

Para el extranjero:
Grupo Editorial SM Internacional
Impresores, 2 Urb. Prado del Espino
28660 Boadilla del Monte – Madrid (España)
Teléfono: (34) 91 422 88 00
Fax: (34) 91 422 61 09
internacional@grupo-sm.com

Para España:
Cesma, S. A.
Joaquín Turina, 39
28044 Madrid
Teléfono: 902 12 13 23
Fax: 902 24 12 22
clientes@grupo-sm.com

Introducción

ELE ACTUAL B2 es un curso comunicativo de español dirigido a estudiantes adolescentes y adultos que cubre el nivel B2 establecido por el *Marco común europeo de referencia para las lenguas* y está adaptado al *Plan curricular del Instituto Cervantes*. Se trata de un curso centrado en el alumno, que permite al profesor ser flexible y adaptar el trabajo del aula a las necesidades, condiciones y características de los estudiantes.

Se apoya en una metodología motivadora y variada, de contrastada validez, que fomenta la implicación del alumno en el uso creativo de la lengua a lo largo de su proceso de aprendizaje. Sus autores han puesto el máximo cuidado en la secuenciación de las diferentes actividades y tareas que conforman cada lección.

Tanto en el Libro del alumno como en el Cuaderno de ejercicios se ofrecen unas propuestas didácticas que facilitan el aprendizaje del estudiante y lo sitúan en condiciones de abordar con garantías de éxito situaciones de uso de la lengua, así como cualquier prueba oficial propia del nivel al que **Ele Actual B2** va dirigido (DELE, escuelas oficiales de idiomas, titulaciones oficiales locales, etc.).

El Libro del alumno está estructurado en tres bloques, cada uno de ellos formado por cuatro lecciones más otra de repaso. Las lecciones giran en torno a uno o varios temas relacionados entre sí.

En la sección ***Descubre España y América Latina***, se tratan aspectos variados relacionados con los contenidos temáticos o lingüísticos de la lección. Las actividades propuestas permiten abordar y ampliar aspectos socioculturales de España y América Latina, complementan la base sociocultural aportada por el curso y posibilitan una práctica lingüística adicional.

Todas las lecciones presentan el cuadro ***Recuerda***, donde se recapitulan las funciones comunicativas tratadas en ellas, con sus correspondientes exponentes lingüísticos y contenidos gramaticales.

Cada lección concluye con la sección ***Materiales complementarios***, en la cual se ponen a disposición de alumnos y profesores más propuestas didácticas destinadas a la práctica adicional y opcional de las destrezas y de los contenidos lingüísticos y funcionales. Han sido concebidas para dar una respuesta más flexible a las necesidades específicas de los alumnos y dotar de más variedad al curso. Su inclusión en el manual contribuye a enriquecer el repertorio de técnicas de enseñanza empleadas por el docente.

Al final del libro se incluyen un resumen de todos los contenidos gramaticales (***Resumen gramatical***) y un **glosario del vocabulario productivo** del curso ordenado por lecciones y traducido a varios idiomas.

Así es este libro

Presentación

Al comienzo de cada lección se especifican los objetivos comunicativos que se van a trabajar.

La presentación de los contenidos temáticos y lingüísticos que abre cada lección (gramática, vocabulario y fonética) se realiza con el apoyo de los documentos y técnicas más adecuados a cada caso. En las diferentes lecciones se alternan diversos tipos de textos, muestras de lengua, diálogos, fotografías, ilustraciones, cómics, etc.

La activación de conocimientos previos y el desarrollo del interés de los alumnos por el tema son objetivos que también se contemplan en esta fase.

Práctica de contenidos

A continuación, se incluye una amplia gama de actividades significativas y motivadoras mediante las cuales el alumno va asimilando de forma progresiva los contenidos temáticos y lingüísticos necesarios para alcanzar los objetivos de la lección. Muchas de ellas son de carácter cooperativo y todas han sido graduadas de acuerdo con las demandas cognitivas y de actuación que plantean al alumno. Esas actividades permiten:

• La práctica lingüística.

• La aplicación, el desarrollo y la integración de las diferentes destrezas lingüísticas (comprensión auditiva, expresión oral, interacción oral, comprensión lectora y expresión escrita).

• La aplicación y el desarrollo de estrategias de comunicación.

• El desarrollo de la autonomía del alumno.

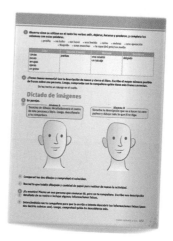

Estrategias de aprendizaje

A lo largo del curso se proponen diversas actividades destinadas a fomentar el desarrollo de estrategias positivas de aprendizaje. Tienen como objetivo ayudar al alumno a descubrir estrategias que no conocía o no ponía en práctica, pero que pueden serle útiles en lo sucesivo si se adaptan a su estilo de aprendizaje. La labor de "aprender a aprender" facilita el proceso de aprendizaje del alumno y le permite llevarlo a cabo con un mayor grado de autonomía, confianza en sí mismo y responsabilidad.

Además...

Ele Actual B2 proporciona también en cada lección una sección de dos páginas en la que se complementa y enriquece la base lingüística y funcional aportada en la lección. En ella se abordan contenidos específicos de nivel avanzado para poder cubrir mejor diversos programas lingüísticos y satisfacer las necesidades de los distintos alumnos.

El tratamiento que reciben es exhaustivo, atractivo y facilitador, mediante secuencias de actividades de un elevado nivel didáctico.

Contenidos socioculturales

La integración de contenidos temáticos y lingüísticos hace posible que el alumno pueda aprender la lengua al mismo tiempo que asimila unos conocimientos sobre diversos aspectos socioculturales de España y América Latina. Las tareas incluidas contribuyen también a aumentar el interés por los temas seleccionados y al desarrollo de la conciencia intercultural, esto es, a la formación en el conocimiento, comprensión, aceptación y respeto de los valores y estilos de vida de las diferentes culturas.

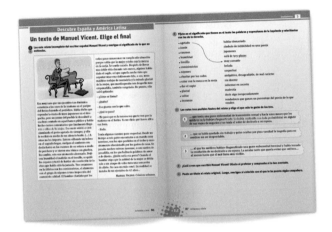

Materiales complementarios

Las propuestas didácticas incluidas en la sección *Materiales complementarios* constituyen un auténtico banco de actividades extra. Aportan más variedad, innovación y calidad didáctica al programa, ayudan a centrar más el curso en el alumno y facilitan la flexibilidad del profesor, quien podrá decidir cuál es la actividad adecuada y el momento apropiado para realizarla una vez que haya detectado ciertas necesidades específicas de sus alumnos.

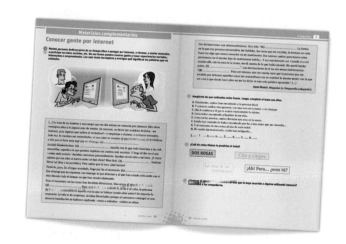

Contenidos del libro

	TEMAS Y VOCABULARIO	OBJETIVOS COMUNICATIVOS
1 APRENDER ESPAÑOL	• Aprender español • Dificultades de aprendizaje • Lenguaje coloquial	• Describir dificultades de aprendizaje • Expresar empatía • Corregir una información sustituyéndola por otra o dando una explicación • Proponer y sugerir; • Aconsejar • Expresar sorpresa y extrañeza • Tratar de convencer; • Pedir confirmación • Aceptar una petición
2 EL TIEMPO LIBRE	• El tiempo libre • El cine. Géneros cinematográficos • La salsa	• Proponer y sugerir • Aceptar una invitación; • Concertar citas • Ceder la elección al interlocutor • Poner condiciones para hacer algo • Valorar y describir una película; • Hablar del tema y del argumento de una película • Comprobar si se sabe algo • Expresar sorpresa ante una información • Recomendar algo valorándolo positivamente
3 CONDICIONES DE VIDA	• Condiciones de vida • Calidad de vida • El carácter (1)	• Expresar condiciones irreales sobre el presente y sus consecuencias • Expresar condiciones poco probables y sus consecuencias • Expresar deseos poco probables o imposibles • Describir el carácter de una persona • Expresar certeza y evidencia • Expresar falta de certeza y evidencia • Expresar acuerdo; • Expresar desacuerdo • Expresar sorpresa y extrañeza • Hablar de cambios de hábitos
4 UN MUNDO MEJOR	• Problemas contemporáneos y soluciones	• Expresar opiniones y argumentar • Hablar de problemas contemporáneos • Expresar acuerdo • Expresar desacuerdo • Presentar un contraargumento • Añadir una información negativa • Valorar hechos y situaciones • Sugerir soluciones • Expresar obligación y necesidad
REPASO 1	**Lecciones 1-2-3-4**	
5 SENTIMIENTOS	• Hechos importantes en la vida de una persona • Sentimientos (1)	• Expresar alegría o satisfacción • Expresar pena, lástima o tristeza y mencionar el motivo • Expresar indiferencia • Agradecer • Expresar sorpresa, extrañeza y preocupación, y mencionar el motivo • Formular hipótesis sobre el pasado • Expresar esperanza • Tranquilizar y dar ánimos

GRAMÁTICA	ESTRATEGIAS DE APRENDIZAJE Y COMUNICACIÓN	DESCUBRE ESPAÑA Y AMÉRICA LATINA	PÁGINA
• Formas y usos del presente de subjuntivo (revisión) • *No es que* + subjuntivo, *sino que / es que / lo que pasa es que* + indicativo • *Te propongo / te sugiero / te aconsejo / te recomiendo / lo mejor es* + *que* + presente de subjuntivo • *Si yo fuera tú, / yo que tú,* + condicional simple	• Consejos para aprender mejor • Deducir el significado de palabras nuevas	• Joan Manuel Serrat • Canción *Hoy puede ser un gran día* LITERATURA Y TEXTOS • Ramón J. Sender • Rosa Montero • Pablo Neruda • Un cómic	10
• *¿Te parece / te va bien* + *que* + presente de subjuntivo? • *Proponer* + infinitivo; *Si te parece bien, podemos/podríamos...* • *Merece la pena* + infinitivo - *Merece la pena que* + subjuntivo • (Preposición +) *El/la/los/las/lo que* + presente de subjuntivo (de *querer/desear/preferir/...*) • *Como/cuando/donde/adonde* + presente de subjuntivo • *La única condición que pongo es que* + presente de subjuntivo • *Ser–estar* : valoraciones	• Ganar tiempo para preparar lo que se quiere expresar • Estrategias de comunicación	• Orígenes de la salsa • Canción *Juan Pachanga* LITERATURA Y TEXTOS • Lupio Bordecórex • Quim Monzó	24
• Pretérito imperfecto de subjuntivo • *Si* + pretérito imperfecto de subjuntivo, + condicional simple • *(A mí) Me gustaría/encantaría que* + pretérito imperfecto de subjuntivo • *Estar (absolutamente / del todo) seguro/convencido de que* + indicativo • *No hay duda de que / está/tengo claro que* + indicativo • *Es evidente/obvio que* + indicativo, *Evidentemente* + indicativo • *Tener la impresión/sensación de* + *que* + indicativo • *(Me) Imagino / (yo) diría* + *que* + indicativo • *Es verdad/cierto/evidente* (+ *que* + indicativo) • *Optar por, dar por, tender a, habituarse a* • Perífrasis verbales (1): *ir/terminar/acabar* + gerundio, *dejar de* + infinitivo, ...	• Técnicas de memorización	• Vida moderna y calidad de vida en España LITERATURA Y TEXTOS • Fernando Savater • Esteban Peicovich • Un cómic • Un texto de una revista • Un texto de un periódico	38
• *(Yo) Opino/considero/veo/diría que* + indicativo - *(Yo) No opino / no considero / no veo /...* + *que* + subjuntivo • *Puede que tengas razón, pero... / puede que sí, pero...* • *No dudo (de) que* + subjuntivo, *no obstante* + indicativo • *A mí me parece bien / un error / ...* + *que* + subjuntivo • *Es importante / una vergüenza / ...* + *que* + subjuntivo • *Estar* + *bien/mal/genial/fenomenal/fatal que* + subjuntivo • Pretérito perfecto de subjuntivo • *Habría que* + infinitivo, *Estaría bien que / no estaría mal que* + pretérito imperfecto de subjuntivo • *Es imprescindible/indispensable que* + subjuntivo, *Hace falta que* + subjuntivo • Perífrasis verbales (2): *haber de / venir a / ponerse a / echarse a / soler / llegar a* + infinitivo, *andar* + gerundio	• Técnicas para mejorar la forma de hablar en español	• Canción *Ataque de risa* LITERATURA Y TEXTOS • Lupio Bordecórex • Albert Einstein • Mafalda	52
			66
• *¡Qué bien que* + subjuntivo!, *Me alegro de que* + subjuntivo • *Estoy contento/encantado de que* + subjuntivo • *Me siento muy feliz/contento/satisfecho de que* + subjuntivo • *¡Qué pena/lástima que* + subjuntivo!, *Me da pena/lástima que* + subjuntivo, *Es una pena/lástima que* + subjuntivo • *Siento/lamento que* + subjuntivo • *Me duele/disgusta que* + subjuntivo • *Con lo que* + indicativo, *Con lo* + adjetivo/adverbio + *que* + indicativo • *Con el/la/los/las* + sustantivo + *que* + indicativo • *Me da igual / lo mismo* + *que* + subjuntivo, *No me importa (nada) que* + subjuntivo • *¡Cómo/cuánto te agradezco que* + subjuntivo! • *Me sorprende/extraña que* + subjuntivo, *¡Qué raro/extraño que* + subjuntivo! *Si* + indicativo • Futuro compuesto y condicional compuesto • Operadores para introducir hipótesis con indicativo y subjuntivo • *Espero/esperemos que* + subjuntivo, *Ojalá (que)* + subjuntivo • Verbos con preposición: *resignarse a, avergonzarse de,* ...	• Evaluación del propio proceso de aprendizaje	• Un escritor español: Manuel Vicent LITERATURA Y TEXTOS • Un cómic • *El enigma de Guillermo* • Canción *No me importa nada* • Un caso policiaco	74

7 siete

	TEMAS Y VOCABULARIO	OBJETIVOS COMUNICATIVOS
6 ECOLOGÍA	• La ecología	• Hablar sobre problemas ecológicos • Expresar preocupación; • Aconsejar • Sugerir medidas para solucionar problemas • Organizar la información y ordenar ideas • Expresar la causa y las consecuencias • Añadir, contrastar u oponer ideas • Resumir o introducir la conclusión
7 LA PUBLICIDAD	• La publicidad	• Expresar finalidad • Interpretar y redactar anuncios publicitarios • Expresar opiniones • Destacar o concretar algo • Matizar una información • Reformular explicando o rectificando
8 LOS MEDIOS DE COMUNICACIÓN	• Los medios de comunicación	• Expresar posibilidad • Decir con qué relacionamos algo • Relatar hechos pasados; • Redactar noticias • Transmitir lo dicho por alguien • Referir consejos, sugerencias, peticiones y órdenes • Expresar opiniones y debatir

REPASO 2

Lecciones 5-6-7-8

	TEMAS Y VOCABULARIO	OBJETIVOS COMUNICATIVOS
9 CARÁCTER Y SENTIMIENTOS	• El carácter (2) • Las relaciones personales • Sentimientos (2)	• Expresar afecto • Describir el carácter de una persona • Expresar la impresión que tenemos de alguien • Expresar consecuencias • Expresar gustos • Expresar aversión • Expresar diversión • Expresar aburrimiento • Expresar cambios experimentados por personas
10 ESTADOS FÍSICOS Y ANÍMICOS	• Estados físicos y anímicos • Sentimientos (3) • El estrés	• Expresar estados físicos y anímicos • Expresar sentimientos • Hablar de cambios de estado de ánimo • Expresar nerviosismo, enfado, alegría, tristeza, vergüenza y miedo • Describir físicamente a una persona
11 DE VACACIONES	• Lugares de interés • Descripciones geográficas • De vacaciones • Quejas y reclamaciones	• Expresar preferencia; • Expresar requisitos • Expresar condiciones imprescindibles • Expresar una condición por la que no se realiza una acción • Expresar deseos poco probables o imposibles • Quejarse y reclamar; • Disculparse • Redactar una carta de reclamación
12 HECHOS Y DECISIONES IMPORTANTES	• Sucesos • Decisiones importantes en la vida	• Expresar condiciones no cumplidas y sus consecuencias • Relatar contratiempos • Expresar involuntariedad • Expresar arrepentimiento • Reprocharse algo • Expresar decepción • Oponer informaciones

REPASO 3

lecciones 9-10-11-12

GRAMÁTICA	ESTRATEGIAS DE APRENDIZAJE Y COMUNICACIÓN	DESCUBRE ESPAÑA Y AMÉRICA LATINA	PÁGINA
• *(A mí) Me preocupa que* + subjuntivo • Sufijos. Formación de sustantivos a partir de verbos • Yo *propondría que* + pretérito imperfecto de subjuntivo • Imperativo afirmativo y negativo • Marcadores del discurso. Conectores: para organizar, ordenar y contrastar u oponer ideas; causales; consecutivos; aditivos; para introducir el resumen o la conclusión	• Técnicas para escribir mejor en español	• La Amazonia LITERATURA Y TEXTOS *• Ecología para no ecologistas* • Problemas ecológicos • Decálogo verde • Un cómic • Un test	90
• *Para / con el objeto de / el objetivo de... es + que* + subjuntivo • La voz pasiva • Imperativo afirmativo y negativo con pronombres de OI y de OD • Preposiciones *por* y *para* • Expresión de opiniones • Marcadores del discurso: *precisamente, de hecho, en realidad, es decir (que), o sea (que), mejor dicho,...*	• Estrategias de comunicación para participar en un debate: - Tomar la palabra - Pedir y hacer una aclaración - Interrumpir - No ceder la palabra	• Por un cine latino de calidad LITERATURA Y TEXTOS • La publicidad • Refranes • Canción *Malditos refranes* • Un artículo de un periódico	108
• *Deber de / tener que* (posibilidad) • Anteposición del objeto directo • Oraciones temporales: conectores • Tiempos verbales para hablar del pasado • Utilización de tiempos verbales en el estilo indirecto: en indicativo y en subjuntivo • Expresión de opiniones y acuerdo o desacuerdo	• Formas de utilizar los medios de comunicación para aprender español	• Un cuento de Mario Benedetti LITERATURA Y TEXTOS • Isabel Allende • Cuatro noticias de periódico	124
		• García Márquez; • Bécquer	140
• Verbo *gustar (Me gustas mucho, ¿Te gusto?)* • Prefijos: formación de contrarios, Sufijos: formación de nombres • *Tener (a alguien) por* + adjetivo • Posición del adjetivo: *gran(de), único, ...* • Oraciones consecutivas • *Me encanta/fascina/ilusiona/... + que* + subjuntivo, • *Detesto / odio / me da asco / me horroriza /... + que* + subjuntivo • *Me divierte que* + subjuntivo, *¡Qué divertido que* + subjuntivo! • *Me aburre que* + subjuntivo, *¡Qué aburrido que* + subjuntivo! • *No hay nadie que / quien* + subjuntivo • Verbos de cambio: *volverse, hacerse, llegar a ser, convertirse en, ...*	• Repasar y practicar fuera del aula	• Una entrevista a un psiquiatra español LITERATURA Y TEXTOS • Andreu Martín • Dos cómics • Interpretación de los colores • El horóscopo *• Hilario, un chico hablador*	146
• Expresiones con *estar* + preposición + sustantivo *(Estar a gusto)* • Adjetivos derivados de verbos *(Preocupante)* • *Ser/resultar* + adjetivo + *que* + subjuntivo • *Estar/sentirse/encontrarse* + participio • Adjetivos con *ser* y *estar* : distinto significado *(Listo)* • *Me pone/puso nervioso/furioso/triste/... + que* + subjuntivo • *Me dio rabia / Me hizo ilusión que* + subjuntivo • Cambios físicos de personas: *dejarse, hacerse, quedarse, salir*	• Evitar el estrés en el proceso de aprendizaje	• La cumbia • Canción *Yo me llamo Cumbia* LITERATURA Y TEXTOS • Lupio Bordecórex • Un artículo de una revista • Descripción física de una persona	164
• Oraciones de relativo con preposición, *Busco un sitio en el que/cual* + subjuntivo • Oraciones condicionales. Nexos: *siempre que, siempre y cuando, con tal de que, excepto que, salvo que/si, a no ser que,...* • *Me gustaría que* + pretérito imperfecto de subjuntivo, *¡Ojalá (que)* + pretérito imperfecto de subjuntivo! • *No puede ser / es una falta de seriedad + que* + subjuntivo • *Sentir/lamentar/perdonar/rogar + que* + subjuntivo	• Estrategias positivas de aprendizaje descubiertas durante el curso	• La isla de Pascua LITERATURA Y TEXTOS • Machu Picchu • Una carta de reclamación • Un cómic • Canción *A quien corresponda*	178
• Pretérito pluscuamperfecto de subjuntivo • *Si* + pretérito pluscuamperfecto de subjuntivo, + condicional compuesto/simple • *Se me/te/le/nos/os/les olvidó/cayó/rompieron/...* • *(No) Tendría que / (no) debería + haber* + participio • *Si en vez/lugar de* + infinitivo + pretérito pluscuamperfecto de subjuntivo, + condicional compuesto/simple • Oraciones concesivas: *aunque, a pesar de (que), y eso que, por más/mucho que, tanto si... como si...*	• Resolver problemas de aprendizaje	• Mario Vargas Llosa LITERATURA Y TEXTOS • Juan José Millás • Una noticia de un periódico • Un cómic	194
		• Isabel Allende	208

1 Aprender español

OBJETIVOS

- Describir dificultades de aprendizaje
- Expresar empatía
- Corregir una información sustituyéndola por otra o dando una explicación
- Proponer y sugerir
- Aconsejar
- Expresar sorpresa y extrañeza
- Pedir confirmación
- Tratar de convencer
- Aceptar una petición

1 Lee este fragmento de *La tesis de Nancy* y contesta a las preguntas.

> Si vienes a España, Betsy, te aconsejo que no hagas preguntas a la gente sobre gramática. Todos cambian de tema y ponen gesto agrio. La gramática no es *popular* en este país, al menos en Alcalá de Guadaira y en Sevilla. Ayer le pregunté al dueño de la farmacia del barrio el subjuntivo de otro verbo. Él me dijo que era una pregunta muy graciosa y me presentó a su mujer.
>
> RAMÓN J. SENDER: *La tesis de Nancy.*

- ¿Por qué crees que no respondió el farmacéutico?
- ¿Crees que la gente de tu país conoce bien la gramática de su lengua y sabe explicarla?

2 Nancy tiene problemas con el subjuntivo. ¿Y tú? ¿Recuerdas las formas del presente de subjuntivo?

a Si lo necesitas, puedes repasarlas en el apartado 1.1 del Resumen gramatical (página 214).

b Pasa la pelota. Antes de practicar el juego, anota formas del presente de subjuntivo que te resulten difíciles.

(Tú) Te rías, (yo) vaya, (vosotros) sepáis, (él) quepa, (nosotras) prefiramos, (ustedes) prevean...

Ahora practica con tus compañeros, en grupos de 6 u 8 y en círculo. Un alumno dice el infinitivo de un verbo y un pronombre personal, y luego le pasa la pelota a cualquier compañero. El que la recibe tiene que decir la forma correspondiente del presente de subjuntivo.

- Sentir, nosotras.
- Sintamos. Oler, ella.
- Huela. Parecer, ustedes.

3 **Para comprobar si recuerdas los usos del indicativo y del subjuntivo que estudiaste anteriormente, te proponemos esta actividad.**

1. En grupos de tres. Juega con una moneda y una ficha de color diferente a la de tus compañeros.

2. Por turnos, tira la moneda y, si sale cara, avanza dos casillas; si sale cruz, avanza una. Luego, completa la frase correspondiente.

3. Si lo haces bien, quédate en esa casilla; si no, retrocede a la casilla donde estabas antes.

4. Gana el primero que llega a la meta.

1	2	3	4
SALIDA	Hombre, es lógico que...	Realmente, yo no creo que...	No sé, pero a lo mejor...
8 — Me sorprende mucho que...	7 Aún no he decidido lo que haré el sábado, pero tal vez...	6 — Bueno, hasta mañana. ¡Y que...!	5 — No me gusta nada que...
9 — A mí me encanta que...	10 — No te lo puedo prometer, pero posiblemente...	11 — Tranquilo, no te preocupes. Te esperaré hasta que...	12 — Yo me pongo bastante nervioso si...
16 — ¡Ojalá...!	15 — ¡Qué majo es Rafa! Siempre me echa una mano en cuanto...	14 — La semana que viene puede que...	13 — Pues claro que estoy a favor de que...
17 — No sé qué decirte, pero tengo la impresión de que...	18 — No te olvides de llamarme cuando...	19 — ¡Qué ganas tengo de que...!	20 — **LLEGADA**

4 **Asegúrate de que no te quedas con dudas sobre esos usos del subjuntivo. Ahora escribe tú cinco frases con indicativo o subjuntivo y pásaselas a tu compañero para que corrija las que crea que están mal.**

○
○ Espero que te encuentres bien...
○ Yo diría que es probable que llueve mañana. X
○ *Yo diría que es probable que llueva mañana.*
○

Sugerencias, propuestas y consejos para aprender español

5 Asegúrate de que entiendes estos diálogos. ¿En cuál de ellos se hace referencia a dificultades de
a aprendizaje relacionadas con...

... la gramática?   ... la comprensión lectora?

... el vocabulario?   ... la comprensión auditiva?

1 **Yuko:** A mí lo que me ocurre con cierta frecuencia es que quiero decir algo y me faltan las palabras necesarias en español. Entonces, decido no hablar y me quedo callada, algo que a veces me resulta muy frustrante. No es que no quiera hablar, no, sino que no puedo decir lo que quiero, que es distinto.

Sophie: Te entiendo perfectamente. A mí me pasa exactamente lo mismo. Lo mejor en esos casos es que te hagas entender de la manera que puedas. Yo te recomiendo que utilices otras palabras, que des explicaciones, que pongas ejemplos, que gesticules..., en fin, todo lo que se te ocurra hasta que consigas expresar la idea que quieres expresar, hasta que entiendan lo que tú quieres que entiendan.

2 **Franz:** Cuando escucho algunas conversaciones entiendo muy poco o casi nada. Es un problema que arrastro desde hace mucho tiempo. Antes pensaba que lo resolvería con el paso del tiempo, escuchando y escuchando español, pero aún sigo teniendo bastantes dificultades, muchas más que cuando leo.

Paola: Pues te aconsejo que no pretendas entender todo siempre que escuches español. Muchas veces va a ser prácticamente imposible porque tu interlocutor puede emplear vocabulario que tú no conoces aún. Yo te recomiendo que no dediques demasiada atención y tiempo a lo que no comprendas, que no te bloquees por no entender y, sobre todo, que te concentres en las palabras, frases o ideas aisladas que entiendas, que las relaciones, que intentes reconstruir ideas, que pidas que te repitan o te expliquen lo que no entiendas…

3 **Nick:** A mí me parece que los verbos españoles son bastante difíciles y no es lo que mejor se me da. Los irregulares tienen muchas formas complicadas y, como hay tantos... No es que no me los aprenda, lo que pasa es que algunos se me olvidan fácilmente.

Rachel: Pues yo te sugiero que los repases a menudo, que escribas frases con las formas que te cueste más recordar y, sobre todo, que las digas siempre que puedas, que aproveches cualquier oportunidad para practicarlas. Verás como después te salen sin tener que esforzarte tanto.

4 **Ahmed:** Cuando intento leer por mi cuenta en español, tengo que consultar continuamente el diccionario porque hay muchas palabras que no entiendo. Y, claro, al final me canso y leer termina siendo algo molesto y casi desagradable. Lo peor de todo es que se me van las ganas y dejo de leer.

Vania: Yo que tú, no dejaría de leer. Te propongo que leas de otra manera. Cuando aparezca una palabra que no conozcas, decide si realmente es imprescindible para entender lo que estás leyendo. Si no lo es, te la puedes saltar. Si lo es, intenta imaginarte su significado; si no lo consigues, puedes mirar el diccionario. Ya verás como no interrumpes tanto la lectura y comprobarás que muchas veces no hace falta que entiendas absolutamente todas las palabras para poder leer y disfrutar haciéndolo.

b **¿También tienes tú alguna de las dificultades mencionadas? Explícaselo a tu compañero y comprueba si coincides en algo con él.**

- A mí me pasa lo mismo que a...
  (A veces, cuando quiero decir algo...).
- Te entiendo perfectamente (y sé cómo te sientes). A mí también me pasa exactamente lo mismo.

Expresar empatía
- Te entiendo (perfectamente).
- Sé (exactamente) cómo te sientes.
- A mí me pasa (exactamente) lo mismo.

6 **¿Indicativo o subjuntivo? Busca en los diálogos ejemplos con estructuras del cuadro y complétalo con**
a **esas dos palabras.**

> **Corregir una información sustituyéndola por otra**
>
> *No es que* + ..., *sino que* + ...
>
> **Corregir una información dando una explicación**
>
> *No es que* + ..., | *lo que pasa es que* | + ...
> | *es que* |

b **¿Puedes añadir tú algún ejemplo?**

7 **Relaciona las dos partes.**
a

1. No es que no me parezca útil la traducción,

2. No es que tenga mala memoria,

3. No es que no quiera hablar español fuera de clase,

4. No es que no me guste escribir,

5. No es que no me apetezca leer en español,

6. No es que no esté interesado en el cine español,

7. No es que no considere necesario un diccionario monolingüe,

8. No es que la fonética no sea fundamental,

A. lo que pasa es que no tengo con quién hacer un intercambio.

B. es que no es tan fácil encontrar literatura que yo pueda entender.

C. sino que pienso que no se debe abusar de ella.

D. lo que pasa es que no siempre hacemos suficientes ejercicios de pronunciación y entonación.

E. lo que pasa es que no conozco ninguno exactamente para mi nivel.

F. sino que me cuesta mucho redactar.

G. es que las películas deben estar subtituladas para poder entenderlas.

H. lo que pasa es que si no practico suficientemente algo, se me olvida.

1. ..C.. 2. ...... 3. ...... 4. ...... 5. ...... 6. ...... 7. ...... 8. ......

b **¿Cuáles de esas informaciones son ciertas para ti?**

8 **¿Tienes buena memoria? Cierra el libro y escribe el mayor número posible de informaciones de la actividad 7. Luego, compara con tu compañero: ¿quién tiene más frases correctas?**

9 **Lee de nuevo los diálogos de la actividad 5. ¿Qué verbos y estructuras se han utilizado para expresar**
a **sugerencias, propuestas y consejos con subjuntivo?**

> Recomendar, lo mejor es que, ...

b **¿Recuerdas otras formas de dar consejos? ¿Qué tiempos o modos verbales se emplean? Busca algún ejemplo en los diálogos.**

> También podemos dar consejos con... En los diálogos aparecen varios ejemplos: ...

10 Lee este diálogo y responde a las preguntas.

a

● A mí lo que me ocurre es que me cuesta bastante hablar o, mejor dicho, que hablo con poca fluidez. Muchas veces no me salen las palabras exactas, o tardan en salirme, y, claro, me expreso muy lentamente.

○ Yo creo que lo mejor es que participes mucho en clase, que hagas preguntas, que aproveches todas las oportunidades de hablar…, vamos, que te lances a hablar.

● No, si no es que no tome la palabra, lo que pasa es que, ya te digo, me expreso con mucha lentitud porque soy muy perfeccionista y solo hablo cuando estoy segura de que voy a decir algo bien; si no lo estoy, no hablo.

○ Pues te sugiero que, siempre que puedas, pienses antes lo que vas a decir, que antes de tomar la palabra prepares mentalmente lo que vas a decir. Creo que eso te ayudará y podrás hablar con más naturalidad y más fluidez.

● ¡Ah! Pues, mira, no se me había ocurrido, pero me parece una buena idea y voy a probarla para ver si me da resultado.

● ¿Qué problema tiene la primera interlocutora?
● ¿Qué hace para intentar superarlo? ¿Lo consigue?
● ¿Qué le recomienda su compañera? ¿Cómo reacciona ante el último consejo?

Te recomiendo que vayas al doctor.

b ¿Qué frases del diálogo te parecen más difíciles de pronunciar y entonar? Practícalas con el profesor.

Es aconsejable que descanses mucho y no

11 Escucha a varios estudiantes hablando sobre
a sus problemas con el español y marca en cuál
🎧 o cuáles de los siguientes aspectos tienen
1|1 dificultades.

	1.	2.	3.	4.	5.
Vocabulario					
Pronunciación					
Gramática					
Comprensión oral					
Comprensión lectora					

b Vuelve a escuchar los diálogos. ¿Qué consejos
🎧 les dan sus amigos?
1|2

Consultorio de español

12 Escribe tu problema más importante con el
a español en un *post-it* y pégalo en una pared del aula.

b Lee algunos de los problemas de tus compañeros y toma nota sobre posibles soluciones.

c Di tu problema a tus compañeros y escucha sus sugerencias, propuestas y consejos. ¿Te parece útil alguno?

● A mí lo que me ocurre es que…

○ Pues | te | sugiero
recomiendo
aconsejo   que…
propongo

lo mejor es

trata de …
procura …

yo que tú, …

● ¡Ah! Pues no se me había ocurrido, pero me parece bien la idea.

Estrategias de aprendizaje: deducir el significado de palabras nuevas

A lo largo de este curso se te va a ayudar, como en el anterior, a descubrir y aplicar estrategias positivas de aprendizaje que te permitirán aprender más y mejor. En esta actividad vas a entrar en contacto con técnicas que te ayudarán a deducir el significado de palabras desconocidas.

13

a Lee rápidamente este fragmento de un artículo sobre la lectura y ponle un título.

Si Shakespeare, si Cervantes no hubieran existido, el devenir del mundo habría sido probablemente idéntico. Pero los libros, en su conjunto, sí son imprescindibles. Si se les impide soñar, las personas enloquecen: está comprobado. De la misma manera, sin novelas, la Humanidad sería mucho más triste y más enferma. [...]

Las novelas me han dado muchas vidas. He visitado cientos de mundos, he sido dama victoriana, rey medieval y bucanero. He conocido el odio y el amor, la aventura y el vértigo. Todos tenemos un libro que nos espera, de la misma manera que a todos nos aguarda un amor en algún sitio: la cosa es descubrirlo. Los que no disfrutan con la lectura son aquellos que no han encontrado aún ese libro, esa obra que les atraparía y les dejaría temblorosos y exhaustos, como siempre dejan las grandes pasiones. Lo siento por ellos.

ROSA MONTERO: *El País*.

b Cuando nos encontramos con palabras que no conocemos, es muy útil aplicar la estrategia de compensación consistente en tratar de deducir su significado. Deducirlo correctamente facilita mucho la comprensión del texto. Lee otra vez el fragmento y subraya las palabras nuevas. Luego, trata de deducir su significado.

c Comprueba con el profesor si has deducido acertadamente el significado de alguna palabra.

d ¿Has aplicado alguna de estas estrategias de deducción? Coméntalo con la clase.

A. Deducción por la forma: la palabra se parecía a otra de mi lengua o de otra lengua que conozco.

B. Deducción por la forma: es una palabra derivada de otra que conozco en español.

C. Deducción por el contexto: alguna información del texto me ha ayudado a deducir el significado de una palabra.

D. Deducción por el conocimiento del tema: he podido adivinar el significado por lo que sabía sobre el tema.

Yo he deducido el significado de... por la forma, pues esa palabra se parece a la equivalente en mi lengua.

Lenguaje coloquial

1
a
Lee este cómic incompleto y pregúntale al profesor qué significa lo que no entiendas.

PARA, TOMÁS, QUE ES AQUÍ.

¡VAYA CASA! ¡QUIÉN SE LO IBA A IMAGINAR! LA VERDAD ES QUE LOS HAY QUE TIENEN SUERTE.

PERO, EN SERIO, ¿ES VERDAD QUE VIVES AQUÍ O ME ESTÁS TOMANDO EL PELO?

MIRA, SE ME OCURRE QUE PUEDES VENIR MAÑANA Y TE ENSEÑO LA CASA..., Y, DE PASO, TE PRESENTO A MIS PADRES.

NO SÉ... ME TEMO QUE NO DEBERÍA ACEPTAR.

PERO ES QUE...

NO HAY PERO QUE VALGA Y NO SE HABLE MÁS. TE ESPERO MAÑANA A LAS OCHO.

UN POCO MÁS TARDE...

ME ESTOY METIENDO EN UN BUEN LÍO.

VOY A TENER QUE HACER ALGO PARA NO CAERLES MAL.

ENTRETANTO, EN CASA DE ISABEL...

BUENAS NOCHES, PAPÁS, ¿PUEDO HABLAR UN MOMENTITO CON VOSOTROS?

BUENO, PUES TENGO UN AMIGO POR EL QUE SIENTO ALGO MUY ESPECIAL Y LO HE INVITADO A CASA MAÑANA...

SÍ, PERO ES QUE QUISIERA PEDIROS UN FAVOR...

A LA "HORA H"...

VAN A QUEDARSE CON LA BOCA ABIERTA CUANDO VEAN EL ESFUERZO QUE HE HECHO PARA CAERLES BIEN A LOS PADRES.

DING DONG!

ESTO ES EL COLMO. NO SÉ CÓMO HE ACEPTADO HACER ESTE TEATRO.

TIENE TANTAS GANAS DE QUE SU AMIGO SE SIENTA A GUSTO Y ESTÁ TAN COLADA POR ÉL...

b **Asegúrate de que entiendes estas frases y completa el cómic con ellas.**

1. Como me vean sus padres con este aspecto...

2. Qué menos que hacer esto por nuestra pequeña.

3. ¿Qué? ¡No me digas que vives en esta mansión!

4. Tú siempre tan incrédulo. Pues claro que vivo aquí, aunque no había querido decírtelo...

5. Seguro que es él. ¡Cómo me late el corazón!

6. ¡Has hecho muy bien!

7. ¡Cómo no! ¡Faltaría más, hija mía! ¿De qué se trata?

8. Venga, hombre, no te lo pienses. Verás como no te arrepientes.

c **Ponle un título y comprueba si coincide con el que le ha puesto algún compañero.**

d **Fíjate en el significado que tienen en el cómic las palabras y frases de la izquierda y relaciónalas con las de la derecha.**

- que — sorprenderse muchísimo
- entretanto — no lo dudes
- los hay que tienen suerte → porque
- tomar el pelo a alguien — mientras ocurría eso
- no te lo pienses — no acepto ninguna objeción
- no hay pero que valga — por supuesto, claro que sí
- ¡cómo no!, ¡faltaría más! — muy enamorada
- quedarse con la boca abierta — hay personas que son muy afortunadas
- lío — situación embarazosa difícil de resolver
- colada — reírse de él/ella

e **En parejas. Elegid alguna palabra o frase del cómic e incluidla en algún minidiálogo escrito.**

- ¿Sabes que a Roberto le ha tocado la lotería?
- ¡Ah! ¿Sí? Pues el año pasado también le tocó.
- Es que *los hay que tienen suerte*.

- ¿Puedo utilizar tu diccionario un momento?
- *¡Cómo no! ¡Faltaría más!*
- Muchas gracias.

f **Leedle a otra pareja los minidiálogos sin las palabras o frases del cómic. Ellos deben decir cuál falta en cada caso.**

- ¿Sabes que a Roberto le ha tocado la lotería?
- ¡Ah! ¿Sí? Pues el año pasado también le tocó.
- Es que...
- ... *los hay que tienen suerte*.

Recuerda

COMUNICACIÓN

Describir dificultades de aprendizaje
- A mí me cuesta bastante hablar o, mejor dicho, hablo con poca fluidez.
- Pues a mí lo que me ocurre a veces es que quiero decir algo y me faltan las palabras necesarias. Entonces, no digo nada.

Expresar empatía
- Te entiendo perfectamente.
- Sé exactamente cómo te sientes.
- A mí me pasa exactamente lo mismo.

Corregir una información sustituyéndola por otra
- No es que no me parezca útil la traducción, sino que pienso que no se debe abusar de ella.

Corregir una información dando una explicación
- No leo en español y no es que no quiera leer, es que no es fácil encontrar libros que yo pueda leer.
- Tengo problemas con los verbos y no es que no me los aprenda, lo que pasa es que muchos se me olvidan fácilmente.

Proponer y sugerir
- Te propongo que me envíes correos en español para practicar más.
- Yo te sugiero que repases los verbos a menudo para no olvidarlos.

Aconsejar
- Si yo fuera tú, hablaría más en clase.
- Lo mejor es que escuches grabaciones por tu cuenta.

Expresar sorpresa y extrañeza
- ¿Qué? ¡No me digas que vives aquí!

Pedir confirmación
- Pero, en serio, ¿es verdad que vives aquí?

Tratar de convencer
- Venga, hombre, no te lo pienses. Verás como no te arrepientes.

Aceptar una petición
- ¡Cómo no! ¡Faltaría más!

GRAMÁTICA

Formas del presente de subjuntivo (revisión)
(Ver resumen gramatical, apartado 1.1)

No es que + subjuntivo, | *sino*
| *es*
| *lo que pasa es* | *que* + indicativo
(Ver resumen gramatical, apartado 4)

Proponer/sugerir + *que* + subjuntivo
(Ver resumen gramatical, apartado 5.1)

Si yo fuera
Yo que | *tú,* + condicional simple

Lo mejor es
Te aconsejo
Te recomiendo | *que* + presente de subjuntivo
(Ver resumen gramatical, apartados 6.1 y 6.2)

Joan Manuel Serrat

1 a Lee estas opiniones sobre el cantautor español Joan Manuel Serrat y asegúrate de que las entiendes.

" Serrat tiene una gran capacidad de identificación con la gente y es muy plural en sus planteamientos. Lo mismo puede ser un cantante épico que ponerles palabras a los sentimientos más íntimos de las personas corrientes. En sus canciones prima ante todo su sinceridad vital, no son propuestas convencionales adecuadas al consumo sentimental del público. "

Manuel Vázquez Montalbán, escritor español

" Serrat es la banda sonora de los mejores años de tres o cuatro generaciones. Es la música que más nos ha acompañado y la letra que mejor nos ha hecho comprendernos. Un poco de ternura, un poco de mala leche, una pizca de crónica y unas gotas de humor del bueno, que es aquel humor que nos permite reírnos de nosotros mismos. "

Joan Barril, periodista español

" En América Latina, y sobre todo en los países del Cono Sur, es un artista muy admirado y querido. No solo por su labor artística, sino también por su calidad humana, traducida en numerosas muestras de solidaridad y en los riesgos asumidos con tales actitudes. Nunca nos ha defraudado en su arte. Es original, comunicativo, sincero y riguroso. "

Mario Benedetti, escritor uruguayo

" Es para los latinoamericanos un sinónimo de Libertad (con mayúsculas), de lucha por la vida y la dignidad humanas. Es la inteligencia, la razón, la cultura y la poesía imponiéndose sobre la barbarie que tanto hemos padecido en aquellas latitudes.
Como latinoamericano y español que soy, espero que Joan Manuel siga su cariñosa tarea de enseñar a comprendernos mutuamente, a darnos cuenta de que sentarnos a la misma mesa a cenar juntos choclo y jamón serrano es buenísimo. "

Quino, dibujante argentino

" Serrat me ha acompañado con su música, pero especialmente con sus letras, toda la vida. Ha dicho en canciones lo que yo sentía y no sabía expresar. Su voz me hace pasar por todos los estados de ánimo. Me entristece, me hace llorar, pero también me hace tocar el cielo. "

Gemma Nierga, periodista española

" Lo que más me gusta es que hay jóvenes que ven las canciones de Serrat como nuevas. Tengo la absoluta confianza, la seguridad además, la esperanza de que la obra de Serrat siga siendo el día de mañana tan nueva como cuando yo la escuché por primera vez. "

Amaury Pérez, cantautor cubano

" Serrat ama lo que hace, cree en lo que hace y juzga con amor las debilidades de sus hermanos. "

Álvaro Mutis, escritor colombiano

b ¿Cuáles te parecen las cosas más positivas que dicen esas personas? ¿Las dirías tú de algún artista que conoces?

2
a Lee la letra incompleta de parte de esta canción de Joan Manuel Serrat y pregúntale al profesor qué significa lo que no entiendas.

HOY PUEDE SER UN GRAN DÍA

Hoy puede ser un gran día,
plantéatelo así,
aprovecharlo o que pase de largo
depende en parte de ....

Dale el día libre a la experiencia
.... comenzar,
y recíbelo como si fuera
fiesta de guardar.

[...]

Hoy puede ser un gran día
donde todo está .... descubrir,
si lo empleas como el último
que .... toca vivir.

Saca de paseo a tus instintos
y ventílalos al sol
y no .... los placeres;
si puedes, ...

Si la rutina te aplasta,
dile que ya basta
de mediocridad.
Hoy puede ser un gran día,
date una ....

[...]

Hoy puede ser un gran día
imposible de .... ,
un ejemplar único,
no lo dejes ....

[...]

JOAN MANUEL SERRAT:
"Hoy puede ser un gran día", *En tránsito*.

---

b Asegúrate de que entiendes estas palabras y completa la canción con ellas.

escapar | por | derróchalos | te | ti | oportunidad | dosifiques | para | recuperar

c Escucha y comprueba.
1|3

d Ordena las palabras de cada verso para escribir dos estrofas de la canción. No te olvides de puntuarlas.

1
todo cuanto que rodea te
para puesto lo ti han
desde lo la mires ventana no
festín y al siéntate

2
lo pelea quieres por que
y desesperes no
algo anda no si bien
un puede día hoy gran ser
también y mañana

1. Que todo cuanto te rodea...

e Escucha y comprueba.
1|4

f Escucha la canción y elige los versos que más te hayan gustado. Cántalos cuando quieras y no olvides que hoy puede ser un gran día... y este puede ser un gran curso de español.
1|5

Un poema de Neruda

1 Lee este fragmento de un poema de Pablo Neruda y pídele al profesor que te explique lo que no entiendas.

PIDO SILENCIO

Ahora me dejen tranquilo.
Ahora se acostumbren sin mí.

Yo voy a cerrar los ojos.

Y solo quiero cinco cosas,
cinco raíces preferidas.

Una es el amor sin fin.

Lo segundo es ver el otoño.
No puedo ser sin que las hojas
vuelen y vuelvan a la tierra.

Lo tercero es el grave invierno,
la lluvia que amé, la caricia
del fuego en el frío silvestre.

En cuarto lugar el verano
redondo como una sandía.

La quinta cosa son tus ojos.
Matilde mía, bienamada,
no quiero dormir sin tus ojos,
no quiero ser sin que me mires:
yo cambio la primavera
por que tú me sigas mirando.

Amigos, eso es cuanto quiero.
Es casi nada y casi todo.

PABLO NERUDA: *Antología poética, II.*

2 Piensa en las cinco cosas que quieres tú y toma nota de ellas. Pueden referirse a la vida en general, a
a aspectos personales, a tus estudios, al nuevo curso, etc.

b Decide en qué orden las quieres y qué versos añadirías a este poema para expresar cada una de ellas.
Luego, escríbelos.

PIDO SILENCIO

Ahora me dejen tranquilo.
Ahora se acostumbren sin mí.

Yo voy a cerrar los ojos.

Y solo quiero cinco cosas,
cinco raíces preferidas.

Una es ....

Lo segundo es ....

Lo tercero es ....

En cuarto lugar ....

La quinta cosa ....

Amigos, eso es cuanto quiero.
Es casi nada y casi todo.

c Revísalo. Comprueba si has expresado todo lo que querías expresar y si están claras las ideas. Haz
también todas las correcciones que consideres convenientes y pásalo a limpio si es preciso.

3 Léelo las veces que necesites y luego recítaselo al profesor, que te ayudará a pronunciar y entonar
adecuadamente los versos que te resulten más difíciles.

4 Recítaselo a un compañero y escucha el suyo. ¿Es muy distinto al tuyo?

2 El tiempo libre

OBJETIVOS

- Proponer y sugerir
- Aceptar una invitación
- Concertar citas
- Ceder la elección al interlocutor
- Poner condiciones para hacer algo
- Valorar y describir una película
- Hablar del tema y del argumento de una película
- Comprobar si se sabe algo
- Expresar sorpresa ante una información
- Recomendar algo valorándolo positivamente

1 **Asegúrate de que entiendes estos nombres de actividades de tiempo libre.**

a

alpinismo

montañismo

turismo rural

atletismo

danza

turismo de aventura

ciclismo

cicloturismo

artes plásticas

ajedrez

patinaje

acampada

bricolaje

artes escénicas

motociclismo

cursos de expresión artística

yoga

charlas

yudo

senderismo

tertulias

kárate

pasatiempos

viajes organizados

cruceros

ir de juerga/marcha

juegos de azar

submarinismo

b **¿Cuáles de esas actividades son deportes? Coméntalo con tus compañeros.**

c **¿Te gustan algunas de esas actividades? ¿Las practicas con frecuencia? Díselo a tu compañero.**

- A mí me encanta el cicloturismo y lo practico siempre que puedo en vacaciones. También me gusta mucho el patinaje y patino cada dos o tres días, depende de lo ocupada que esté.
- Pues a mí me encanta resolver pasatiempos y los hago a diario. Es raro el día que no hago alguno.

d **¿Practicas, además, otras actividades de tiempo libre? Si lo necesitas, averigua cómo se dicen en español y explícaselo a tus compañeros.**

2 Lee estas frases y pregunta al profesor qué significa lo que no entiendas. Luego, intenta ordenar el
a diálogo.

A. Una es *El cartero y Pablo Neruda*; la otra, *Secretos del corazón*. Por lo visto, están muy bien. ¿Cuál de las dos prefieres ver?

B. ¿Te parece que quedemos esta noche?

C. ¡Qué bien! Entonces, propongo ir al cine, que hay algunas películas que quiero ver.

D. ¿Y qué podemos hacer?

E. Pues mira, hoy, si te parece, podemos ver *El cartero y Pablo Neruda*.

F. ¿Y a qué sesión vamos? ¿A la de las ocho o a la de las diez?

G. Vale. De acuerdo. Entonces, ¿te va bien que quedemos a las siete y media en la taquilla?

H. La que quieras tú. A mí me da igual. Yo también tengo ganas de ver las dos.

I. Vale. Fenomenal. No había pensado nada para hoy y, además, mañana no tengo que madrugar.

J. ¿Cuáles son?

K. Lo que quieras. Hoy te dejo elegir a ti, o sea, que puedes aprovechar…

L. Estupendo. Y la otra la dejamos para otra ocasión.

M. Me va genial. Y el primero que llegue saca las entradas, como siempre.

N. A la que prefieras. Yo, la única condición que pongo es que vayamos al Buñuel, que está cerca de casa.

Orden: B, I, D, …

B, I, D, K, C,   J, A, H, E, L, F, K, G, M
N

b Escucha y comprueba.

🎧 1|6

c Escucha y lee el diálogo otra vez, fijándote en la entonación. Subraya las partes que te resulten más
difíciles de pronunciar. Díselas al profesor y practícalas con él.

🎧 1|7

3 Señala las formas del presente de subjuntivo que hay en el diálogo y di cuál es el infinitivo que corres-
a ponde a cada una de ellas.

b Piensa en el presente de subjuntivo de estos verbos y comprueba con el profesor si los has conjugado
correctamente.

(quedar)   (comer)   (ir)   (hacer)   (querer)   (preferir)   (poder)   (decir)

4 Observa este cuadro. Luego, practica el diálogo de la actividad 2a con un compañero invitándole a
otros espectáculos.

Para ceder la elección al interlocutor

• ¿Cuándo nos vemos?	• ¿Cómo vamos?	• ¿Nos vemos hoy o mañana?
○ Cuando te/le **vaya** bien.	○ Como **quiera(s)**.	○ Cuando **quiera(s)**.
		○ Como **quiera(s)**.
• ¿Qué hacemos?	• ¿Qué película vemos?	
○ Lo que **quiera(s)**.	○ La que **prefiera(s)**.	

Con preposición

• ¿A qué hora nos vemos?	• ¿En qué coche vamos?	• ¿Con quién vamos?
○ A la que te **vaya** bien.	○ En el que **prefiera(s)**.	○ Con quien **quiera(s)**.

5 Escucha esta conversación telefónica entre una colombiana y un español. ¿De qué espectáculos o
a actividades de tiempo libre hablan? ¿Qué deciden hacer?

🎧 1|8

b Vuelve a escuchar la conversación y completa el cuadro.

🎧 1|9

¿Para cuándo quedan?	
¿Cómo quedan?	
¿Qué condición pone el amigo español?	

6 Escribe los nombres de varios espectáculos que haya ahora en tu ciudad y cuándo te gustaría asistir a
a ellos. Consulta algún periódico, revista o internet si es preciso.

b Elige uno de esos espectáculos y pregunta a tus compañeros hasta que encuentres a uno que quiera
acompañarte. Luego, queda con él.

El cine

7 Lee este texto y escribe tres preguntas sobre informaciones que aparecen en él.
a

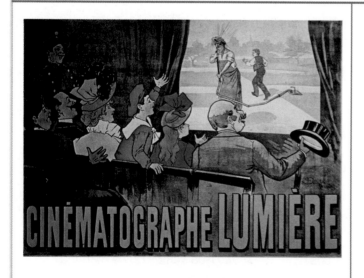

LA PRIMERA SESIÓN

Día 28 de diciembre de 1895. En el salón indio del Gran Café, de París, los treinta y tres invitados de los hermanos Lumière asisten a un espectáculo extraordinario. Sobre una pequeña pantalla se proyecta una fotografía que, de pronto, ¡se pone en movimiento! Los coches, caballos y peatones cobran vida repentinamente, mostrando la actividad de la calle. "Nos quedamos boquiabiertos, estupefactos", declaró posteriormente alguno de los asistentes. Ese invento atrajo pronto a las masas y dio la vuelta al mundo. En mayo de 1896 llegó a España, de la mano de un empleado de la casa Lumière; en junio, al continente americano, y en julio, a Rusia. Acababa de empezar la gran aventura del cine.

M. Chailler, y L. Jeunet: *Érase una vez el cine*,
Ediciones SM.

b Ahora formúlaselas a tu compañero.

8
a
Haz este test sobre la historia del cine y su situación actual. Es posible que no conozcas algunas respuestas; en esos casos, selecciona la opción que te parezca más adecuada.

LA HISTORIA DEL CINE

1. **¿En qué década nació el cine sonoro?**
   A. En los años veinte del siglo XX.
   B. En la última década del siglo XIX.
   C. En los años treinta del siglo XX.

2. **¿En qué década se empezó a rodar masivamente películas en color?**
   A. En los años treinta del siglo pasado.
   B. En los cuarenta del siglo pasado.
   C. En los sesenta del siglo pasado.

3. **¿En qué país se inventaron los dibujos animados con sonido incluido?**
   A. En Inglaterra.
   B. En Rusia.
   C. En Estados Unidos.

4. **La película más larga de la historia del cine dura:**
   A. 37 horas.
   B. 43 horas.
   C. 85 horas.

5. **¿Quién creó Hollywood?**
   A. Las compañías cinematográficas que tenían el monopolio de la producción de películas.
   B. Las compañías no autorizadas por la ley a producir películas.
   C. Un numeroso grupo de actores y actrices.

6. **¿Qué país produce más largometrajes?**
   A. La India.
   B. Estados Unidos.
   C. Francia.

7. **¿Cuál crees que ha sido el personaje más interpretado en la historia del cine?**
   A. Don Quijote de la Mancha.
   B. Cristóbal Colón.
   C. Sherlock Holmes.

8. **Muchas escenas son rodadas varias veces hasta lograr un resultado satisfactorio. El récord lo tiene una que fue rodada:**
   A. 342 veces.
   B. 242 veces.
   C. 142 veces.

9. **Los premios cinematográficos más prestigiosos de España –los Oscar españoles– se llaman:**
   A. Picasso.
   B. Goya.
   C. Cervantes.

10. **¿Cuántos cines calculas que quedan en España?**
    A. Cerca de 2000.
    B. Unos 1000.
    C. Más de 2500.

11. **El director de cine español cuyos méritos artísticos han sido más reconocidos mundialmente es:**
    A. Alejandro Amenábar.
    B. Pedro Almodóvar.
    C. Luis Buñuel.

12. **¿En qué país fundó una escuela de cine el escritor Gabriel García Márquez?**
    A. En Cuba.
    B. En México.
    C. En Colombia.

b **Ahora lee y comprueba tus respuestas.**

La televisión, el DVD e internet hacen la competencia directa a las salas de exhibición de cine. A pesar de ello, en España hay unas 1800.

En 1932 se inventó una cámara que componía las imágenes en color, pero su utilización era muy cara. En cambio, unos 30 años más tarde, la aparición de la película en color permitió a la mayor parte de los directores abandonar el blanco y negro.

En 1928, Walt Disney creó en Hollywood el primer dibujo animado con sonido sincronizado. Era un travieso ratón que hablaba y se llamaba Mickey Mouse.

El cineasta español que más ha aportado al séptimo arte, que más ha contribuido a su evolución, es Luis Buñuel. Para él, el cine era la mejor herramienta para describir el mundo de los sueños y las emociones.

Hasta la fecha, el récord de duración de una película es de 85 horas nada menos. Lo tiene J. H. Timmis con *La cura del insomnio*.

No cabe duda de que Charles Chaplin era un actor y director perfeccionista y exigente: repitió 342 veces la toma en que le da una flor a una señorita en su primera película sonora, *Luces de la ciudad*.

El cantante de jazz (1927) fue el primer largometraje con sonido propio. Aunque la mayor parte era mudo, se podía oír al protagonista en varias ocasiones.

Los estudios de Hollywood fueron construidos por decisión de las compañías que no tenían licencia de producción cinematográfica. Su ubicación hacía posible huir de la justicia al cercano México.

Con sus apariciones en más de 200 largometrajes, Sherlock Holmes es el personaje que más "frecuenta" la pantalla.

La nación en la que actualmente se ruedan más películas es la India, con una asombrosa media de más de 700 al año.

Con los premios Goya, la Academia de Artes y Ciencias Cinematográficas de España reconoce anualmente los méritos de los trabajos en celuloide realizados en ese país.

Muchos cineastas españoles y latinoamericanos se han formado en la Escuela Internacional de Cine y Televisión de San Antonio de los Baños, en Cuba. Ese centro fue creado en 1986 por Gabriel García Márquez.

c **¿Tienes alguna otra información interesante sobre el cine? Comprueba si la saben tus compañeros.**

- ● ¿A que no sabéis cuál fue la película más premiada el año pasado en este país?
- ○ Ni idea, pero igual fue…
- ● Pues no, no fue…; fue…, que ganó (cinco) premios.
- ■ ¡No me digas! Pues yo nunca me lo habría imaginado. A mí, la verdad es que no me gustó tanto. No está mal, pero yo no creo que se merezca tantos premios.

9 **Asegúrate de que entiendes estos nombres de géneros cinematográficos.**

a
- ● un drama
- ● un melodrama
- ● una comedia
- ● una película del oeste
- ● un documental

- ● una película de │ suspense
  │ acción
  │ terror
  │ ciencia ficción
  │ dibujos animados
  │ aventuras

b **Piensa a qué género pertenecen algunas películas que hayas visto y pregúntaselo a tu compañero.**

- ● ¿A qué género pertenece…?
- ○ Es un… / una… / una película de…

10 Estos adjetivos los podemos utilizar para describir películas. Averigua el significado
a de los que no conozcas.

- emocionante
- crítica
- lenta
- apasionante
- insoportable
- sorprendente
- dura

- deprimente
- conformista
- amena
- preciosa
- violenta
- seria
- romántica

- entretenida
- realista
- pesada
- emotiva
- imaginativa
- desagradable
- compleja

- tierna
- superficial
- divertida
- profunda
- original
- frívola

> Para valorar y describir puedes usar *ser*
> y *estar*:
> - ¿Qué tal es/está esa película?
> o Es buenísima.
>   (Valoración de tipo más objetivo)
> o Está muy bien.
> (Valoración con un matiz más subjetivo)

b Selecciona los adjetivos más difíciles de pronunciar y practícalos con tu profesor.

11 Escucha y lee este diálogo, en el que dos amigas hablan sobre una película, y contesta a las preguntas.
a

🎧 1|10

- ¿Qué piensa una de ellas de la película?
- ¿Qué tipo de película es?
- ¿De qué trata?

> • ¿Qué tal es esa película?
>
> o Buenísima. Es una comedia muy bien hecha, entretenida y… ¿cómo te diría yo?… muy tierna.
>   Además, los personajes están muy bien interpretados.
>
> • ¿De qué va?
>
> o Bueno, pues trata sobre la amistad. Es una historia de dos antiguas amigas que se encuentran
>   un día por casualidad y descubren que han cambiado mucho y que, en realidad, son dos
>   desconocidas. Entonces es muy curiosa la relación que surge entre ellas… Pero no sé…
>   lo más interesante es la forma de tocar el tema.
>
> • O sea, que merece la pena verla.
>
> o Por supuesto que merece la pena que la veas. Por eso no te la cuento.

b Para qué crees que se usan en el diálogo las expresiones *¿Cómo te diría yo?* y *Pero no sé…*

12 Observa estos fotogramas de la película *Solas*. ¿Qué te sugieren el título y las imágenes? Responde a
a las preguntas con un compañero.

- ¿A qué género pertenece?
- ¿Qué tema trata?
- ¿Cómo crees que es el final?

b Escucha y comprueba tus predicciones.

🎧 1|11

c Escucha otra vez y escribe las expresiones que usan para darse tiempo para pensar.

🎧 1|12

Estrategias de comunicación

13 En ciertas situaciones necesitamos tiempo para pensar en lo que vamos a decir. Por esa razón, usamos
a algunas expresiones que nos permiten darnos tiempo para preparar lo que queremos decir. Otras veces
repetimos lo último que hemos dicho o la pregunta que nos han hecho.

¿Cómo te diría yo?

No sé...

Qué sé yo...

Bueno, pues...

Entonces...

La verdad es que...

Esto.../Este...

b ¿Qué se dice en esos casos en tu lengua? Comprueba con el profesor si existen equivalentes en
español.

c En grupos de cuatro. Sugerid un tema de conversación a cada uno de vuestros compañeros, sobre el
que tiene que hablar durante dos minutos. Puede utilizar las expresiones de a) cuanto quiera, pero no
más de dos veces seguidas.

Yo pienso que... y... ¿cómo te diría yo?... La verdad es que...

14 En grupos de cuatro. Describe una película que has visto y expresa tu opinión sobre ella, pero no
menciones su título ni ningún nombre propio. Tus compañeros intentarán adivinar de cuál se trata.
No te olvides de utilizar las expresiones que necesites para darte tiempo.

Pues es una película de aventuras muy emocionante. Cuenta la historia de...

15 Queda con un compañero para ver juntos una película (puede ser
a en otra lengua diferente al español).

b ¿Qué opináis de la película? ¿Estáis de acuerdo? Comentadlo.

c Elaborad una ficha resumen con la información básica
y vuestra opinión, y ponedla en un lugar donde vuestros
compañeros puedan consultarla.

Título:	
Vista por:	
Director y protagonistas:	
Género:	
Resumen (sin el final):	
Valoración:	
Otros comentarios:	

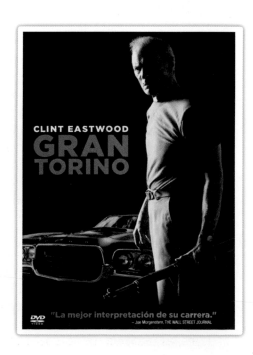

CLINT EASTWOOD
GRAN TORINO

"La mejor interpretación de su carrera."
– Joe Morgenstern, THE WALL STREET JOURNAL

Expresiones con nombres de animales

1 Relaciona los dibujos con los nombres de animales.

• cerdo • zorro • rata • burro • hormiga • mariposa • cabra • buitre • víbora • pulpo • oveja

1 → pulpo

2 **¿Con cuáles de esos animales puedes asociar estos adjetivos?**

a • astuto • trabajador • guarro • egoísta y aprovechado • sobón • malintencionado • loco • tacaño • bruto

astuto → zorro

b **Lee este texto y comprueba si en español se hacen también esas mismas asociaciones. Pregúntale al profesor qué significa lo que no entiendas.**

POR LA BOCA MUERE EL PEZ

En el idioma castellano existen muchas expresiones que hacen referencia a comportamientos reales o figurados de animales para expresar cualidades, defectos, actitudes y estados de ánimo de las personas. El significado de alguna de esas expresiones es lógico y obvio, pero el de otras no lo es tanto. Está claro que **ser un cerdo** es sinónimo de no ser demasiado partidario de la limpieza, **ser un zorro** es tener agudizado el ingenio y saber ocultar las intenciones; sin embargo, su equivalente femenino **ser una zorra** tiene una connotación diferente y despectiva para las mujeres al ponerlas a la altura de las prostitutas. En casos como este vemos que el lenguaje es fiel reflejo de la sociedad que lo crea y se percibe el machismo imperante durante siglos. El significado de **ser un rata** como sinónimo de tacaño tampoco parece muy lógico porque esos animales se caracterizan por devorar todo lo que ven. Y ahora que prácticamente han desaparecido de nuestra vida, habría que preguntarse por qué los burros tienen tan mala reputación y la razón de ser del contundente **eres un burro** para decirle a nuestro interlocutor que es muy bruto.

Parece lógico por las costumbres de esos bichos que **ser una hormiga** (o una hormiguita) se relacione con quien es trabajador y ahorrativo, y **mariposear** se emplee para hablar de quien prueba muchas cosas sin profundizar en nada. En cambio, otras expresiones no dejan de sorprendernos: mientras que es evidente la idea de locura en la expresión **estar como una cabra**, ¿por qué **estar cabreado** es sinónimo de estar de mal humor? ¿Es que la cabra, además de tener perturbadas sus facultades mentales, es también un animal irascible?

Entre las aves, **el buitre** no tiene mucha suerte, ya que su nombre se usa para calificar a los egoístas que aprovechan cualquier circunstancia para obtener beneficio, incluso a costa de los demás, mala fama que no se corresponde con la labor de limpieza de la naturaleza que realizan haciendo desaparecer los cadáveres de otros animales.

Respecto a los reptiles, la maldición es bíblica: **ser una víbora** (especialmente aplicado al género femenino, aunque cada vez de forma menos exclusiva) se utiliza con frecuencia, dado que, lamentablemente, abundan las personas que se mueven con muy malas intenciones.

Los habitantes de los océanos tampoco se libran de la mala fama. Así, hemos de tener cuidado para no ser víctimas de los tentáculos de los **pulpos** a los que tanto les gusta tocar o acariciar los cuerpos ajenos. También hay que tener cuidado con los **peces gordos** porque todos sabemos que, aunque sean respetables individuos que tienen poder e influencia, al final **el pez grande se come al chico**.

Tampoco ignoramos que los que no siguen el previsible comportamiento social del rebaño o sobresalen negativamente acaban convirtiéndose en **ovejas negras**. Por último, existen entre nosotros seres peculiares, poco comunes, inclasificables, cuya definición se nos escapa y que simplemente son etiquetados de **bichos raros**.

Lupio Bordecórex: *Cardos y avispas* (adaptado).

c Expresa con tus propias palabras la idea principal del texto.

> La idea principal es que las expresiones con nombres de animales que se usan en español...

3 Completa con las expresiones adecuadas.

a

A. Tengo un vecino que es muy malpensado y nunca tiene una idea buena. Siempre está hablando mal de los demás e intentando perjudicarles. Vamos, que .es una víbora.............

B. Sé que algunos no entienden mi forma de ser ni mis costumbres. Me consideran una persona atípica, distinta a ellos, y no saben cómo clasificarme. Tengo claro que para ellos .soy un bicho raro...

C. Mi hermana no sabe estar sin hacer nada. Siempre está ocupada, haciendo algo; cuando no es una cosa, es otra. .Ella es una hormiguita....

D. Más de una vez me han dicho en broma que no estoy bien de la cabeza, que .estoy como una cabra.

E. Conozco a una persona que siempre que me ve, aprovecha para tocarme o acariciarme más o menos disimuladamente y, claro, para mí es muy desagradable. No la soporto. .Es un pulpo. .

F. Yo tengo un primo que gasta poquísimo dinero. Mira mucho los precios y compra lo más barato. ¡Ah! Y hay veces que ni compra lo que necesita. .Es un rata............ .

G. En mi vida he visto a alguien tan interesado y aprovechado como Vicente. ¡Mira que es egoísta y nunca tiene bastante! .Es un buitre!........ .

b ¿Es cierta para ti alguna de esas afirmaciones?

4 Prepara tú otras frases, describiendo situaciones a las que se puedan aplicar algunas de las expresiones con animales que has visto.

a

> Antes tenía un amigo muy interesado y aprovechado. Era un egoísta y lo quería todo para él.

b Díselas a tu compañero. ¿Es capaz de aplicar la expresión correcta?

> • Antes tenía un amigo muy interesado y aprovechado. Era un egoísta y lo quería todo para él.
> ○ Vamos, que era un buitre.

Recuerda

COMUNICACIÓN

Proponer y sugerir
- ¿Te parece que quedemos esta noche?
- ¿Te va bien que quedemos a las nueve?
- Te propongo ir al cine.
- Si te parece, podemos cenar fuera.

Ceder la elección al interlocutor
- ¿Y qué podemos hacer?
- Lo que quieras.
- ¿Cuál de las dos películas podemos ver?
- La que prefieras tú.
- ¿A qué sesión vamos?
- A la que te vaya mejor.
- ¿Cómo/cuándo/adónde vamos?
- Como/cuando/adonde quieras.

Poner condiciones para hacer algo
- La única condición que pongo es que vayamos al cine Buñuel.

Valorar y describir una película
- ¿Qué tal es/está esa película?
- Es buenísima.
- Está muy bien.
- Es una comedia muy tierna y bastante entretenida.

Hablar del tema y del argumento de una película
- ¿De qué trata/va?
- Trata/va sobre la amistad que mantienen una chica y un chico.

Comprobar si se sabe algo
- ¿A que no sabes/sabéis cuál fue la película más premiada el año pasado?

Expresar sorpresa ante una información
- ¡No me digas! Nunca me lo habría imaginado.

Recomendar algo valorándolo positivamente
- ¿Merece la pena ver esa película?
- Sí, sí; merece la pena que la veas. Es muy buena.

GRAMÁTICA

¿Te parece (bien / una buena idea) que + presente de subjuntivo?
¿Te va bien que + presente de subjuntivo?
Proponer + infinitivo
Si te parece bien, podemos/podríamos...

(Ver resumen gramatical, apartado 5.1)

Relativos
(Preposición +) *El/la/los/las/lo* + *que* + presente de subjuntivo (de *querer/desear/preferir/*...)
Como/cuando/adonde + presente de subjuntivo

(Ver resumen gramatical, apartado 7)

La única condición que pongo es que + presente de subjuntivo

Ser-estar: valoraciones

(Ver resumen gramatical, apartado 8)

Merece la pena + infinitivo
Merece la pena que + subjuntivo

(Ver resumen gramatical, apartado 6.3)

Raíces de la salsa

1
a Si hablamos de actividades de tiempo libre y pensamos en Latinoamérica, es muy probable que nos acordemos de la música y, más concretamente, de la salsa. Seguro que has escuchado y bailado en alguna ocasión al ritmo de una canción de salsa, pero ¿te has hecho alguna vez estas preguntas?

- ¿Por qué llamamos salsa a esa música? ¿Tiene alguna relación con la comida?
- ¿De dónde procede ese tipo de música? ¿Dónde se crea actualmente?

b Coméntalo con tus compañeros.

c Lee el texto y comprueba tus respuestas.

EL ORIGEN DE LA SALSA

Parece que todos coinciden en situar el nacimiento de la salsa en la década de los sesenta, en Nueva York, de la mano de músicos puertorriqueños fundamentalmente. Sin embargo, sus propios creadores reconocen que "salsa" es solo el nombre comercial para referirse a músicas elaboradas y difundidas durante décadas desde Cuba. También se menciona la influencia de ciertos compositores e intérpretes de son cubano que en los años anteriores habían reinado en el mercado de la música bailable latinoamericana, como Beny Moré, por citar a uno de ellos.

El término "salsa", fácil de retener, tenía un atractivo comercial para las compañías discográficas y empezó a ser utilizado para denominar determinados ritmos originados en Cuba. Además, facilitaba la identificación de estos incluso por oídos no muy entendidos.

Con el paso del tiempo, la salsa se enriqueció con ritmos y aportaciones del Caribe y otras zonas de América Latina: Puerto Rico, República Dominicana, Panamá, Colombia, etc. De esa manera se ha llegado a una verdadera salsa caribeña en la que se produce la fusión y la mezcla, constituyendo un fenómeno musical con fisonomía propia.

"La Frontera", en *Tribuna Hispana*.

d Comenta estas cuestiones con tus compañeros.

- ¿Te gusta la salsa?
- ¿Recuerdas el nombre de algún intérprete o el título de alguna canción de ese estilo musical?
- ¿Conoces otros tipos de música hispana? ¿Te gustan?

2 Lee esta canción incompleta y pregúntale al profesor qué significa lo que no entiendas.

a

JUAN PACHANGA

Son las cinco de la mañana y ya ....
Juan Pachanga .... vestido aparece.
Todos en el barrio están ....
y Juan Pachanga en silencio va pensando
que aunque su vida es fiesta y ron, noche y rumba,
su plante* es falso, igual que aquel amor que lo engañó.
Y la luz del sol se ve alumbrando
y Juan Pachanga, el manito, va penando.

Vestido a la última moda y perfumado,
con zapatos de colores bien lustrados,
los que encuentra en su camino lo saludan.
"¡Qué feliz es Juan Pachanga!", todos juran.
Pero lleva en el alma el .... de una traición
que solo calman los tragos, los tabacos y el tambor.
Y mientras la gente duerme,
aparece Juan Pachanga con su pena, y ....

Óyeme, Juan Pachanga, olvídala.
.... con la pena.
No, no, no, no, no te quiere la morena.
Mira que está ....
y de amor, amor te estás muriendo.
Que olvídala, que olvídala, que olvídala.
¡Ay!, despierta y bótala
porque nunca te ha querido.
Dale también olvido,
deja el plante* y la ....,
que el amor no se mendiga.

*plante: apariencia

RUBÉN BLADES: "Juan Pachanga",
Rhythm Machine.

b Asegúrate de que entiendes estos pares de palabras:

- trabajando-descansando
- verdad-mentira
- amaneciendo-anocheciendo
- amanece-anochece
- bien-mal
- dolor-placer

c Utiliza la palabra adecuada de cada par del apartado anterior para completar la canción (una de ellas se repite varias veces).

d Escucha y comprueba.

🎧
1|13

e Piensa en las respuestas a estas preguntas y luego coméntalas con la clase.

- ¿De dónde viene Juan Pachanga?
- ¿Cómo se siente realmente? ¿Por qué?
- ¿Qué aspecto tiene?
- ¿Qué harías tú en su lugar?
- ¿Qué piensa la gente de él?

Conocer gente por internet

1 **Muchas personas dedican parte de su tiempo libre a navegar por internet, a chatear, a enviar mensajes,**
a **a participar en redes sociales, etc. De esa forma pueden conocer gente y tener experiencias variadas, interesantes o sorprendentes. Lee este texto incompleto y averigua qué significan las palabras que no entiendas.**

[...] Se trata de un hombre y una mujer que un día entran en contacto por internet. Ella tiene veintipico años y él alguno más de treinta. Se conocen, se dicen sus nombres ficticios –en internet, ¿hay alguien que utilice el verdadero?– y empiezan a chatear, a enviarse mensajes, todo eso. Se cuentan sus intimidades, el uno abre su corazón al otro (y viceversa), él le confiesa a ella que se lleva muy mal con su cónyuge, **(1)** ....

Acaban enamorándose. **(2)** .... , aquella con la que todo funciona a las mil maravillas, aquella a la que pueden explicar sus sueños más secretos. Y llega el día en el que –como suele ocurrir– deciden conocerse personalmente. Quedan en tal sitio a tal hora. ¿Y cómo sabrán que son ellos si nunca antes se han visto? Muy fácil. **(3)** .... Podrían llevar tal libro o tal periódico. Pero optan por la rosa. ¡Qué bonito!

Perfecto, pues. En el lugar acordado, llega por fin el momento. **(4)** ....
Ese cónyuge que no soportan, ese cónyuge al que detestan y al que han estado criticando con el otro durante todo el tiempo en que han estado chateando.

Tras el encuentro con las rosas han decidido divorciarse. Uno acusa al otro de serle infiel.
(5) .... Pero ¿son realmente infieles si, al fin y al cabo, la persona de la que se enamoraron es aquella con la que se habían casado años antes? No importa la respuesta. La vida te da sorpresas. Acaban divorciados porque al cansancio conyugal se une ahora la humillación de haberse explicado –como a extraños– cuánto se odian.

Sus declaraciones son interesantísimas. Dice ella: "(6) .... La forma en la que esa persona encantadora me hablaba, las cosas que me escribía, la ternura en cada frase era algo que nunca encontré en mi matrimonio. Era curioso: ambos parecíamos estar prisioneros en el mismo tipo de matrimonio infeliz... Y era exactamente así. Cuando vi a mi marido allí, con la rosa en la mano, me di cuenta de lo que había pasado. Me quedé hecha polvo. (7) ....". Las declaraciones de él no son menos interesantes: "(8) .... Para ser sincero: aún me cuesta creer que la persona que me escribía por internet aquellas cosas tan maravillosas era en realidad la misma mujer con la que me casé y que desde hace años no me ha dicho ni una sola palabra agradable". [...]

QUIM MONZÓ: *Magazine La Vanguardia* (adaptado).

b **Asegúrate de que entiendes estas frases. Luego, completa el texto con ellas.**

A. Finalmente, ambos han encontrado a la persona ideal.

B. Y entonces ambos ven aparecer, con una rosa en la mano, a su cónyuge.

C. Ella le confiesa a él que le ocurre exactamente lo mismo.

D. Creía haber encontrado al hombre de mi vida.

E. Como en las novelas, ambos llevarán una rosa en la mano.

F. Estaba tan contento de haber encontrado por fin a una mujer que me entendía...

G. Y al contrario: el otro acusa al uno de serle infiel.

H. Me sentía tan traicionada, estaba tan indignada...

1. ...... 2. ...... 3. ...... 4. ...... 5. ...... 6. ...... 7. ...... 8. ......

c **¿Cuál de estos títulos le pondrías al texto?**

DOS ROSAS

Cita a ciegas

LA VIDA TE DA SORPRESAS

¡Ah! Pero... ¿eres tú?

d **¿Conoces tú alguna otra anécdota curiosa que le haya ocurrido a alguien utilizando internet? Cuéntasela a tus compañeros.**

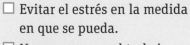

3 Condiciones de vida

OBJETIVOS

- Expresar condiciones irreales sobre el presente y sus consecuencias
- Expresar condiciones poco probables y sus consecuencias
- Expresar deseos poco probables o imposibles
- Describir el carácter de una persona
- Expresar certeza y evidencia
- Expresar falta de certeza y evidencia
- Expresar acuerdo
- Expresar desacuerdo
- Expresar sorpresa y extrañeza
- Hablar de cambios de hábitos

1 Lee esta lista de sugerencias para mejorar nuestra vida y señala las que te parezcan más importantes.

a

- ☐ Evitar el estrés en la medida en que se pueda.
- ☐ No pasarse con el trabajo: trabajar para vivir y no vivir para trabajar.
- ☐ Estar abiertos a lo que nos depare la vida y ser flexibles.
- ☐ Cambiar de trabajo si lo consideramos conveniente y está en nuestras manos.
- ☐ Dejar de trabajar siempre y cuando podamos.
- ☐ No tomarse las cosas demasiado en serio y no preocuparse demasiado por ellas.
- ☐ No obsesionarse con los problemas.

- ☐ Ver el lado positivo de las cosas. Huir del pesimismo.
- ☐ Cambiar de vida o mejorar al menos lo que sea claramente mejorable.
- ☐ Dar a las personas la importancia que tienen. No olvidar que nos pueden aportar mucho.
- ☐ Organizarse bien y aprovechar el tiempo.
- ☐ Cuidarse más.
- ☐ No perder demasiado tiempo en desplazamientos.
- ☐ Tener más tiempo libre.
- ☐ No descuidar la alimentación y tomar alimentos sanos.
- ☐ No abandonarse y hacer ejercicio físico.
- ☐ No prescindir de lo que realmente nos interesa.
- ☐ Mejorar las relaciones personales y mimar a nuestros allegados.
- ☐ Cambiar de aires. Viajar siempre que se pueda, al menos en el tiempo libre.

b Di a tus compañeros cuáles son para ti las más y las menos importantes, y explícales por qué.

> Para mí, sin duda, las más importantes son...
> Y las que yo diría que son menos importantes son...

c ¿Se te ocurre alguna otra sugerencia para mejorar las condiciones de vida? Díselo a tus compañeros.

2 Lee las respuestas de estas personas a una encuesta sobre cambios que les gustaría hacer en su vida.

a ¿Qué sugerencias de la actividad 1a mencionan?

Rosa Sáenz, arquitecta, 31 años.

"¿Que qué cambios haría en mi vida? Tengo claro que estarían relacionados con el trabajo; concretamente, dejaría de trabajar. Estoy convencida de que si dejara de trabajar, viviría mucho mejor, ya que podría hacer cosas que realmente me gustan y ahora me es imposible hacer".

"Pues yo cambiaría unas cuantas cosas. La vida no es como queremos que sea, sino que es como es, es la vida que tenemos, la que nos toca vivir. Es obvio que si fuera como yo quisiera, mi vida sería distinta a la que tengo, de hecho sería otra. Desaparecerían muchas cosas que no me gustan y, sobre todo, no tendría que hacer muchas cosas que detesto y que ahora no tengo más remedio que hacer".

Margarita Navas, taxista, 29 años.

"Me gustaría hacer más ejercicio físico. El problema es que, con los estudios y el trabajo que tengo los fines de semana, ando siempre ocupado y no me queda tiempo para nada. Si tuviese más tiempo libre, iría a un gimnasio, haría montañismo..., no sé, pero es evidente que haría más deporte".

Mario Argentola, estudiante, 19 años.

"Si pudiera, cambiaría mi situación afectiva e incluso, llegado el caso, no me importaría cambiar de estado civil. Me gustaría encontrar a alguien que me quisiera de verdad y a quien quisiera yo. Una persona con quien compartir mi vida, con quien disfrutar más de los buenos momentos y que me apoyara cuando lo necesitara... ¡Ah! Y a quien pudiera apoyar yo cuando hiciera falta".

Teresa Zuazo, periodista, 35 años.

César López, trabajador social, 27 años.

"A mí me gustaría que la gente, incluido yo, por supuesto, cambiara de actitud, de comportamiento, de valores...
Me gustaría que no fuéramos tan materialistas ni tan individualistas y que pensáramos más en los demás, que les diéramos toda la importancia que tienen, que confiáramos más en ellos, que fuéramos más solidarios... Evidentemente, si nos comportáramos así, la vida sería menos dura, sería más fácil y mejor para todos. Vamos, que seríamos más felices".

Andrea Pinillos, traductora, 35 años.

"¿Que qué cambiaría? ¡Huy! Dejaría de trabajar en casa. Si trabajara fuera, en una empresa, estaría con otras personas y mi vida sería, sin duda, más variada y más entretenida. Realmente, esto de estar todo el día en casa es muy monótono y aburrido".

b Lee de nuevo las respuestas de los entrevistados y copia alguna de las condiciones que mencionan y sus consecuencias. Luego, observa las terminaciones de los verbos utilizados en cada caso.

CONDICIONES

Si fuera como yo quisiera,...
Si tuviese más tiempo libre,...

CONSECUENCIAS

... mi vida sería distinta.
... iría a un gimnasio.

c El tiempo verbal con el cual se han expresado esas condiciones irreales en el presente o improbables en el futuro es el pretérito imperfecto de subjuntivo. Observa la raíz de alguna forma verbal en ese tiempo. ¿Coincide con alguna que ya conoces? ¿Con cuál?

3 **Fíjate.**

PRETÉRITO IMPERFECTO DE SUBJUNTIVO

habla-		habla-	
comie-	ra	comie-	se
vivie-	ras	vivie-	ses
fue-	ra	fue-	se
hicie-	ramos*	hicie-	semos*
durmie-	rais	durmie-	seis
pidie-	ran	pidie-	sen
oye-		oye-	

* Las formas correspondientes a *nosotros/nosotras* van acentuadas: *habláramos, hablásemos, comiéramos, comiésemos, ...*

4 **Escucha y repite lo que oigas solo si es verdadero. Si es falso, no digas nada.**

🎧
1|14

5 **Observa el cuadro.**

a

Para expresar certeza y evidencia

Estoy (absolutamente / del todo) convencido/seguro de **No hay duda de** **Está/tengo claro** **Es obvio/evidente**	**que** si me organizara bien, me quedaría más tiempo libre.

Evidentemente, si no pasara tanto tiempo con el ordenador, saldría más de casa.

b **Elige varias ideas de la actividad 1a y escribe condiciones y las consecuencias que tendrían en tu vida.**

Estoy absolutamente convencida de que si me cuidara más, no cogería tantos catarros.

c **En grupos de cuatro. Uno de vosotros dice una condición y los demás intentan adivinar la consecuencia.**

- Tengo claro que si viera más el lado positivo de las cosas, ...
- ... Tendrías menos preocupaciones y disfrutarías más de las cosas.
- Sí.

6 **¿Has pensado alguna vez cómo sería la vida**
a **o el mundo si...**

A. ... no necesitáramos comer ni beber para vivir?

B. ... no existiese la escritura?

C. ... (no) existiese la Seguridad Social?

D. ... hablásemos todos la misma lengua?

E. ... los países no tuvieran fronteras?

F. ... no hubiese ordenadores?

G. ... no existiesen las entidades bancarias?

H. ... no hubiera guerras?

b **Coméntalo con la clase. ¿En qué caso estáis más de acuerdo y en cuál menos?**

c **¿Te gustaría que se produjeran algunos de esos cambios? Díselo a tus compañeros.**

A mí me encantaría que habláramos todos la misma lengua porque así no tendría que estudiar español.

7 La voz de la calle. Escucha lo que respondieron algunas personas a las preguntas de la actividad 6a.
a ¿A cuál de las preguntas corresponde cada respuesta? Marca la letra correspondiente.

1|15

	1.	2.	3.	4.	5.	6.	7.	8.	9.	10.	11.	12.	13.	14.
A.	X													
B.														
C.														
D.														
E.														
F.														
G.														
H.														

b Vuelve a escuchar. ¿Coincide alguna de las respuestas con las de la clase?

1|16

Estrategias de aprendizaje

8
a ¿Qué estrategias aplicas para aprender vocabulario? ¿Qué técnicas de memorización te son más útiles? Díselo a la clase.

b Elige una palabra que te haya costado aprender recientemente y averigua qué técnica han utilizado tus compañeros para memorizarla. ¿Crees que te puede servir también a ti para aprender esa palabra y otras de las que vas a estudiar en la actividad 9?

El carácter

9 Forma parejas de contrarios con estos adjetivos. Puedes usar el diccionario.
a

prudente	honesto	indiscreto	agresivo	apasionado	altruista
frío	egoísta	extrovertido	generoso	idealista	desinteresado
sensible	pacífico	intolerante	introvertido	discreto	orgulloso
pesimista	insolidario	trabajador	optimista	vago	progresista
hablador	realista	interesado	conservador	humilde	insensible
deshonesto	imprudente	solidario	tolerante	tacaño	callado

prudente ≠ imprudente

b Subraya la sílaba más fuerte de cada una de esas palabras. Luego, escucha y comprueba.

1|17

c En parejas. Trata de describirle su carácter a tu compañero y dale las explicaciones necesarias. No olvides que puedes añadir otros adjetivos. Él te dirá si está o no de acuerdo.

• Yo tengo la impresión de que eres | un poco / algo / más bien | ... porque...

○ Pues sí, | es cierto. / tienes toda la razón. | Soy...

○ ¡Ah! Pues, mira, en eso no estoy totalmente de acuerdo. Yo diría que soy...

○ ¿Yo? / No creas. | Si en el fondo soy...

10 Haz el siguiente cuestionario. Consulta el diccionario si lo necesitas.

a

¿QUÉ HARÍAS SI...?

1. Si poseyeras la facultad de solucionar un problema que afecta a mucha gente, ¿qué harías?
   a) Resolvería el problema del paro. Lograría el pleno empleo.
   b) Solucionaría el problema del hambre en el mundo.
   c) Resolvería el problema de la soledad que soporta tanta gente.

2. Si pudieses alcanzar uno de estos tres deseos, ¿cuál elegirías?
   a) Querer a alguien con toda mi alma y ser correspondido.
   b) Tener una salud de hierro y no caer nunca enfermo.
   c) Hacerme millonario.

3. Si fueras un genio y te dedicaras a investigar, ¿qué tipo de investigaciones harías?
   a) Médicas.
   b) Medioambientales.
   c) Tecnológicas.

4. Si fueras riquísimo y te sobrara, por tanto, mucho dinero para vivir, ¿qué harías con él?
   a) Me gastaría todo lo que hiciera falta para disfrutar. Solo se vive una vez.
   b) Financiaría proyectos de desarrollo, sociales o educativos.
   c) Donaría una parte a mis seres queridos.

5. Si tuvieses que elegir una de estas tres opciones, ¿cuál elegirías?
   a) Trabajar lo normal y tener un sueldo medio.
   b) Trabajar a tiempo parcial, ganar poco y disfrutar de mucho tiempo libre.
   c) Desempeñar un puesto muy alto, ganar mucho y tener apenas tiempo libre.

6. Si te vieras obligado a elegir una de estas dos posibilidades, ¿por cuál optarías?
   a) Ser una persona muy famosa y muy rica que me cae fatal.
   b) Ser quien soy (yo y mis circunstancias).

7. Si pudieras y quisieras convertirte en un animal, ¿qué animal sería?
   a) Un pájaro.
   b) Una serpiente.
   c) Un tigre.

8. Si un allegado tuyo te confiara un secreto rogándote que se lo guardaras, ¿qué harías?
   a) Sería una tumba. No se lo contaría a nadie.
   b) Se lo contaría solo a alguien de mucha confianza y pidiéndole discreción.
   c) Lo comentaría en mis círculos sociales como comento cualquier otra cosa.

9. Si te encontraras en la calle un maletín con un montón de dinero, ¿qué harías?
   a) Me quedaría con él.
   b) Lo entregaría en una comisaría.
   c) Repartiría dinero entre gente necesitada.

10. Si alguien a quien no conoces mucho te propusiera hacer el negocio de tu vida en un terreno profesional que desconoces, ¿qué harías?
    a) Aceptaría sin pensármelo dos veces.
    b) Me tomaría un tiempo para reflexionar y analizar los pros y los contras.
    c) Desconfiaría y lo rechazaría de entrada.

b Escucha a dos amigos, un hombre y una mujer, completando parte del cuestionario anterior. Señala las respuestas de cada uno.
1|18

c En parejas. Comenta con un compañero las respuestas de esas personas. ¿Qué adjetivos de la actividad 9a podrían aplicarse al carácter de cada uno?

d En parejas. Hazle las preguntas del cuestionario a tu compañero y anota sus respuestas. Después analízalas y dile si has descubierto algún aspecto de su personalidad que desconocías.

11 Lee este cómic incompleto sobre el fin del mundo y averigua el significado de las palabras que no
a entiendas.

> Y, COMO AFIRMAN UNÁNIMEMENTE LOS EXPERTOS, UN PLANETA DESCONOCIDO QUE HA ENTRADO EN EL SISTEMA SOLAR SE DIRIGE HACIA LA TIERRA, CON LA QUE CHOCARÁ DENTRO DE OCHO HORAS, CAUSANDO SU DESTRUCCIÓN TOTAL.

> TODA LA VIDA MATÁNDOME A TRABAJAR, SACRIFICÁNDOME Y AHORRANDO PARA TERMINAR ASÍ...

> Y PENSAR QUE HE DESPERDICIADO LOS DOS ÚLTIMOS AÑOS ENCERRADA EN CASA PREPARANDO LAS PUÑETERAS OPOSICIONES A HACIENDA...

> YO YA CASI HABÍA TERMINADO DE PAGAR LA HIPOTECA DEL PISO Y NO TE IMAGINAS LA CANTIDAD DE COSAS DE LAS QUE HE TENIDO QUE PRIVARME POR ELLA.

> ¡VENGA! VAMOS A RESARCIRNOS VIENDO LAS PELIS QUE NO NOS DEJABAN VER.

> DE ESTO NO SE LIBRA NADIE, QUE TE LO DIGO YO, ROQUE. NADA, TODOS IGUALES.

> PERO ¿QUÉ HACES, RUBÉN? ¡CON LO QUE ESTÁ PASANDO Y NO SE TE OCURRE NADA MEJOR QUE ATIBORRARTE DE PASTELES!

PASTELERÍA

> NOS ACABAN DE COMUNICAR QUE ESE PLANETA HA CAMBIADO DE RUMBO, QUE SE HA DESVIADO Y PASARÁ DE LARGO... ¡Y NI SIQUIERA VA A ROZAR LA TIERRA!

b Asegúrate de que entiendes estas frases.

1. Y a mí que me decían que era un vividor, que no hacía más que derrochar dinero y que no guardaba para la vejez. ¡Ja ja ja!

2. ¡Ay, sí, que me muero de ganas de entrar!

3. Si usted lo dice... Por cierto, ya me gustaría a mí que me enterraran con el traje que lleva usted.

4. ¡Pero qué dice! ¡No puede ser! ¡Aquí no va a quedar títere con cabeza!

5. Así que ¡enhorabuena a todos! Pueden respirar aliviados porque no se estrellará contra nosotros. ¡A celebrar todos que hemos vuelto a nacer!

6. Pues sí, y me voy a poner morado. ¿No quiere comerse usted un merengue?

c Completa el cómic con esas frases (puedes poner el número de cada una de ellas en la burbuja correspondiente).

d ¿Qué título le pondrías? Díselo a la clase. ¿Cuál ha sido sugerido por más alumnos?

12 ¿Cuál de los personajes del cómic ha tenido una reacción más curiosa? ¿Y cuál una más divertida? Coméntalo con tus compañeros.

13
a Lee este texto donde el escritor argentino Jorge Luis Borges dice cómo reaccionaría si supiera que va a morir dentro de unas horas. Pregúntale al profesor qué significan las palabras que no entiendas.

Si me dijeran que voy a morir esta noche no me sentiría especialmente arredrado, ni muy interesado tampoco, pero, no sé, posiblemente me pondría a llorar, me lo tomaría a la tremenda. Así como lo veo ahora, no sé, me parece una posibilidad muy lejana; una posibilidad, no una probabilidad. Me parece que yo podría enfrentar a la muerte sin el menor temor. Una vez, viajando en avión, ocurrió algo que me hizo sentir que mi muerte estaba cerca; recordé cómo había muerto Susana Soca. Pensé que posiblemente se incendiara el avión y pereciéramos todos. "Voy a observarme", me dije. Y me pareció un momento como otro cualquiera, no me sentía especialmente emocionado.

ESTEBAN PEICOVICH: *Borges, el palabrista.*

b Ahora piensa qué harías tú si te dijeran que el mundo se acaba dentro de unas horas y por qué lo harías. Díselo a tus compañeros y busca a uno con el que coincidas.

Cambios de hábitos

1 **a** Lee esta página de una revista y di si has hecho tú también alguno de los cambios de hábitos que se mencionan.

VIVENCIAS

Cada vez hay más ciudadanos que **van tomando** conciencia de la necesidad de practicar un modelo de consumo responsable que sea sostenible y respetuoso con el planeta y socialmente ético y solidario con las personas que producen los bienes que consumimos.

Víctor Cano, 31 años.

¿POR QUÉ CAMBIÉ DE HÁBITOS DE CONSUMO?

Antes estaba acostumbrado a hacer la compra en el supermercado, sin plantearme nada acerca del origen de lo que consumía, hasta que hace tres años pasé unas vacaciones en una casa rural y entré en contacto con el campo. Un día, mi novia y yo estábamos haciendo senderismo y **nos dio por pararnos** a hablar con una persona que estaba trabajando en el campo. Nos contó que vivía de la agricultura biológica y que cultivaba productos de calidad (¡qué sabor tenían los tomates que nos dio!) sin abusar de sustancias químicas que son perjudiciales para la salud y el medioambiente. Nos explicó que a los agricultores les pagan muy poco por sus productos –una miseria a veces– y que al consumidor le cuestan un ojo de la cara, todo por culpa de los intermediarios, que inflan mucho los precios y se hacen de oro. Me pareció muy injusto y a raíz de aquello **comencé a replantearme** mis hábitos de consumo. **Dejé de ir** al supermercado y **opté por comprar** en el mercado tradicional, el de siempre, de mi barrio, en tiendas pequeñas y, sobre todo, en tiendas de comercio justo. Poco a poco **fui** concienciándome de la necesidad de alimentarme mejor, de no agredir el medioambiente y de consumir cosas que son producidas en condiciones de trabajo dignas y sin explotar a los trabajadores. Debo reconocer que con el paso del tiempo me he vuelto bastante exigente, que no compro en cualquier sitio ni cualquier cosa, y **me he habituado a leer** detenidamente las etiquetas. Creo que esto lo hacen cada vez más personas y que mucha gente **tiende a consumir** de forma más responsable. ¿Que los precios son más caros? Pues sí, pero no prohibitivos, y para mí es una cuestión de prioridades: ¿en qué prefiero gastarme el dinero, en un coche más moderno o en salud, medioambiente y justicia social? Yo lo tengo claro y estoy convencido de que, como yo, cada vez habrá más gente que **terminará consumiendo** de forma más responsable, aunque sea algo más caro. Tengo mis motivos para ser optimista de cara al futuro: antes no oías a nadie hablar de este tema, pero cada vez está en boca de más personas y son más los que **acaban sensibilizándose y tomando** cartas en el asunto.

b Fíjate en el significado que tienen en el texto las palabras y expresiones de la izquierda y relaciónalas con las de la derecha.

- plantearse (algo) —————→ enriquecerse mucho
- darle (a uno por algo) ————→ salir muy caro
- un intermediario ————————→ considerar algo de forma seria y detallada
- pagar una miseria ————————→ tomar una decisión repentina e inesperada
- costar un ojo de la cara ——→ dar muy poco dinero (por algo)
- inflar los precios ————————→ decidirse por una posibilidad entre varias
- hacerse de oro ————————→ intervenir (en él)
- replantearse ————————→ considerar de nuevo algo para darle una orientación distinta
- optar por ————————→ persona que hace llegar las mercancías desde el productor hasta el consumidor
- tomar cartas en el asunto ——→ subir exageradamente el valor de compra

2 Lee las informaciones que están en negrita, observa cómo se usan los verbos y completa el cuadro.

Con infinitivo	Con gerundio
dar por	ir

3 Relaciona las dos partes de cada información.

a

1. Con el paso del tiempo me fui dando cuenta de que el tabaco me sentaba muy mal y...

2. Poco a poco fui dejando de comer carne y...

3. Fue pasando cada vez más tiempo conectado a la red y...

4. Se fue hartando poco a poco del ritmo de vida urbano y...

5. Me fui concienciando de los problemas provocados por la obesidad y...

6. Fue haciéndose cada vez menos sociable y...

A. ..., al final, terminó yéndose a vivir al campo.

B. ... terminó saliendo poquísimo y relacionándose con poquísima gente.

C. ..., al final, acabé haciéndome vegetariano.

D. ... terminó convirtiéndose en un auténtico adicto a internet.

E. ... acabé dejando de fumar.

F. ... acabé comiendo mucho menos y poniéndome a dieta.

b Ahora completa estas frases con las informaciones que desees.

1. El cine le fue interesando cada vez menos y, al final, ...

2. Con el paso del tiempo fue haciendo cada vez menos ejercicio físico y, al final, ...

3. Fue dedicándole cada vez menos tiempo a su trabajo y ....

4. .... y terminó sustituyendo los libros por el ordenador.

5. .... y, al final, acabó convirtiéndose en un verdadero noctámbulo.

6. .... y terminó siendo cada vez más escéptico.

4 Piensa en tus hábitos y en si has cambiado alguno de ellos. ¿Por qué lo hiciste? ¿Cuál fue el proceso? Luego cuéntaselo a tus compañeros.

> Yo antes me preocupaba por todo y llegó un momento en que empecé a darme cuenta de que me producía mucho estrés. Entonces fui tomándome las cosas menos en serio y al final acabé consiguiendo no preocuparme tanto.

Recuerda

COMUNICACIÓN

Expresar condiciones irreales en el presente y sus consecuencias
- Si hiciera más deporte, me sentiría mejor físicamente.

Expresar condiciones poco probables y sus consecuencias
- Si me tocase la lotería, haría muchas cosas que ahora no puedo hacer.

Expresar deseos poco probables o imposibles
- A mí me gustaría que no tuviéramos que comer para vivir.
- Me encantaría que consiguieras ese trabajo.

Expresar certeza y evidencia
- Estoy absolutamente convencido de que vivimos mejor que antes.
- Está claro que Álvaro es una persona muy orgullosa.
- Es evidente que si me preocupara menos por las cosas, viviría más tranquilo.

Expresar falta de certeza y evidencia
- Tengo la impresión de que eres una persona muy prudente.

Expresar acuerdo
- Yo considero que ahora tenemos mucho más estrés que antes.
- Pues sí, tienes toda la razón.

Expresar desacuerdo
- A mí me parece que Eva es bastante tacaña.
- En eso no estoy totalmente de acuerdo; parece tacaña, pero no lo es.

Expresar sorpresa y extrañeza
- ¡(Pero) Qué dice(s)!
- ¡No puede ser!

Hablar de cambios de hábitos
- He comenzado a hacer ejercicio y me siento mejor.
- Dejé de fumar hace muchos años.
- Poco a poco fui dándome cuenta de la importancia de la alimentación.
- Creo que voy a terminar siendo vegetariano.

GRAMÁTICA

Pretérito imperfecto de subjuntivo
(Ver resumen gramatical, apartado 1.4)

Si + pretérito imperfecto de subjuntivo, + condicional simple
(Ver resumen gramatical, apartados 9.1 y 9.2)

(A mí) Me gustaría/encantaría que + pretérito imperfecto de subjuntivo
(Ver resumen gramatical, apartado 10)

Estar (absolutamente / del todo) seguro/convencido + de + que + indicativo
No hay duda de | que + indicativo
Está/tengo claro |
Es evidente/obvio que + indicativo
Evidentemente + indicativo
(Ver resumen gramatical, apartado 11.1)

Tener la impresión/sensación de que + indicativo
(Me) Imagino que + indicativo
(Yo) Diría que + indicativo
(Ver resumen gramatical, apartado 11.2)

Tener (toda la) razón
Es verdad/cierto/evidente (+ que + indicativo*)*
(Ver resumen gramatical, apartado 13)

No estar (totalmente) de acuerdo
No tener (la) razón
(Ver resumen gramatical, apartado 13)

Perífrasis verbales
- *comenzar/empezar a* + infinitivo
- *dejar de* + infinitivo
- *ir* + gerundio
- *terminar/acabar* + gerundio
(Ver resumen gramatical, apartado 3)

Vida moderna y calidad de vida en España

1
a ¿Qué entiendes por *nivel de vida* y por *calidad de vida*? Coméntalo con tus compañeros.

b El texto que vas a leer está relacionado con la calidad de vida en la sociedad española actual. ¿Qué aspectos crees que se van a mencionar? Díselo a tus compañeros.

c El siguiente texto resume las ideas expuestas en *Latidos de fin de siglo*, del psiquiatra Luis Rojas Marcos. Léelo y comprueba.

VIDA MODERNA Y CALIDAD DE VIDA EN ESPAÑA

Podemos afirmar sin temor a equivocarnos que en países como España nunca hemos vivido tanto ni hemos contado con tantas comodidades como ahora. En ninguna otra época el nivel de vida ha sido tan elevado. Sin embargo, si reflexionamos sobre una serie de aspectos de la vida moderna, veremos cómo estos pueden contribuir a que vivamos mejor o peor. Así, los expertos recomiendan residir en poblaciones de tipo medio o pequeño y que el domicilio se halle cerca del lugar de trabajo, con el fin de poder ir andando y disfrutar más del pueblo o la ciudad donde vivimos. Por otra parte, el ocio es necesario para mantenernos física y psíquicamente en forma. Una buena utilización del ocio, como hacemos, pongamos por caso, en vacaciones, contribuye decisivamente a aumentar nuestra calidad de vida.

También podemos ocupar nuestro tiempo libre con sencillas actividades que proporcionan un placer muy positivo para nuestra calidad de vida. Nos referimos, entre otras, a los paseos, el ejercicio físico y la comida, sin olvidar que con una alimentación más natural nuestro organismo se sentirá mejor y ganaremos días de salud.

Por último, es importante resaltar que la mayoría de la gente cree que las relaciones personales son la fuente primordial de su felicidad. Ello es debido a que el vertiginoso ritmo de la vida urbana genera una gran necesidad de compañía, de amistad y de apoyo emocional. Por eso, la amistad, el amor y la conversación tienen cada vez más importancia en nuestras vidas. En cualquier caso, si queremos lograr un alto grado de calidad de vida, podemos empezar haciendo la división de la jornada que aconsejan los psicólogos: ocho horas para trabajar, ocho horas para dormir y ocho horas de ocio. El método parece seguro, pero ¿lo aplicamos? Posiblemente no tanto como quisiéramos.

d **Busca en el texto las palabras o expresiones que significan:**

estar   producir   vivir   tener

miedo   fundamental   para

destacar   alto   rápido   por ejemplo

conseguir   cuerpo

Recuerda que los verbos pueden estar conjugados.

e **Comenta las respuestas a estas preguntas con tus compañeros.**

- ¿Crees que existen, además, otros aspectos importantes que afectan a la calidad de vida?
- ¿Consideras que disfrutas de un alto grado de calidad de vida? ¿Por qué?
- ¿Podrían mejorar algunos aspectos de tu vida? ¿Cómo?

Darse la buena vida

1 Lee este texto incompleto y pregúntale al profesor qué significa lo que no entiendas.

a

Quieres darte la buena vida: estupendo. Pero también quieres que esa buena vida no sea la buena vida de una coliflor o de un escarabajo, **(1)** .... , sino una buena vida *humana*. Es lo que te corresponde, creo yo. Y estoy seguro de que a ello no renunciarías por nada del mundo. Ser humano consiste principalmente en **(2)** ....

Si pudieras tener muchísimo dinero, una casa más suntuosa que un palacio de las mil y una noches, las mejores ropas, los más exquisitos alimentos [...], **(3)** ....

.... , etc., pero todo ello a costa de no volver a ver ni a ser visto por ningún ser humano jamás, ¿estarías contento? **(4)** .... ¿No es la mayor de las locuras querer las cosas a costa de la relación con las personas? ¡Pero si precisamente la gracia de todas esas cosas estriba en que te permiten –o parecen permitirte– relacionarte más favorablemente con los demás! Por medio del dinero se espera poder deslumbrar o comprar a los otros; las ropas son **(5)** ....; y lo mismo la buena casa, los mejores vinos, etc. Y no digamos los aparatos: el vídeo y la tele son para verles mejor; el *compact,* para oírles mejor, y así sucesivamente. Muy pocas cosas conservan su gracia en la soledad; y **(6)** ...., todas las cosas se amargan irremediablemente. La buena vida humana es buena vida *entre seres humanos* o de lo contrario puede que sea vida, pero no será ni buena ni humana.

FERNANDO SAVATER: *Ética para Amador.*

b **Ahora complétalo con estas frases.**

A. ¿Cuánto tiempo podrías vivir así sin volverte loco?
B. Si la soledad es completa y definitiva.
C. Los más sofisticados aparatos.
D. Con todo mi respeto para ambas especies.
E. Tener relaciones con los otros seres humanos.
F. Para gustarles o para que nos envidien.

c **¿Qué condiciones hipotéticas se expresan en el texto? Identifícalas.**

d **¿Cuál es la idea principal del texto? ¿Estás de acuerdo con ella? ¿Y hay alguna con la que no estás de acuerdo? Díselo a tus compañeros y argumenta tu punto de vista.**

Para mí, la idea principal del texto es que... Yo estoy totalmente de acuerdo con eso porque, como dice Fernando Savater,...

2 **Lee estas opiniones de Joaquim Sempere, experto en conflictos socioecológicos, y averigua el significa-**
a **do de lo que no entiendas.**

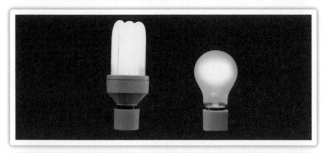

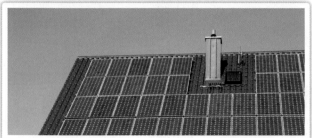

Compramos bienes que han sido fabricados para durar pocos años, cuando podrían fabricarse para funcionar durante muchísimos años más. Los coches, los electrodomésticos, etc., los hacen para que fallen a los pocos años, calculan su obsolescencia. Pero nos incitan a quererlos ¡y los queremos sin cuestionarnos nada! La industria nos inunda de modas pasajeras, de productos nuevos sustitutos de otros. El abusivo consumo energético actual sería sostenible si aprovechásemos la energía con más eficiencia y si obtuviésemos energía de otras fuentes. Hoy extraemos el 80 % de nuestra energía de los combustibles fósiles –petróleo, carbón, gas– ¡sabiendo que tienen fecha de caducidad! Cuando se nos acaben perderemos nuestro nivel de vida actual, a menos que empecemos a actuar ahora mismo. Se puede hacer invirtiendo dinero en energías renovables: eólica, solar, etc., pero no en energía nuclear porque es una herencia ruinosa para nuestros hijos y nietos: cada euro invertido hoy en energía eólica produce lo mismo –y sin residuos ni riesgos, e indefinidamente– que cada euro invertido en energía nuclear. Por otra parte, si sigue creciendo la población, habrá que generar más energía... o consumir un poquito menos cada uno. Los recursos del planeta están al límite; lo sensato, pues, es ser más austeros, de modo que podamos mantener el Estado de bienestar, que es nuestra garantía de futuro. Para conseguirlo se pueden poner en práctica muchas medidas: fabricar un tipo universal de cargador de móviles; hacer un mejor aislamiento térmico de nuestras viviendas (¡ahorraremos millones en calefacción!); fabricar sin obsolescencia; reciclar metales; reutilizar botellas de vidrio; depurar aguas; calentar el agua con energía solar; prohibir la bombilla incandescente, sustituyéndola por la de bajo consumo (da la misma luz consumiendo cinco veces menos); fomentar el transporte público, etc. Hemos de reconocer que la tentación del despilfarro está en la naturaleza humana y se ha disparado el consumo de recursos: en los últimos 200 años la población mundial se ha multiplicado por siete, ¡y la producción de bienes se ha multiplicado por sesenta!

La Vanguardia

b **Lee de nuevo y completa estas frases.**

1. Muchos fabricantes deciden de antemano que sus productos no tengan una vida útil muy ....
2. Crean cosas innecesarias para que las ...., aunque ya tengamos otras que hagan el mismo servicio.
3. El actual nivel de gasto energético se podría mantener si se hiciera un mejor uso de la energía y no se .... tanto de los combustibles fósiles.
4. Lo paradójico es que sabemos que esos combustibles no son ....
5. La energía procedente del sol es un tipo de energía ....
6. Uno de los inconvenientes de la energía nuclear es que genera ....
7. Se puede sostener el Estado de bienestar produciendo más energía o no .... tanta.
8. Usar la bombilla de bajo consumo en lugar de la .... es una forma de ahorrar energía.

c **Piensa en las respuestas a estas preguntas y coméntalas con la clase.**

1. ¿Ese artículo te parece optimista, pesimista o realista?
2. ¿Has descubierto en él alguna información que no conocías y te parece interesante?
3. ¿Consideras polémicas algunas de las ideas contenidas en él? Arguméntalo.
4. ¿Haces tú alguna de las cosas que se sugieren para usar los recursos de forma eficiente y contribuir así a mantener el Estado de bienestar? ¿Has tenido que cambiar alguno de tus hábitos?

4 Un mundo mejor

OBJETIVOS

- Expresar opiniones y argumentar
- Hablar de problemas contemporáneos
- Expresar acuerdo
- Expresar desacuerdo
- Presentar un contraargumento
- Añadir una información negativa
- Valorar hechos y situaciones
- Sugerir soluciones
- Expresar obligación y necesidad

1 **Lee estas tres tiras incompletas de Mafalda.**

a

QUINO: *Todo Mafalda.*

b **Completa los bocadillos vacíos con estas frases.**

A. Así que además de apretados... ¡viejos!

B. ¿Limpio todos los países o solo los que tienen malos gobiernos?

C. Eso sí, vos prometeme que vas a durar hasta que yo sea grande, ¿eh?

2 ¿Con qué temas del recuadro puedes relacionar las tiras de la actividad anterior?

a

- el desempleo/paro • la desescolarización y el analfabetismo • el racismo • las catástrofes naturales
- el hambre • la especulación financiera • los malos tratos • el consumismo • la guerra
- la superpoblación • el desigual reparto de la riqueza • el trabajo infantil • el empleo precario
- las crisis económicas • la contaminación • el exceso de tráfico • la delincuencia
- la discriminación de la mujer • el cambio climático • la corrupción • el terrorismo

b ¿Puedes añadir algún otro problema actual que tú consideres importante?

3 ¿Con cuál de los temas de 2a relacionas cada uno de estos textos?

a

A

Hay personas que dicen que no rechazan a los inmigrantes, pero cuando hablan de algunos de ellos dan explicaciones que denotan ideas racistas y que demuestran que solo aceptan a aquellos extranjeros que cuentan con unos recursos económicos elevados.

B

Cientos de millones de niños, entre los cinco y los catorce años, están obligados a ganarse la vida. Esa cantidad aumentará sensiblemente en los próximos años. Y, para colmo, las condiciones laborales a las que son sometidos dejan mucho que desear y son mucho peores que las de los adultos.

C

Numerosos ciudadanos expresan desde hace cierto tiempo su deseo de promover una "economía humana". Estas personas reaccionan contra la idea generalizada de que la economía obedece a leyes sobre las cuales no tenemos ningún poder. En su lugar, proponen una economía solidaria en la que el ciudadano pueda participar en las actividades de producción, reparto e intercambio.

D

La mujer de los países desarrollados, independientemente de que trabaje o no fuera de casa, sigue siendo la "reina de la casa". Mientras que ella emplea casi cuatro horas y media al día en las tareas del hogar, el hombre solo dedica algo más de media hora. Es decir, que ella trabaja en la casa siete veces más que él.

E

El número de coches que circulan en la actualidad por las calles de cualquier ciudad se ha multiplicado en las últimas décadas. El vehículo privado permite una libertad de movimientos, un nivel de autonomía y una intimidad que no proporcionan los transportes públicos; sin embargo, cada vez son más los ciudadanos que consideran injusto el precio en ruidos, atascos y polución que hay que pagar por utilizarlo.

F

Unos 1000 millones de personas adultas no saben leer ni escribir y más de 70 millones de menores, de los cuales dos tercios son niñas, no están escolarizados. La mayoría de ellos viven en condiciones de extrema pobreza. El analfabetismo o una educación de muy mala calidad tienen como consecuencia una renta escasa, lo que a su vez perpetúa la pobreza y repercute negativamente en el crecimiento económico del país.

b ¿Cuál es la idea principal de cada texto? Escríbelo.

Algunas personas dicen que no son racistas, pero rechazan a los extranjeros que no tienen suficientes recursos económicos.

c Compara tus frases con las de tu compañero. ¿Coinciden?

Opiniones: acuerdo y desacuerdo

4 **Escucha y lee estos diálogos. Fíjate en la entonación.**

a

1|19

1

- A mi modo de ver, los mayores problemas de la humanidad son la pobreza y el hambre.
- Desde luego; y es una pena que existan porque estoy completamente convencido de que ambos se podrían erradicar con un reparto más justo de la riqueza.

2

- En mi opinión, el exceso de tráfico es uno de los problemas más serios que tenemos porque lo sufrimos todos los días.
- Puede que sí, pero, sin querer quitarle importancia a ese problema, yo opino que existen otros más graves, por ejemplo, la guerra. Y, encima, afecta a muchísima gente, porque mira que hay guerras en el mundo…

3

- Yo considero que el problema más grave es la superpoblación de la Tierra.
- Yo no estoy en absoluto de acuerdo contigo. Es más, yo no creo que la superpoblación en sí misma sea un problema, porque en la Tierra hay recursos suficientes para todos. El problema no está en cuántos somos, sino en la manera en que repartimos los recursos.

b ¿En cuál de esos diálogos se responde expresando acuerdo total? ¿Y desacuerdo total? ¿Y acuerdo parcial?

c **Todas estas expresiones las utilizamos para mostrar diversos grados de acuerdo o desacuerdo con nuestro interlocutor. Anótalas en la columna correspondiente.**

- Sí, sí, eso está claro.
- Estoy de acuerdo (pero solo) en parte.
- Estás (muy) equivocado/-a.
- Puede que tengas razón.
- Por supuesto (que sí).
- (Yo creo que) Te equivocas.

- No estoy del todo de acuerdo.
- (Pues) Claro que sí.
- ¡En absoluto!
- ¡Ya lo creo!
- Bueno, según se mire.
- Sin duda (alguna).

- Desde luego que no.
- (Yo) No lo veo (tan) claro.
- No tienes ninguna razón.
- Ya, pero…

Acuerdo total	Acuerdo parcial	Desacuerdo total
• sí, sí, eso está claro	• estoy de acuerdo en parte	• estás equivocado
• por supuesto	• puede que tengas razón	• te equivocas
• ya lo creo	• no estoy del todo de acuerdo	• en absoluto
• sin mira	• bueno, según se mire	• desde luego que no
	• no le veo claro	• no tienes ninguna razón
	• ya, pero	

5 **En parejas. Por turnos, comprueba si tu compañero está o no de acuerdo con estas opiniones y argumentos. Luego, exprésale tu punto de vista.**

> **1** La tecnología avanzará tanto que dentro de poco tiempo se podrán predecir todas las catástrofes naturales.

- La tecnología avanzará tanto que dentro de poco tiempo se podrán predecir todas las catástrofes naturales.
- Estoy de acuerdo en parte, pero tengo mis dudas. Yo pienso que en el futuro se podrá hacer eso, pero no dentro de poco tiempo…
- Yo | opino lo mismo que tú…
  también lo veo así…
  tampoco creo que se pueda hacer en un futuro próximo…
  no estoy nada de acuerdo con eso. No creo que se puedan predecir todas las catástrofes naturales porque… Como mucho, se podrán predecir algunas, por ejemplo, …, pero no todas.

2 Uno no puede pensar bien, amar bien, dormir bien, si no ha comido bien.

3 Llegará un día en que no habrá ninguna guerra en el mundo y nosotros lo veremos.

4 El dinero cambia a las personas, las transforma, por eso mucha gente cae en la tentación de la corrupción.

5 No es más rico quien más tiene, sino quien menos desea.

6 Pronto se podrá educar a los niños solo con los ordenadores, en su casa, sin que tengan que ir al colegio.

7 En términos generales, la precariedad está disminuyendo en el mundo laboral.

8 La gente es cada vez más tolerante, acepta más fácilmente las diferencias y convive mejor con personas procedentes de otras culturas.

6 **Lee las informaciones sobre estas películas españolas y di a qué temas del apartado 2a hace referencia
a cada una.**

Los lunes al sol

Relato del día a día de un grupo de hombres que se queda sin trabajo a consecuencia de una reconversión industrial. Algunas de las cosas contadas producen tristeza, y otras, risa, pero todas son tan reales como humanas y apasionantes.

Flores de otro mundo

Tres mujeres comienzan otras tantas relaciones en un pueblecito castellano con hombres que viven allí. Dos de ellas son latinoamericanas, la tercera es una española que vive en una gran ciudad, y sus relaciones terminan de forma desigual. La película muestra con cariño y naturalidad la vida en el mundo rural, el contraste de culturas y las dificultades que encuentran los emigrantes en el país de acogida.

¡Ay, Carmela!

Unos actores ambulantes intentan sobrevivir evitando el fuego cruzado de los dos bandos enfrentados en el último conflicto bélico que ha tenido lugar en nuestro país. La película combina a la perfección el drama y la comedia.

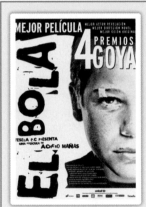

El Bola

Vivencias de un chico de doce años que sufre en silencio una situación de violencia familiar, hasta que descubre a través de un amigo nuevo del colegio que es posible otra realidad. Una historia dura y tierna a la vez, pero sobre todo esperanzadora.

b **Escucha a dos amigos, una española y un argentino. ¿Cuál de los temas abordados en el apartado 6a mencionan?**
1|20

c **Escucha de nuevo. ¿Cuál de los temas considera más grave cada uno de los interlocutores y por qué? Anota las razones.**
1|21

7 **Habla con un compañero y dile cuáles son para ti los problemas contemporáneos más graves y por qué. ¿Está de acuerdo contigo?**

● Yo lo tengo bastante claro: para mí, los dos problemas contemporáneos más graves son el desigual reparto de la riqueza y el terrorismo. El desigual reparto porque…
○ Por supuesto que sí…

Valoración de hechos y situaciones

8 **Relaciona las frases de las dos columnas.**

a

1 A mi modo de ver, es incomprensible que en pleno siglo XXI muera gente de hambre.

2 Realmente, es una injusticia que el trabajo esté tan mal repartido.

3 A mí me parece muy bien que los niños conozcan otras culturas desde pequeños.

4 A mí me parece una vergüenza que haya tanta especulación económica, porque nos afecta bastante más de lo que nos imaginamos.

5 Estoy convencida de que es necesario que todos nos impliquemos en la construcción de un mundo mejor.

6 Para mí, es un error eso de que se utilice tanto el coche para moverse por la ciudad. Creo que hay gente que se pasa mucho.

A Así, se convertirán en adultos más abiertos, respetuosos y tolerantes.

B Con la cantidad de recursos que hay en la Tierra...

C Es la única manera de luchar contra las desigualdades.

D Muchas veces es más rápido, e incluso más cómodo, desplazarse en transporte público.

E Pienso que los gobiernos y los empresarios deberían aplicar otras políticas laborales.

F Al final no pagamos el precio real de las cosas, sino que terminamos pagando mucho más a causa de ella.

1. .... 2. .... 3. .... 4. .... 5. .... 6. ....

b Observa, en las frases de la izquierda, cómo están conjugados los verbos que expresan acciones valoradas. ¿Qué tienen en común todos ellos? Trabaja con tu compañero para formular la regla.

c Escribid otros ejemplos aplicando vuestra regla.

d Comprobad si se cumple esa regla y si es correcta.

e ¿Recuerdas cuándo utilizamos el infinitivo para valorar acciones? Di algún ejemplo.

f Ahora completa estas frases con tus propias valoraciones.

1. .... que se tomen medidas para evitar cualquier tipo de discriminación.
2. Me parece fatal que ...las mujeres no tengan salarios iguales que los hombres...............
3. A mi modo de ver, es absurdo que ....
4. .... que se consuma tanta energía y se despilfarre parte de ella.
5. Es bueno que ....las mujeru tngnn mós derechu que en el pascd...........................
6. Es imprescindible que ....
7. .... se tiren tantos alimentos a la basura con la cantidad de gente que no tiene para comer.
8. No está nada bien que ....
9. Para mí, es una equivocación ....
10. Yo considero un acierto ....

9 **Lógicamente, también podemos valorar hechos pasados. Para ello podemos utilizar distintos tiempos**
a **verbales en subjuntivo.**

El pretérito perfecto de subjuntivo

(Hecho) Hoy han aprobado unas
medidas para fomentar el empleo.

(Valoración) Está muy bien que
hoy **hayan aprobado** unas
medidas para fomentar el empleo.

(Hecho) Han reformado el código de
circulación.

(Valoración) Me parece genial que
hayan reformado el código de circulación.

PRETÉRITO PERFECTO DE SUBJUNTIVO		
(yo)	haya	aprobado
(tú)	hayas	obtenido
(él/ella/usted)	haya	invertido
(nosotros/nosotras)	hayamos	...
(vosotros/vosotras)	hayáis	
(ellos/ellas/ustedes)	hayan	

El pretérito imperfecto de subjuntivo

(Hecho) El año pasado endurecieron las leyes anticorrupción.

(Valoración) Me parece un acierto que el año pasado **endurecieran** las leyes anticorrupción.

b **Escribe tus reacciones ante estos hechos.**

1. Ha aumentado el porcentaje de niños escolarizados en el mundo.
   Me parece fenomenal que haya aumentado el porcentaje de niños escolarizados en el mundo.

2. La gente ha ido concienciándose poco a poco de la necesidad de ahorrar energía.
3. Pagamos impuestos para tener servicios públicos de calidad.
4. El año pasado aumentó el porcentaje de contratos temporales de trabajo.
5. Esta semana han descubierto una red de corrupción administrativa.
6. Una persona de un país desarrollado consume de 20 a 30 veces más recursos que una de un país en vías de desarrollo.
7. Cada vez hay más gente que colabora en proyectos de desarrollo en otros países.
8. El año pasado disminuyeron las ventas de coches.
9. Cada vez somos más consumistas.
10. El trimestre pasado se denunciaron más casos de malos tratos que los anteriores.

c **Piensa en algunos hechos actuales o pasados y escribe frases valorándolos.**

Me parece genial que hayan cerrado al tráfico la mayoría de las calles del casco antiguo.

d **Dile cada uno de esos hechos a tu compañero para que lo valore y comprueba si reacciona como tú.**

- Han cerrado al tráfico la mayoría de las calles del casco antiguo.
- Me parece fenomenal que hayan cerrado al tráfico la mayoría de las calles del casco antiguo.

10 **Escucha estos diálogos. ¿A qué problema**
a **hacen referencia en cada uno de ellos?**
1|22

b **Escucha de nuevo y anota la valoración que**
hacen en cada caso.
1|23

Ideas para solucionar problemas

 11 **a** **¿Con qué problema relacionas cada una de estas ideas?**

1. Yo considero imprescindible que amplíen las redes de comercio justo para que los agricultores puedan vender sus productos a unos precios justos.

2. Estaría bien que mejoraran y modernizaran los transportes públicos para que la gente los utilice más.

3. Desde mi punto de vista, hace falta que la gente se conciencie de que los recursos son limitados.

4. A mí me parece fundamental que todos tengamos unas condiciones de trabajo dignas.

5. Es imprescindible y muy enriquecedor que nos acostumbremos a convivir con personas procedentes de otras partes del mundo.

6. Hace falta que las víctimas denuncien a sus agresores. La denuncia es un requisito indispensable para combatir ese problema.

7. A mi modo de ver, todos tendríamos que esforzarnos más para no castigar tanto al planeta.

8. Habría que crear más mecanismos de control de los altos cargos que pueden tomar decisiones económicas importantes, tanto si son públicos como si son privados.

9. Yo considero imprescindible que todo ser humano tenga acceso a la educación, pues es la base del desarrollo humano y económico.

10. Para conseguir que todo ser humano cubra sus necesidades básicas, hace falta que todos pongamos nuestro granito de arena.

b Escribe otras ideas que se te ocurran para solucionar esos u otros problemas (pero no los menciones).

Expresar obligación y necesidad

Es (A mí) Me parece (Yo) Considero	imprescindible indispensable	que + subjuntivo
Hace falta		

Hace falta que la gente utilice cada vez más la bicicleta.

c Díselas a un compañero para que las relacione con los problemas correspondientes.

Estrategias de aprendizaje: expresión e interacción oral

12 Lee lo que hacen estos estudiantes para hablar mejor en español.

a

"Cuando estudio en casa, escribo las palabras y las frases más difíciles, y las repito mentalmente hasta que las puedo decir de manera casi automática." **Miyuki (Japón)**

"Antes de participar en algunas conversaciones o en un debate, preparo lo que voy a decir. Ordeno mis ideas y escribo las más importantes y las más difíciles. Eso me ayuda mucho." **Beatriz (Brasil)**

"Mantengo conversaciones imaginarias y cuando no sé cómo expresar algo, busco otra forma de expresarlo y lo utilizo cuando hablo." **Magdalena (Polonia)**

"Grabo alguna de mis conversaciones con otras personas (o algunas imaginarias conmigo mismo) y luego escucho la grabación y practico lo que creo que debo mejorar." **Bernd (Alemania)**

"Me aprendo de memoria frases completas útiles para ciertos tipos de conversaciones. Por ejemplo, para dar opiniones personales o para pedir la opinión a otros. Luego las utilizo automáticamente en las conversaciones. Me dan mucha seguridad." **Yao (China)**

b Piensa en las respuestas a estas preguntas y coméntalas con tus compañeros.

- ¿Cuál de esas técnicas crees que te resultaría más útil? ¿Usas algunas de ellas u otras diferentes?
- ¿Cuáles te parecen más adecuadas para preparar un debate?

Un debate

13 Lee la siguiente opinión y di si estás o no de acuerdo con ella. Luego, busca a un compañero que piense lo mismo que tú.

a

A mi modo de ver, es muy fácil erradicar el hambre en el mundo siempre y cuando lo hagamos entre todos.

b Escribid frases expresando y argumentando ideas que consideréis útiles o necesarias para erradicar el hambre en el mundo. Podéis considerar, entre otros, los siguientes factores:

- recursos naturales
- nuevas tecnologías
- empleo
- papel de la mujer
- condiciones laborales
- corrupción
- educación
- guerras
- cooperación internacional
- inflación

Es imprescindible que los países en vías de desarrollo exploten ellos mismos sus recursos naturales y los transformen en productos de consumo. De esa forma podrán crear puestos de trabajo.

c Trabajad con otra pareja que haya reaccionado como vosotros ante la frase del apartado a). Seleccionad los mejores argumentos.

d Exponed vuestras ideas a la clase argumentándolas, defendedlas e intentad rebatir las expuestas por otros compañeros que sean contrarias a las vuestras y no os resulten convincentes.

e Anota las informaciones que has aprendido en este debate o las opiniones que te han parecido más interesantes.

Perífrasis verbales

1 **Lee este texto y pregúntale al profesor qué significa lo que no entiendas.**

a

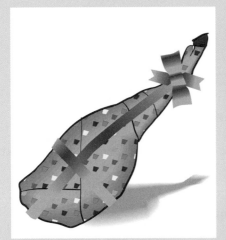

¡UN JAMÓN... Y MÁS!

En el intervalo de unos pocos meses fui informado dos veces de que acababa de ganar un jamón y lo más sorprendente era que lo había ganado sin haber jugado ni apostado a nada. Una amable señorita me comunicaba a través del auricular que una compañía de telefonía había decidido dejar a un lado sus ofertas de artículos tecnológicos y regalaba un racial y contundente jamón. Claro que para conseguir ese apetecible alimento, yo **había de llamar** a un número, pero, al hacerlo, resultaba que la gestión para obtener el regalo era algo trabajosa y finalmente salía más cara que el propio jamón porque, como **suele suceder**, no era fácil hablar con el departamento encargado de distribuir tan delicioso obsequio.

Esa es una de las modernas "técnicas de persuasión" utilizadas hoy en día. Consiste en anunciar a una persona que ha sido premiada y que el regalo le será entregado en su domicilio absolutamente gratis... exceptuando los gastos de envío, que fácilmente **vienen a costar** varias decenas o varios cientos de euros debido al volumen del "regalo".

En otra ocasión, al descolgar el receptor, una enérgica teleoperadora **se puso a hacerme** preguntas sobre "la señora de la casa" y me ordenó de forma imperativa que la pusiera con ella. Cuando quise saber la razón de tal pretensión, se negó a responderme y, después de varios minutos de forcejeo telefónico, colgó muy enfadada tras acusarme de tener esclavizada a "mi señora". Me sentí como un maltratador que tuviera a dicha "señora" encerrada y **me eché a temblar** y casi **a llorar** ante la sola idea; afortunadamente, en unos pocos segundos **me eché a reír** por lo cómica que era la situación.

También **suelen telefonearnos** a casa agresivos o melosos vendedores o teleoperadores de ambos géneros que intentan por todos los medios que cambiemos nuestra conexión de banda ancha o nuestros contratos telefónicos. Perseverantes y muy activos, **andan llamándonos** cualquier día y a cualquier hora. Unos te piden que les des información del recibo del último mes, otros te ofrecen descuentos sin fin, los hay que te ofrecen regalos... Ahora bien, basta con que les des cualquier información o te muestres dubitativo ante ellos confesando avergonzado que crees que pagas demasiado y que te gustaría reducir tu factura, para que te vendan lo que desean. Luego, si reflexionas, te arrepientes e intentas echarte atrás, te encontrarás con una fuerte resistencia, te pondrán todo tipo de pegas y **llegarán a amenazarte** con la desconexión para siempre.

LUPIO BORDECÓREX: *Cardos y avispas* (adaptado).

b **Fíjate en las frases que tienen perífrasis en negrita. ¿En cuál o cuáles de ellas...**

... se hace referencia al comienzo repentino de una acción?

... se expresa algo habitual o frecuente?

... se transmite la idea de obligación?

... se hace referencia a la culminación de un proceso?

... se transmite la idea de repetición o insistencia?

... se expresa el significado de "aproximadamente" o "más o menos"?

c **¿Cuáles de esas perífrasis se construyen con infinitivo? ¿Y con gerundio? Anótalas.**

Con infinitivo	Con gerundio
haber de	

¿Recuerdas otras que estudiaste en la lección 3? Anótalas también.

2 **¿Tienes buena memoria? Cierra el libro y escribe el mayor número posible de informaciones del texto**
a **incluyendo perífrasis verbales.**

b **Compara con tu compañero. ¿Quién ha escrito más frases correctas?**

3 **Expresa estas ideas de otra manera, utilizando perífrasis verbales.**

1. En rebajas, ese albornoz cuesta más o menos la mitad.

 En rebajas, ese albornoz viene a costar la mitad.

2. Tú no acostumbras a frecuentar estos sitios, ¿verdad?
3. ¡Es la una ya! ¡Voy a empezar a hacer la comida!
4. Si te digo la verdad, tengo que reconocer que no me había dado cuenta de nada.
5. Cuando la vio, se asustó tanto que, de repente, empezó a llorar.
6. Empezó de la nada, pero trabajó tanto que al final logró montar su propia empresa.
7. No sé por qué, pero dicen y dicen que van a adelantar las elecciones.
8. Aquí nadie regala nada, todo tienes que ganártelo con tu esfuerzo.
9. Cuando me lo contaron, no pude contenerme y empecé a reírme.
10. Compraba siempre tantos libros que finalmente consiguió reunir más de 6000.
11. Con la comisión de la agencia y la reforma, pagamos aproximadamente un 30 % más.
12. Últimamente no para de decir que va a cambiar de trabajo.

4 **Escribe otras frases con perífrasis.**
a
 Creo que mi diccionario vino a costarme lo mismo que los pantalones que llevo.

b **Díselas a tu compañero de manera distinta para que él exprese lo mismo utilizando perífrasis.**

 ● Creo que mi diccionario me costó aproximadamente lo mismo que los pantalones que llevo.

 ○ Creo que mi diccionario vino a costarme lo mismo que los pantalones que llevo.

Recuerda

COMUNICACIÓN

Expresar opiniones y argumentar
Hablar de problemas contemporáneos
- A mi modo de ver, el paro es uno de los problemas más graves porque lo sufre mucha gente.
- Yo no creo que el tráfico sea el problema más grave que tenemos, hay otros que son bastante más graves.

Expresar acuerdo
- La educación es fundamental para luchar contra la pobreza.
- Por supuesto que sí.
- Yo también lo veo así.

Expresar desacuerdo
- Llegará un día en el que no habrá ninguna guerra.
- Yo no estoy en absoluto de acuerdo.
- Estás muy equivocada.

Presentar un contraargumento
- Yo diría que la gente es cada vez más tolerante y acepta más las diferencias.
- Puede que tengas razón, pero hay mucha gente que no las acepta.

Añadir una información negativa
- Últimamente hay cada vez menos ofertas de trabajo y, | encima, | son peores.
  para colmo,
  por si fuera poco,
  además,

Valorar hechos y situaciones
- A mí me parece bien que la gente compre productos de países en vías de desarrollo.
- Es horrible que pasen cosas como esa.
- Está bien que hagan campañas para que la gente se dé cuenta de ese problema.
- Es una vergüenza que hayan hecho eso.
- Me pareció fatal que aprobaran esa ley.

Sugerir soluciones
- Habría que hacer más campañas de sensibilización.
- Estaría bien que pusieran más transporte público.

Expresar obligación y necesidad
- Para solucionar el problema del tráfico, es imprescindible que usemos más los transportes públicos.
- Hace falta que colaboremos todos para solucionar el problema.

GRAMÁTICA

A mi modo de ver, + indicativo
(Yo) Opino/considero/veo/diría + *que* + indicativo
(Yo) No opino / no considero / no veo / no creo / no pienso + *que* + subjuntivo
(Ver resumen gramatical, apartado 12)

Formas de expresar acuerdo y desacuerdo
(Ver resumen gramatical, apartado 13)

Puede que tengas razón, pero...
Puede que sí, pero...
Sí, pero al mismo tiempo...
No dudo (de) que + subjuntivo, *no obstante* + indicativo

Parecer bien / mal / lógico / un error / una buena idea + *que* + subjuntivo
Ser + adjetivo + *que* + subjuntivo
Estar + *bien/mal/genial/fenomenal/fatal* + *que* + subjuntivo
Ser + *un/una* + sustantivo + *que* + subjuntivo
(Ver resumen gramatical, apartado 14)

Pretérito perfecto de subjuntivo
(Ver resumen gramatical, apartado 1.3)

Había que + infinitivo
Estaría bien que + pretérito imperfecto de subjuntivo
No estaría mal que + pretérito imperfecto de subjuntivo
(Ver resumen gramatical, apartado 5.2)

Es
Me parece | *imprescindible* | + *que* + subjuntivo
Considero | *indispensable*
Hace falta que + subjuntivo
(Ver resumen gramatical, apartado 15)

Perífrasis verbales:
- *ponerse a* + infinitivo
- *echarse a* + infinitivo
- *llegar a* + infinitivo
- *venir a* + infinitivo
- *soler* + infinitivo
- *haber de* + infinitivo
- *andar* + gerundio
(Ver resumen gramatical, apartado 3)

Una canción: *Ataque de risa*

1
a ¿Conoces el significado de "ataque"? ¿Y de "ataque de risa"?

b Lee el texto incompleto de esta canción del grupo colombiano Aterciopelados y averigua el significado de las palabras nuevas.

ATAQUE DE RISA

Disparo flores, bombardeo amores;
ataque de risa, invasión de sonrisas,
de canto y de baile de las milicias.

En vez de kárate propongo caricias;
en vez de bomba, bombón;
en vez de que te maten, tómate un rico ....
y en vez de pelear propongo ....

Disparo flores, bombardeo amores;
ataque de risa, invasión de sonrisas,
de canto y de baile de las milicias.

En vez de trincheras propongo .... ;
en vez de búnker, el .... ;
en vez de soldados, mejor ....
y en vez de pelear propongo ....

En vez de matanzas prefiero la .... ;
en vez de minas, ... ;
en vez de combates prefiero ....
y en vez de pelear propongo ....

En vez de una guerra, millones de .... ;
en vez de balas yo quiero .... ;
en vez de muerte prefiero .... ;
en vez de llorar, mejor voy a ....
y en vez de pelear propongo ....

ATERCIOPELADOS: "Ataque de risa", *Río*.

c Escribe y traduce las palabras que sirven para hablar de la guerra.

d Fíjate en el tono pacifista de los versos completos. Luego, asegúrate de que entiendes estas palabras y utilízalas para completar la canción (una de ellas se repite varias veces).

trineos   enamorar   alas   mate (sustantivo)

suerte   danza   hermanos   estrellas   cantar

yunque   chocolates   mininas

e Escucha y comprueba si tu canción coincide con la original.
🎧
1|24

f ¿Qué te parece esta canción? ¿Te gusta? ¿Qué adjetivos utilizarías para describirla?

A mí me parece una canción (pacifista, optimista y muy alegre que ha sido compuesta con mucho sentido del humor).

g Escúchala de nuevo y cántala si lo deseas.
🎧
1|25

Un discurso de Einstein

1 **Lee este discurso casi completo del físico Albert Einstein (1879-1955) y pregúntale al profesor qué
a significa lo que no entiendas.**

Las últimas generaciones nos han puesto en la mano un regalo sumamente precioso: una ciencia y una técnica tan desarrolladas, que nos ofrecen posibilidades de liberar y enriquecer nuestras vidas como no lo pudieron hacer las generaciones anteriores. Este regalo, sin embargo, implica peligros para nuestra existencia que tampoco habían sido igualados en cuanto a maldad.

Más que nunca, el destino de la humanidad civilizada depende de las fuerzas morales. Por eso la tarea encomendada a nuestra época no es más fácil que las llevadas a cabo por las generaciones anteriores.

Es posible conseguir en menos horas de trabajo la cuota de alimentos y de bienes que la gente necesita. En cambio, el problema de la distribución de esos bienes y del trabajo se ha vuelto más difícil. Todos sentimos que el libre juego de las fuerzas económicas, así como el desenfrenado afán de riqueza y poder por parte de los individuos, no ofrecen salidas al problema. Es necesaria una planificación en la producción de los bienes, en la utilización de las fuerzas de trabajo y en el reparto de los bienes para evitar el empobrecimiento, así como el embrutecimiento de la mayor parte de la población.

Si bien el *sacro egoísmo* ilimitado conduce a consecuencias funestas en la vida económica, estas son aún peores en las relaciones internacionales. El desarrollo de la técnica militar es tal, que la vida de las gentes será insoportable si no se encuentra con rapidez un camino para impedir las guerras. Tan importante es la meta como ineficaces los esfuerzos hechos.

Se intenta aminorar el peligro limitando el armamento y multiplicando las reglas a que deben atenerse las guerras. La guerra no es un juego de sociedad en donde los participantes se ciñan buenamente a leyes. Cuando se trata de ser o no ser, las reglas y los compromisos no cuentan para nada. Solo un abandono incondicional de las guerras puede ayudarnos. Para ello no basta con lograr que una organización internacional actúe como árbitro. Hay que hacerlo por medio de pactos de seguridad suscritos por todas las naciones. Sin esta seguridad, las naciones no tendrán nunca el valor de proceder a un desarme. [...]

Así, decía al empezar, el destino del género humano depende hoy mucho más que ayer de nuestra fuerza moral. En todas partes se busca el camino hacia una existencia feliz y alegre por encima de la renuncia y la autolimitación.

¿De dónde podrían venir las fuerzas para un desarrollo como el descrito? Solo de aquellos que tuvieron oportunidad, en sus años jóvenes, de consolidar su intelecto con el estudio, logrando así un juicio claro de las cosas. Así os vemos nosotros, los mayores, a vosotros. Así esperamos de vosotros que con vuestras mejores fuerzas busquéis y logréis aquello que nosotros no pudimos conseguir.

ALBERT EINSTEIN: *Mi visión del mundo*.

b **Fíjate en el significado que las palabras de la izquierda tienen en el texto y relaciónalas con las de la derecha.**

- implicar
- llevar a cabo
- afán
- reparto
- impedir
- meta
- aminorar
- incondicional
- bastar
- pactos
- juicio

distribución
reducir
tener como consecuencia
acuerdos
deseo muy fuerte
realizar
objetivo
imposibilitar
sin condiciones
valoración
ser suficiente

c **¿Verdadero o falso? Márcalo y justifícalo con informaciones del texto.**

	V	F
1. Según Albert Einstein, todos los avances científicos y técnicos benefician a la humanidad.	☐	☐
2. La ciencia y la técnica mejorarán la vida y el futuro del ser humano solo si se hace un buen uso de ellas.	☐	☐
3. Los alimentos y el trabajo están cada vez mejor repartidos entre las personas.	☐	☐
4. La economía de libre mercado ayuda a distribuir mejor entre todos la comida y los bienes necesarios para vivir.	☐	☐
5. Si se evitan los conflictos bélicos, la vida y el futuro de la humanidad serán mejores.	☐	☐
6. Basta con mejorar las reglas de la guerra para hacer desaparecer los efectos negativos de ella.	☐	☐
7. Los países en guerra respetan siempre las reglas de esta.	☐	☐
8. Para lograr el desarme es imprescindible que todos los países del mundo firmen los acuerdos de seguridad.	☐	☐
9. Con más educación se conseguirá mejorar la vida y el destino de la humanidad.	☐	☐

d **Ponle un título al texto. Luego, comprueba si coincide con el de algún compañero.**

e **Ese discurso lo pronunció Einstein en el Congreso Estudiantil para el Desarme en el año 1930, ante estudiantes alemanes pacifistas. ¿Crees que sigue teniendo actualidad? ¿Crees que han mejorado algunas de las cosas mencionadas en él? ¿Y han empeorado otras?**

- Yo creo que, en general, los avances científicos y técnicos benefician ahora mucho más a la humanidad que en 1930.
- Bueno, según se mire. Sí es cierto, por ejemplo, en la medicina: ahora se pueden curar muchas enfermedades que eran incurables en aquella época. Sin embargo, hay otros avances que son más perjudiciales; es el caso del armamento militar, que ahora es más sofisticado y más destructivo.

Repaso 1

LECCIONES

- **1** APRENDER ESPAÑOL
- **2** EL TIEMPO LIBRE
- **3** CONDICIONES DE VIDA
- **4** UN MUNDO MEJOR

Juego de vocabulario

1
a ¿Tienes dificultades para recordar o usar determinadas palabras o expresiones de las lecciones 1-4? Anota algunas y escribe una frase con cada una de ellas. Puedes utilizar el diccionario.

b En grupos de tres. Léeles a tus compañeros la definición del diccionario de cada una de esas palabras o expresiones para que traten de descubrir a cuál corresponde.

c Pásales las frases que has escrito en el apartado a) para que las corrijan. Si no estáis los tres de acuerdo en algo, consultad al profesor.

2
a Busca en las lecciones 1-4 algunas estructuras gramaticales que te parezcan útiles y que necesites repasar.

b Escribe una frase con cada una de ellas.

c Tradúcelas a tu lengua. Luego, pásaselas a un compañero para que las traduzca al español.

d Comprueba si coinciden con las tuyas. En caso negativo, averiguad a qué se debe.

3
a ¿Hay algo de lo que no te sientes muy satisfecho como estudiante de español y que te gustaría mejorar? Explícaselo detalladamente a un compañero en una carta y pídele consejo, pero no pongas su nombre.

> Querida compañera,
> Aunque, en general, noto que voy progresando bastante, sé que tengo ciertos problemas que he de resolver. Por ejemplo,...

b Entrégasela al profesor y lee la que te dé. Luego, escribe una carta de respuesta dando los consejos que estimes apropiados a la situación planteada.

c Busca al autor de la carta que has recibido y entrégale la respuesta. ¿Qué le parecen tus consejos? ¿Va a intentar ponerlos en práctica?

4 **a** Una canción latina: *Las Marías*. Escucha y lee esta canción sobre una mujer que ha cambiado de lugar de residencia para intentar mejorar sus condiciones de vida. Luego, responde a las preguntas y justifica tus respuestas.

1|26

- ¿De qué país crees que es?
- ¿A qué país crees que se ha trasladado en busca de trabajo? ¿En qué hemisferio está situado?

LAS MARÍAS

Me llamo María de Luz.
Mil años de cuna a cruz,
mil voces que tengo en el alma
son cantos en alas de la juventud.

Yo soy de manos ajenas,
mis hijos no saben de mí.

Aquí, escondida en los barrios de americanos,
guardo mi sufrir.
Aquí, en esta planta ruidosa,
mis dedos aplican su bien.
No pienso en hogar ni futuro;
solo me conformo con lo que me den.

Aquí, en esta cocina,
en esta ciudad donde estoy,
¡qué nombres tan complicados
les dan a los tacos de donde yo soy!

Risa y también tristeza
la vida del norte me da;
los sueños que traigo conmigo
quizás algún día se me cumplirán.

Recuerdo ranchito y ganado,
sonrisa y orgullo de ayer,
mi altarcito salado de llanto
por tantas Marías que hemos de ser.

Yo rezo a mi madre la tierra,
la vida y la libertad.
Yo busco a mi hermana justicia,
la paz, la cultura y felicidad.

TISH HINOJOSA:
"Las Marías", *Frontejas.*

b Pregunta a tus compañeros o a tu profesor qué significan las palabras que no entiendas.

c Escucha y lee de nuevo. Luego, di en qué versos se hace referencia a los aspectos de esta lista.

1|27

- Su familia, que no vive con ella.
- Sus condiciones de trabajo.
- Sus dificultades con la lengua del país al que ha emigrado.
- Las ilusiones con las que llegó a ese país.
- Imágenes y sentimientos que tiene cuando se acuerda de su país.
- Valores y condiciones de vida que le gustaría encontrar.

d ¿Cómo describirías la canción? Usa los adjetivos que consideres apropiados y compáralos con los de tus compañeros.

e Piensa en las respuestas a estas preguntas. Luego, coméntalas con tus compañeros.

- ¿Qué creía esa persona que iba a conseguir en el país de destino?
- ¿Qué condiciones de trabajo ha encontrado en el nuevo país?
- ¿Cuál es la situación de esa mujer? ¿Por qué crees que es así?

f ¿Qué piensas que puede hacer la comunidad del país de destino para ayudar a incorporarse a la sociedad a las personas que cambian de residencia? Coméntalo con tus compañeros.

5 Escucha a dos personas hablar sobre cómo sería su vida si se produjeran ciertos cambios.

a ¿A qué tipo de circunstancias hacen referencia?

1|28
- financieras
- relaciones personales
- laborales
- salud
- estudios

b Escucha de nuevo y anota las consecuencias que tendrían lugar en cada caso.

1|29

	MARTA	JORGE
1.		
2.		
3.		

c ¿Cómo cambiaría tu vida si se dieran esas circunstancias? Díselo a un compañero.

d Piensa en otras circunstancias que podrían darse y pregúntale a ese compañero cómo reaccionaría. ¿Haría lo mismo que tú?

6 Completa el poema con estas palabras (las dos formas verbales propuestas se repiten). Puedes usar el

a diccionario.

- buenos
- trataría de
- pudiera
- reales
- alegría
- tonto
- perfecto
- riesgos
- seriedad

INSTANTES

Si .... vivir nuevamente mi vida,
en la próxima .... cometer más errores.
No intentaría ser tan ...., me relajaría más.
Sería más .... de lo que he sido; de hecho,
tomaría muy pocas cosas con ....
Sería menos higiénico.
Correría más ...., haría más viajes, contemplaría
más atardeceres, subiría más montañas, nadaría más ríos.
Iría a más lugares adonde nunca he ido, comería
más helados y menos habas, tendría más problemas
.... y menos imaginarios.
Yo fui una de esas personas que vivió sensata y prolíficamente
cada minuto de su vida; claro que tuve momentos de ....
Pero si .... volver atrás, ... tener
solamente .... momentos.

NADINE STAIR

b Escucha a tu profesor recitarlo y comprueba.

c ¿Qué crees que quiere expresar la autora? Dilo en pocas palabras.

d ¿Cuáles de las cosas mencionadas en ese poema harías tú si pudieras vivir nuevamente tu vida? Díselo a tu compañero. ¿Coincidís en algo?

e ¿Qué otras cosas harías y cuáles de las que haces actualmente no harías? Anótalas en dos listas.

f Ahora escribe tu poema.

> **1** Decide en qué orden vas a incluir en un poema las cosas que has mencionado en los apartados d) y e). Luego, escríbelo.
> Si pudiera vivir nuevamente mi vida, …

> **2** Pásaselo a un compañero para que te lo corrija.

> **4** Si lo deseas, puedes recitarlo y grabarte para que puedas escucharte y practicar aquello que te resulte más difícil.

> **3** Colócalo en una pared del aula y lee los de tus compañeros. ¿Cuál te gusta más? ¿Hay alguno que te llame la atención?

7 **a** Lee la letra incompleta de esta canción y pregúntale al profesor qué significan las palabras que no entiendas.

> ### MALHAYA LA COCINA
>
> Malhaya la cocina, malhaya el humo,
> malhaya quien se cree de hombre alguno,
> porque los hombres, porque los hombres,
> cuando se sienten ...., caramba,
> no corresponden.
> Yo comparo a los hombres con el ....,
> porque dan el .... y luego el ....
> Yo los ...., yo los ....;
> de este que traigo en el alma, caramba,
> de este no digo.
>
> (TRADICIONAL)

b Asegúrate de que entiendes estas palabras y elige la que te parezca más apropiada de cada par para completar la canción (una de ellas se repite). Luego, escucha y comprueba.

1|30

- enamorado-mosquito
- maldigo-alabo
- besito-picotazo
- odiados-queridos
- brinquito-abrazo

c Piensa en las respuestas a estas preguntas y coméntalas con la clase.

- ¿Consideras que hay alguna idea polémica en la canción?
- ¿Qué se quiere expresar en ella?
- ¿Estás tú de acuerdo con esas ideas o te parecen exageradas o equivocadas?

Mundo latino

8
a Lee el texto de todas las casillas y consulta al profesor lo que no entiendas.

A ↓

1
Una noticia relacionada con España o América Latina que has leído o escuchado recientemente.

2
El país de América Latina del que sabes más cosas. ¿Por qué?

3
Alguna cualidad del carácter latino que valoras positivamente.

4
Canta una canción (o parte) de España o de América Latina.

5
Menciona algún hecho histórico ocurrido en España o América Latina en el siglo XX y valóralo.

6
¿Has leído algún libro de un escritor de España o de América Latina? ¿De qué trata? ¿Te gustó?

7
Expresa algunas hipótesis sobre el futuro de España o de algún país de América Latina.

8
¿Puedes recomendar a tus compañeros algún periódico o revista de España o de América Latina?

9
Si pudieras hacerlo, ¿qué problemas de España o de América Latina resolverías?

10
Pregunta a tu compañero algo sobre España o América Latina.

11
Un plato típico de España o de América Latina que te gusta mucho.

b En parejas (alumno A y alumno B). Juega con una ficha de color diferente a la de tu compañero. Empieza en la casilla que te corresponda.

c Por turnos. Avanza una casilla y habla del tema o responde a la pregunta de la casilla a la que llegues. Si no dices nada, pierdes un turno. Gana el primero que llegue al otro extremo.

12 ¿Conoces algún estilo de música de España o de América Latina? ¿Lo sabes bailar?

13 Algo de España o América Latina que no te parece justo.

B ↓

24 Tu compañero te va a preguntar algo sobre un país donde se habla español.

14 Una cosa que no se llama de la misma manera en todos los países de habla española.

23 ¿Cómo te gusta que sea y qué te gusta que tenga un lugar para vivir en él? ¿Conoces alguno donde se habla español que reúna esos requisitos?

15 Si pudieras ser un personaje de España o de América Latina, ¿quién te gustaría ser? ¿Por qué?

22 ¿Has visto alguna película de un director de España o América Latina? ¿De qué trata? ¿Te gustó?

16 Algo de España o América Latina que te sorprende.

21 Algún aspecto cultural de España o de América Latina que te gustaría conocer mejor.

17 Expresa un deseo sobre un país de habla española.

18 Dale algunos consejos a un amigo que va a ir a España o a un país de América Latina del que tienes bastante información.

19 ¿Para qué crees que sirve este juego?

20 ¿Puedes decir el nombre de un país de América Latina en el que se usa mucho *vos*?

5

Sentimientos

OBJETIVOS

- Expresar alegría o satisfacción
- Expresar pena, lástima o tristeza y mencionar el motivo.
- Expresar indiferencia
- Agradecer
- Expresar sorpresa, extrañeza y preocupación, y mencionar el motivo
- Formular hipótesis sobre el pasado
- Expresar esperanza
- Tranquilizar y dar ánimos

1 **Asegúrate de que entiendes estas palabras y expresiones, que sirven para hablar de la vida de una
a persona.**

hospitalizar

dejar el trabajo

tener un romance / un ligue

conseguir un trabajo / un puesto

conseguir una beca

quedar una asignatura (a alguien)

dar a luz — *parir - to give birth*

reconciliarse (con alguien)

triunfar

curarse

operar (a alguien)

montar un negocio

sacar buenas notas

titularse

quedarse embarazada

romper una relación (amorosa)

tener un desengaño amoroso

emigrar

quedarse en paro

ponerse enfermo

fracasar

hacerse amigo (de alguien)

aprobar (un examen o unas oposiciones)

fallecer — *morir*

pelearse/discutir (con alguien)

b **¿Qué palabras y expresiones de 1a te sugieren hechos de los que se suele guardar un buen recuerdo?
¿Y un mal recuerdo?**

c **¿Consideras útiles otras palabras o expresiones para hablar de momentos importantes en tu vida o en
la de otra persona? Puedes preguntarle al profesor cómo se dicen en español.**

2 **Busca los sustantivos correspondientes a estos verbos. Puedes usar el diccionario.**
a
- triunfar • reconciliarse • operar • romper • hospitalizar • emigrar • fracasar • titularse • pelearse • discutir

triunfo   reconcilio   operación   rorio   hospital   inmigrante frocaw   título   peleo   discusión

b **Ahora subraya la sílaba más fuerte de cada uno de esos sustantivos.**

c **Escucha y comprueba. Luego, repite los más difíciles de pronunciar.**

🎧
2|1

d **¿Sabes por qué llevan tilde las palabras terminadas en -ión? Díselo a tus compañeros.**

3 Lee lo que dicen estas personas. ¿Cuáles de las cosas que mencionan has hecho tú o te han
a ocurrido a ti?

Marisol Ortega

Sergio Vázquez

"Dicen que las desgracias nunca vienen solas, pero yo, por mi experiencia, podría afirmar rotundamente que las cosas buenas tampoco vienen solas, por suerte. Cuando acabé la carrera me ocurrieron unas cuantas seguidas, tuve una racha fenomenal y llegué a creer que la vida era coser y cantar. La primera cosa buena que me sucedió fue que me concedieron una beca de investigación para un año en una universidad chilena. Allí conocí a un chico con el que me entendía a la perfección, empezamos a salir y terminamos formando una pareja. Cuando se me acabó la beca, me hicieron fija en la universidad; meses más tarde di a luz a una niña que ahora es la reina y la alegría de la casa... En fin, ya digo, coser y cantar. Soy consciente de que soy muy afortunada y espero que dure la racha".

"Sin duda, lo más importante y lo mejor que hice el año pasado fue irme a vivir por mi cuenta. Hacía unos meses que había conseguido mi primer trabajo asalariado. Antes había colaborado como voluntario en varios proyectos sociales, pero lo había hecho desinteresadamente, sin que me pagaran. El caso es que ya podía pagar todos mis gastos y tenía unas ganas tremendas de independizarme, de hacer mi vida, de vivir a mi manera sin tener que andar dándoles explicaciones a mis padres. La relación con ellos no era mala, pero... no sé... teníamos nuestras diferencias y a veces discutíamos.
La experiencia salió redonda. Comencé a compartir un piso con un amigo que ya lo tenía alquilado, pero a los pocos meses se apuntó una amiga que venía mucho a vernos y al final terminó ocupando una habitación que teníamos libre. Realmente, el cambio me vino estupendamente, las relaciones con mis padres mejoraron y mi vida también; o sea, que todos ganamos con el cambio".

b Haz una lista de cosas importantes que hayas hecho o que te hayan ocurrido en algún momento de tu
vida. Puedes pensar en:

- los estudios
- el trabajo
- las relaciones personales
- la salud

c Comenta tu lista con tu compañero y explícale cómo cambiaron tu vida esos hechos.

Hace dos años me hice muy amigo de...

4 Lee esta historieta y busca frases en las que se expresen los siguientes sentimientos.

a
- alegría o satisfacción
- pena, lástima o tristeza
- indiferencia
- agradecimiento

b ¿Te identificas con alguno de los personajes de la historieta? Díselo a tu compañero y explícale por qué.

5 **¿Qué sentimiento de los que has visto en la actividad 4a se expresa en cada una de estas frases? Co-
a méntalo con un compañero.**

1. Es una lástima que Susana abandonara los estudios el año pasado. Con lo inteligente que es... *pena*

2. ¡Qué bien que te hayan concedido esa beca! Realmente te la mereces. *agradecimiento*

3. Me da mucha pena que Enrique haya dejado este trabajo. Con lo bien que me llevaba con él... *pena*

4. Sinceramente, me da lo mismo que sea niño o niña, estoy tan ilusionado... *indiferencia / alegría*

5. Me da mucha alegría que hayas conseguido la nacionalidad. A partir de ahora, todo será más fácil. *alegría*

6. Lamento que te hayas peleado con Paco y hayáis roto. Con la cantidad de planes que teníais... *pena*

7. ¡Cómo siento no poder acompañarte! Con las ganas que tenía de ir allí contigo... *pena / lástima*

8. ¡Cuánto me alegro de haberte conocido! De verdad. *alegría / satisfacción*

9. La verdad es que no me importa que no ganáramos el partido. Lo importante es participar. *indiferencia*

10. ¡Qué rabia que me suspendieran en junio! Con lo que había estudiado... *pena*

11. Me puse muy triste que ella regresara a su país. Con el cariño que le había cogido... *tristeza*

12. Pues, mira, no me importa nada que Fernando esté ausente. Ya vendrá otro día. *indiferencia*

13. Me dolió que no la eligieran para ese puesto. Con los méritos que había hecho... *lástima*

14. Ana está encantada de que la hayan ascendido. Llevaba tiempo deseando ocupar ese cargo. *agradecimiento / alegría*

b **Comenta con tu compañero las respuestas a estas preguntas.**

- ¿Por qué en las frases 7 y 8 se utiliza el infinitivo, y en el resto, el subjuntivo?
- ¿Por qué se usan diferentes tiempos verbales del subjuntivo?

c **Lee de nuevo las frases en las que se expresa pena, lástima o tristeza. Fíjate en las explicaciones posteriores que se dan en cada caso y completa el cuadro.**

	lo		
Con	lo	inteligente	*que* (+ verbo en indicativo)
		....	
	el		
	la		
	los		
	las		

d **¿Podrías decir cuándo utilizamos *lo* en esas estructuras? ¿Y *el, la, los, las*? Escribe algunos ejemplos.**

¡Qué pena que le fuera mal la tienda que montó! Con lo bien que la había montado...

6 **Piensa en hechos o circunstancias de la actualidad que te producen sentimientos de pena, lástima,**
a **tristeza, alegría o indiferencia, y por qué.**

> El problema del analfabetismo en el mundo. Además, hay muchos niños sin escolarizar.

b **¿Compartes esos sentimientos con tu compañero? Averígualo.**

> ● ¡Qué pena que haya tantos niños sin escolarizar! Con lo necesaria e importante que es la educación…
> ○ Pues sí, es una pena. Yo también pienso lo mismo.

7 **¿Te conoce bien tu compañero? Haz una lista de cosas que hace la gente y que te causan alegría, pena o**
a **indiferencia.**

> Que me regalen algo que me gusta.
> Que un conocido no me salude cuando me ve en la calle.

b **Léele tu lista a un compañero con el que no hayas trabajado en la actividad 6. ¿Sabe o se imagina**
cuáles son los sentimientos que te producen esas cosas?

> ● Que me regalen algo que me gusta.
> ○ Te da mucha alegría que te regalen algo que te gusta.

8 **¿Recuerdas algunas de las cosas que te ha comentado sobre su vida un compañero en la actividad 3c?**
Exprésale los sentimientos que te producen.

> ¡Qué bien que…!, ¿verdad?

9 **Observa las ilustraciones. ¿A qué hechos de la historia contemporánea hacen referencia?**
a

b **Escucha una conversación entre dos amigos. ¿De cuáles de los hechos anteriores están hablando?**
¿Y qué sentimientos les producen?
2|2

10 **En parejas. Elaborad una lista de hechos de la historia contemporánea. Luego, hablad de los sentimien-**
tos que os produjeron cuando tuvieron lugar y explicad por qué.

> Yo me alegré mucho de que… porque…

¿Le habrá pasado algo?

11 **Escucha este diálogo con el libro cerrado y ayuda al profesor a escribirlo en la pizarra.**

a

🎧 2|3

- ● ¡Qué raro que Pepe no haya venido todavía! Con lo puntual que es…
- ○ Pues sí, a mí también me extraña que no haya llegado. ¿Le habrá pasado algo?
- ● No, hombre, no. Ya verás como llega de un momento a otro. Habrá salido tarde del trabajo y estará a punto de llegar.
- ○ Si dijo que saldría a las seis… Son y media y ya debería estar aquí.
- ● Sí, pero igual se le han complicado las cosas y ha tenido que quedarse un rato más. O puede que se haya encontrado con algún conocido en el camino y se haya entretenido…
- ○ Esperemos que sea algo de eso y no le haya pasado nada.
- ● Seguro que no. Tranquilo.

b **Responde a las siguientes preguntas.**

- ● ¿En qué frases se expresa extrañeza o preocupación?
- ● ¿En cuáles se formulan hipótesis buscando una explicación a lo sucedido?
- ● ¿En cuáles se tranquiliza y se dan ánimos a alguien?
- ● ¿En cuál se expresa esperanza?

c **Escucha el diálogo de nuevo y repítelo. Trata de entonar las frases adecuadamente.**

🎧 2|4

d **Practícalo con un compañero.**

12 **Fíjate.**

a

Hipótesis sobre el presente y el pasado

Cuando intentamos dar una explicación sobre hechos que nos causan extrañeza o preocupación, podemos formular hipótesis:

Utilizando *igual, quizá(s), a lo mejor, puede (ser) que, es posible que, probablemente, lo más seguro es que,* etc.

- ● Igual se le han complicado las cosas.
- ● Puede que se le haya olvidado que tenía una cita. Es tan despistado…

Utilizando el futuro o el condicional (simples o compuestos).

- ● Habrá salido tarde del trabajo y estará a punto de llegar.
- ● Se acostaría a las tantas anoche y, claro, esta mañana no habrá oído el despertador.

- ● ¿Cómo no estaría anoche Tania en la cena?
- ○ No sé… No la habrían invitado.

Mira las conjugaciones de estos dos tiempos verbales.

FUTURO COMPUESTO		CONDICIONAL COMPUESTO	
habré		habría	
habrás	avisado	habrías	quedado
habrá	suspendido	habría	previsto
habremos	discutido	habríamos	dicho
habréis		habríais	
habrán		habrían	

b Observa la correspondencia de tiempos verbales existente entre los ejemplos de la izquierda y los de la derecha. Luego, completa el cuadro.

Conocemos la explicación	Nos imaginamos la explicación
Está enferma.	Estará enferma.
Ha salido tarde de casa.	Habrá salido tarde de casa.
Se le olvidó.	Se le olvidaría.
Había un atasco.	Habría un atasco.
No se lo habían dicho.	No se lo habrían dicho.

Tiene problemas.	....
....	No habrá oído el despertador.
Se acostó muy tarde.	....
No tenía ganas de ver a nadie.	....
....	No se habría enterado.
Ha perdido el tren.	....
No me había oído.	....

13
a Cuando buscamos explicaciones a lo sucedido podemos hacer preguntas de este tipo. Trata de relacionarlas con el hecho o el motivo que te parezca más lógico.

1. Un regalo.
2. Ayer de madrugada recibiste una llamada de teléfono anónima.
3. Una escapada de fin de semana.
4. Alguien no cumple su palabra y no llega a tiempo a una cita.
5. La pérdida de algunas cosas.
6. Ya sabía lo que había ocurrido.
7. Tu pareja tuvo una reacción inesperada ayer y tú te quedaste atónita.
8. Te ha llamado un amigo, pero no ha dejado ningún recado.
9. Un amigo anda con muletas.
10. Tienes malestar en el estómago.

A. ¿Quién sería?
B. ¿Qué habrá pasado? ¿Habrá tenido algún contratiempo?
C. ¿Dónde me las habré dejado?
D. ¿Qué será?
E. ¿Cómo se habría enterado?
F. ¿Por qué se comportaría así?
G. ¿Adónde irían?
H. ¿Qué le habrá pasado?
I. ¿Qué me habrá sentado mal?
J. ¿Qué querrá?

b ¿Qué preguntas puedes hacerte y qué respuestas puedes darte tratando de explicarte estas situaciones?

1

2

3

4

5

6

- ¿Por qué estará tan contento?
- Habrá recibido una noticia buenísima.

c Comprueba con tu compañero si coinciden vuestras hipótesis.

14 Observa estas ilustraciones. ¿Cuál crees que es el problema o el motivo en cada caso? Coméntalo.

a

A

B

C

b Escucha y empareja cada conversación con la ilustración correspondiente.

2|5

c Vuelve a escuchar. ¿Qué explicaciones dan los interlocutores para cada situación?

2|6

15 En grupos de cuatro. El profesor os dará a cada uno una tarjeta en la que se menciona un problema y su correspondiente explicación. Vas a decirles a tus compañeros de qué problema se trata, pero no la explicación; ellos deberán adivinarla formulando hipótesis.

- La clase empieza a las nueve, son las diez y todavía no ha llegado una compañera nuestra.
- ○ Se habrá dormido.
- No, no es eso.
- ■ Estará en un atasco; como hay tanto tráfico…
- No, no tiene nada que ver con eso.
- ▢ Quizá no le guste lo que vamos a hacer hoy en clase y haya decidido hacer novillos.
- No, no, ¡qué va! Si es una alumna muy aplicada y no falta nunca a clase. Incluso diría que es una alumna modélica.
- ○ ¿Está relacionado con lo que hizo anoche?
- Sí.
- ■ ¡Ah! Entonces saldría anoche y volvería a casa a las tantas.
- Sí, y…
- ○ … hoy tiene resaca.
- No exactamente.
- ▢ Puede que le sentara mal la cena y hoy, la pobre, no se encuentra bien y no ha tenido más remedio que quedarse en la cama para reponerse.
- Exacto.

16 ¿Recuerdas la historieta de la actividad 4a? ¿Y lo que hizo la protagonista? Comenta con otros compa-
a ñeros las respuestas a las siguientes preguntas.

- ¿Por qué lo haría?
- ¿Cómo se sentiría?
- ¿Qué le habría pasado antes de tomar esa decisión?

  - Lo haría porque (tendría problemas con… y tal vez…).
  - ○ Sí, lo más seguro es que (tuviera…).
  - ■ ¡Ah! Pues yo creo que no. Para mí, probablemente…

b Decídselo al resto de la clase y descubrid cuál es la explicación compartida por más alumnos.

Estrategias de aprendizaje

17 Piensa en las respuestas a estas preguntas y luego coméntalas con tus compañeros.
a
- ¿Tienes a menudo la sensación de que no progresas adecuadamente en tus estudios de español?
- ¿En qué aspectos te sucede con más frecuencia?
- ¿Te sucede más frecuentemente que en los cursos anteriores?

b ¿Cuáles crees que son las causas de que a veces puedas sentir que no progresas todo lo que podrías? Coméntalo con tus compañeros y averigua si ellos le dan alguna explicación que te parezca apropiada y que te pueda ayudar en el futuro. Luego, díselo al profesor, que te hará los comentarios y sugerencias oportunos.

Verbos con preposición

1 **Lee el texto y averigua qué significa lo que no entiendas.**

a

EL ENIGMA DE GUILLERMO

Guillermo era lo que se dice un tipo serio, metódico y formal, y por tal lo **tenían** quienes lo conocían. De costumbres fijas, su vida estaba totalmente organizada, todo en ella era perfectamente previsible y apenas tenía inquietudes, aficiones ni vida social. Aunque era anodina, **carecía** de grandes alicientes y **había renunciado** a muchas cosas, él **se conformaba** con lo que hacía. **Se había resignado** a vivir así y ni siquiera **se molestaba** en **probar** a hacer cosas nuevas. Casi no salía y estaba convencido de que más valía lo malo conocido que lo bueno por conocer.

Pero en el verano de hace un par de años le pasó algo a raíz de lo cual cambió por completo. Ese hecho determinante marcó un antes y un después en su vida y cambió como de la noche al día. Empezó a **atreverse** a hacer cosas que antes no **se arriesgaba** a hacer, le **dio** por **aficionarse** a hacer cosas de las que antes **se avergonzaba** y llegó a **ilusionarse** e incluso a **entusiasmarse** con cosas que antes no hacía

nunca. Sabedor de la curiosidad y los comentarios que sus hábitos provocaban en ciertas personas, Guillermo los ignoraba y decía al respecto: "**Paso** del qué dirán". Se sentía a gusto con su nueva vida y en el fondo **se lamentaba** y **se arrepentía** de **haber tardado** tanto en descubrirla.

Quienes lo conocían andaban intrigados con él y no daban crédito a sus ojos. Cada día **se asombraban** más de los cambios con los que los sorprendía Guillermo y para algunos de ellos **se estaba convirtiendo** en un perfecto calavera. Recordaban cuándo habían comenzado a notar ese nuevo comportamiento, pero ignoraban a qué se debía. Se preguntaban qué diablos le pudo pasar aquel verano, qué pudo causar su transformación en la persona animada, vividora y juerguista que nunca antes había sido. **Estaban empeñados** en averiguarlo, pero no había manera. Solamente lo sabían unos pocos allegados a los cuales había confesado el verdadero motivo.

b **¿Qué crees que le pasó a Guillermo aquel verano? Comenta tus hipótesis con tus compañeros.**

- (Lo más probable es que… Posiblemente…).
- (Sí, le pudo pasar eso, pero yo estoy convencida de que…).
- (Pues para mí, que Guillermo…).

c **Escucha al profesor decir lo que realmente le pasó y comprueba si lo has acertado.**

2 ¿Con qué preposición va en el texto cada uno de los verbos que están en negrita? Completa el cuadro.

a	con	de	en	por
renunciar	conformarse	carecer	molestarse	tener
resignarse	entusiasarse	pasar	tardar	dar
probar	lamentarse	lamentarse	convertirse	
atreverse	arrepentirse	arrepentirse	empeñar	
arriesgarse		asombrarse		
aficionarse				
avergonzarse				
ilusionarse				

3 Completa este cuestionario con las preposiciones que faltan.

a

1. Una cosa que te has arriesgado .... hacer alguna vez aunque te daba miedo.
2. Algo que normalmente no te atreves .... decir.
3. Algo .... lo que puedes avergonzarte.
4. Una cosa que probaste .... hacer y no te gustó.
5. Alguien .... quien te ilusionas.
6. Una actividad .... la que te has aficionado.
7. Algo .... lo que has renunciado alguna vez.
8. Una cosa .... la que careces.
9. Algo que sueles tardar bastante .... hacer.
10. Una cosa .... la que te asombras.
11. Algo .... lo que te has lamentado alguna vez.
12. Una cosa que hiciste y .... la cual te arrepientes.
13. Algo .... lo que no te conformarías.
14. Una cosa .... la que pasas mucho.
15. Algo .... lo que te entusiasmas.

b Anota tus respuestas a ese cuestionario.

c Hazle el cuestionario a un compañero y toma nota de sus respuestas.

d ¿Qué pareja de la clase coincide en más respuestas?

4 Utiliza verbos y preposiciones de la actividad 2 para escribir informaciones verdaderas o falsas
a sobre ti.

Siempre me asombro de lo rápido que aprenden idiomas los niños.

b Díselas a un compañero con el que no has trabajado en la actividad 3 para que trate de acertar cuáles
son verdaderas y cuáles son falsas.

Recuerda

COMUNICACIÓN

Expresar alegría o satisfacción
- ¡Qué bien que te hayas curado tan pronto!

Expresar pena, lástima o tristeza y mencionar el motivo
- ¡Qué pena que le haya quedado esa asignatura! Con lo que había estudiado...
- Es una lástima que se pusiera enferma justo antes de las vacaciones. Con las ganas que tenía de ir a la playa...

Expresar indiferencia
- No conozco el resultado, pero me da igual que haya ganado un equipo u otro, no me interesa el fútbol.

Agradecer
- Te agradezco muchísimo que hayas hecho eso por mí.

Expresar sorpresa, extrañeza y preocupación, y mencionar el motivo
- ¡Qué raro que Eva no haya llegado todavía! Si es muy puntual...
- Pues sí, a mí también me extraña que no haya llegado.

Formular hipótesis sobre el pasado
- No sé, le habrá pasado algo... o igual se le ha roto el coche.
- ¿Cómo no estaría anoche Tania en la cena?
- No la habrían invitado.

Expresar esperanza
- Espero que no le haya pasado nada.
- Eso espero yo también.

Tranquilizar y dar ánimos
- Tranquilo, hombre, tranquilo. Ya verás como no le ha pasado nada.

GRAMÁTICA

¡Qué bien que + subjuntivo*!*
Me alegro de que + subjuntivo
Estoy contento/encantado de que + subjuntivo
Me siento muy feliz/contento/satisfecho de que + subjuntivo

(Ver resumen gramatical, apartado 16.1)

¡Qué pena/lástima que + subjuntivo*!*
Me da pena/lástima que + subjuntivo
Es una pena/lástima que + subjuntivo
Siento/lamento que + subjuntivo
Me duele/disgusta que + subjuntivo

(Ver resumen gramatical, apartado 16.2.1)

Con lo que + indicativo
Con lo + adjetivo/adverbio + *que* + indicativo
Con el/la/los/las + sustantivo + *que* + indicativo

(Ver resumen gramatical, apartado 16.2.2)

(Me) Da igual / lo mismo que + subjuntivo
No me importa que + subjuntivo

(Ver resumen gramatical, apartado 16.3)

Te agradezco que + subjuntivo
¡Cómo/cuánto te agradezco que + subjuntivo*!*

(Ver resumen gramatical, apartado 17)

¡Qué raro/extraño que + subjuntivo*! Si* + indicativo...
Es raro/extraño/increíble/sorprendente/... + que + subjuntivo
Me sorprende/extraña que + subjuntivo

(Ver resumen gramatical, apartado 16.4.1)

Futuro compuesto y condicional compuesto

(Ver resumen gramatical, apartados 1.2 y 1.5)

Operadores para introducir hipótesis con indicativo, subjuntivo, e indicativo y subjuntivo.

(Ver resumen gramatical, apartado 16.4.2)

Espero/esperemos que + subjuntivo
Ojalá (que) + subjuntivo

(Ver resumen gramatical, apartado 18)

Un texto de Manuel Vicent. Elige el final

1 **a** Lee este relato incompleto del escritor español Manuel Vicent y averigua el significado de lo que no entiendas.

Era muy raro que un ejecutivo tan dinámico estuviera a las once de la mañana en el parque del Retiro leyendo el periódico. Había dicho que esperaba la visita de unos japoneses en el despacho, pero un primo del pueblo le descubrió a esa hora sentado en aquel banco público y había hecho ciertos comentarios que finalmente llegaron a oídos de la mujer. Esa tarde volvió a casa simulando el gesto agotado de siempre, y ella le recibió en medio de un silencio borde. [...] A otros no les importa. Entran silbando un bolero en el sagrado hogar, cuelgan el sombrero con desfachatez en los cuernos de su señora a modo de perchero y se sirven una tónica con ginebra. En cambio, este era un marido ahormado. Dejó con humildad el maletín en el tresillo, se quitó los zapatos y trató de hablar sin convicción de lo dura que había sido la jornada. Tres reuniones en la fábrica con los comisionistas, el almuerzo con el grupo de nipones y una inspección del control de calidad. El hombre charlaba por los codos para enmascarar su complicada situación porque sabía que la mujer estaba con la mosca en la oreja. Se sentía cazado. Después de llevar una doble vida durante seis meses, alguien había dado el soplo, así que aquella noche tuvo que soportar una cena doblemente fría, o sea, unas malditas rodajas de mortadela y la mirada glacial de la mujer, que mordisqueaba con despecho una empanadilla, también congelada. De pronto, ella saltó gritando:

—¿Cómo se llama?

—¿Quién?

—Esa guarra con la que sales.

—¿Qué te pasa?

—Me pasa que es la tercera vez que te ven por la mañana en el Retiro. Ya me dirás qué haces allí a esa hora.

—Nada.

Tenía algunas razones para sospechar. Desde un tiempo a esta parte encontraba a su marido muy nervioso, con los ojos perdidos en el techo y excesivamente obsesionado por los gastos de casa. Se pasaba noches enteras insomne, o con sueños de pesadilla, en los que balbucía palabras de amor o de dinero. ¿Quién sería esa perra? Cuando el hombre supo que la actitud de la mujer se debía solo a un ataque de celos tuvo una sensación de alivio. Su caso era más cruel. En realidad se trataba de un ejecutivo de 47 años...

MANUEL VICENT: *Crónicas urbanas.*

b **Fíjate en el significado que tienen en el texto las palabras y expresiones de la izquierda y relaciónalas con las de la derecha.**

- agotado   hablar demasiado
- borde   símbolo de infidelidad en una pareja
- cuernos   japoneses
- humildad   sofá de tres plazas
- tresillo   muy cansado
- comisionistas   helada
- nipones   sospechar
- charlar por los codos   antipático, desagradable, de mal carácter
- estar con la mosca en la oreja   sin dormir
- dar el soplo   informar en secreto
- glacial   modestia
- saltar   decir algo inesperadamente
- insomne   vendedores que ganan un porcentaje del precio de lo que venden

c **Lee estos tres posibles finales del relato y elige el que más te guste.**

1 ... que tenía una grave enfermedad de transmisión sexual y hacía unos meses que los médicos se la habían diagnosticado. La había contraído con toda probabilidad en alguno de sus viajes de negocios y no tenía el valor de decírselo a su esposa.

2 ... que se había quedado sin trabajo y quiso ocultar por pura vanidad la tragedia para no sentirse un ser despreciable.

3 ... al que los médicos habían diagnosticado una grave enfermedad terminal y había tomado la resolución de no decírselo a su esposa. La amaba tanto que quería evitar que sufriera... al menos hasta que el mal fuera más visible.

d **¿Cuál crees que escribió Manuel Vicent? Díselo al profesor y comprueba si lo has acertado.**

e **Ponle un título al relato original. Luego, averigua si coincide con el que le ha puesto algún compañero.**

Una canción española: *No me importa nada*

1 **Asegúrate de que entiendes todas estas palabras.**

a

creerse
(algo que te dicen)

manejarse

coartada

jugada

herir

bobadas

engañar
(a alguien)

empeñarse
(en hacer algo)

b **Las palabras del apartado anterior están incluidas en una canción titulada *No me importa nada*. En ella se hace referencia a la relación sentimental de una mujer y un hombre. Trabaja con un compañero para intentar predecir su contenido con la ayuda del título y esas palabras.**

Hablará de…

c **Escucha y lee la canción. Asegúrate de que la entiendes y comenta su contenido con la clase. ¿Es parecido al que habías imaginado con tu compañero?**

2|7

NO ME IMPORTA NADA

Tú juegas a quererme,
yo juego a que te creas que te quiero.
Buscando una coartada,
me das una pasión que yo no espero.
Y no me importa nada.
Tú juegas a engañarme,
yo juego a que te creas que te creo.
Escucho tus bobadas
acerca del amor y del deseo.

Y no me importa nada, nada,
que rías o que sueñes,
que digas o que hagas.
Y no me importa nada,
por mucho que me empeñe,
estoy jugando y no me importa nada.

Tú juegas a tenerme,
yo juego a que te creas que me tienes.
Serena y confiada,
invento las palabras que te hieren.
Y no me importa nada.

Tú juegas a olvidarme,
yo juego a que te creas que me importa;
conozco la jugada,
sé manejarme en las distancias cortas.

Y no me importa nada, nada,
que rías o que sueñes,
que digas o que hagas.
Y no me importa nada,
por mucho que me empeñe,
estoy jugando y no me importa nada.

Y no me importa nada
que rías o que sueñes,
que digas o que hagas.
Y no me importa nada
que tomes o que dejes,
que vengas o que vayas.
Y no me importa nada
que subas o que bajes,
que entres o que salgas.
Y no me importa nada.

Intérprete original: Luz Casal. "No me importa nada", *Luz V.*
Música y letra: M. A. Rodríguez Pérez,
F. J. López Varona y G. López Varona.

d **Piensa en las respuestas a estas preguntas y coméntalas con la clase.**

● ¿Qué palabras utilizarías para describir las actitudes de los protagonistas?
● ¿Has hecho o harías alguna vez algo parecido a lo que dice la canción? ¿Por qué?

Un caso policiaco

2 **Observa la imagen y localiza estos objetos.**
a

reja   candelabro   cerradura   regadera   alfombra

cadena   cartones   mirilla   maceta

b **Lee el texto del caso policiaco relacionado con esa imagen.**

La señora Juliana, que residía en un chalet situado en las afueras de la ciudad, fue brutalmente asesinada por alguien que se introdujo en su vivienda. En un principio, todo era ciertamente chocante porque la anciana, que era bastante solitaria, tenía la costumbre de encerrarse y no permitía que entrara nadie en su casa. Aquella tarde fue visitada por tres personas: un vendedor de libros bastante mal encarado, por cierto, según confesaron algunos vecinos a cuyas casas también fue aquel mismo día; Rita, una vecina que le debía dinero y a la cual había prestado una regadera la tarde anterior, y el repartidor del supermercado, que, como todos los días, le llevó el pedido que había hecho por teléfono. Aquella tarde solamente había solicitado tres cartones de leche. Por alguna razón, la señora Juliana abrió la puerta a una de esas personas, que la golpeó violentamente hasta que la mató. Los agentes comprobaron que la puerta se podía abrir metiendo la mano por la ventana y girando la llave de

la puerta, pero la anciana no la dejaba nunca en la cerradura, sino que la escondía siempre en su habitación.

Diario 16 (adaptado).

c **Piensa en las respuestas a estas preguntas y comenta tus hipótesis con dos compañeros.**

- ¿Quién crees que asesinó a la anciana? ¿Y cómo entró en el chalet?
- ¿Por qué lo haría? ¿Qué pasaría aquella tarde entre la persona que la asesinó y la señora?
  - (Quizá la asesinara… porque… Puede que lo hiciera porque…).
  - (Yo no estoy seguro de que fuera… Yo creo que fue… y lo haría porque…).
  - (Pues yo estoy convencido de que la asesinó… Es probable que lo hiciera porque…).

d **Comunicadle a la clase las hipótesis que habéis formulado.**

e **Ahora escucha a dos personas comentando lo que realmente pasó. ¿Coincide con lo que habíais pensado?**
🎧
2|8

3 **¿Conoces tú algún otro caso policiaco? En caso afirmativo, prepara lo que vas a contar, pero sin el final**
a **o sin especificar quién fue el culpable.**

b **Cuéntaselo a tus compañeros para que resuelvan el caso.**

6 Ecología

OBJETIVOS

- Hablar sobre problemas ecológicos
- Expresar preocupación
- Aconsejar
- Sugerir medidas para solucionar problemas
- Organizar la información y ordenar ideas
- Expresar la causa
- Expresar las consecuencias
- Añadir ideas
- Contrastar u oponer ideas
- Resumir o introducir la conclusión

1 Lee este texto y ponle un título.

a

Gema acaba de ver una película en la televisión, se levanta y comprueba que la batería de su móvil, enchufada a la corriente eléctrica para recargarla, está llena del todo. Entonces, desenchufa el cable, guarda el móvil en su bolso y se acuesta. Antes lo dejaba enchufado toda la noche, pero, desde que se enteró de la cantidad de contaminación que eso produce, lo deja solo el tiempo estrictamente necesario y, de ese modo, evita que esté contaminando durante varias horas. Los hechos relatados no son más que un ejemplo de cómo muchos actos triviales nuestros pueden aliviar o empeorar la salud global de la Tierra. Muchas pequeñas acciones nuestras, fáciles de llevar a cabo y cotidianas, pueden conducirnos, a nosotros mismos y a quienes vienen detrás, a vivir mejor en un mundo mejor. Acciones tan simples como bajar un grado la calefacción o poner un reductor de caudal en el grifo tienen mucha más importancia de la que jamás habríamos pensado y, además, no nos suponen ningún sacrificio personal. Al contrario, tienen un doble premio: económico y ecológico.

Todos queremos respirar, comer, beber y desarrollarnos en el mejor entorno posible. Y para conseguirlo debemos procurarnos un medioambiente agradable en el que tengamos asegurado el acceso al agua potable, que nos permita disfrutar de un aire limpio, una comida sana, unos paisajes bien conservados y unas fuentes de energía limpias y seguras. Todos los pequeños gestos individuales a favor del medioambiente contribuyen a preservar el entorno, a hacer un uso responsable de los recursos naturales, y constituyen lo que unos denominan ecología doméstica o ecologismo cotidiano y otros prefieren llamar mejora de la calidad de vida, ciudadanía responsable o, sencillamente, sentido común. Un sentido común que nos ayuda a seguir disfrutando de todo lo que nos ha sido legado y transmitirlo en el mejor estado de conservación posible a quienes tomen el relevo en esta agradable tarea de vivir en la Tierra.

JOSÉ LUIS GALLEGO: *Ecología para no ecologistas* (parcialmente adaptado).

b Comenta con la clase las ideas del texto que te parezcan más interesantes o curiosas.

c ¿Puedes decir otras acciones cotidianas que se pueden realizar para proteger el medioambiente?

2 **Asegúrate de que entiendes estos nombres de problemas ecológicos. Luego, di con cuáles relacionas**
a **las fotos.**

sequía

desertización

calentamiento global del planeta

inundación

lluvia ácida

maremoto

tsunami

contaminación ambiental

deforestación

cultivos transgénicos

incendio forestal

terremoto

huracán

destrucción de ecosistemas

catástrofes naturales

cambio climático

residuos tóxicos/ radiactivos/ atómicos

marea negra

destrucción de la capa de ozono

efecto invernadero

b **¿Cuáles crees que son debidos exclusivamente a la acción del ser humano? Explícaselo a tu compañero.**

● Para mí, la lluvia ácida es un problema ecológico del que es responsable exclusivo el ser humano.

○ Para mí, también es responsabilidad exclusiva del ser humano.

3 Lee estos textos y di a qué problema o problemas se refiere cada uno de ellos.

a

1 Los coches, las fábricas, las centrales eléctricas, etc. vierten a la atmósfera más de 150 millones de toneladas de gases al año en todo el mundo. En combinación con el vapor de agua, los rayos solares y el oxígeno se transforman en una sustancia contaminante que, cuando llueve, cae con el agua sobre la vegetación, los edificios y las personas, produciendo importantes daños y enfermedades respiratorias.

2 Ciertos desastres de origen natural (los terremotos, por ejemplo) y otros provocados accidental o intencionadamente por el ser humano (como las mareas negras) producen una alteración del entorno que afecta al medio físico y a las personas, animales y plantas que viven en él. Tienen un alto coste ambiental y humano, y en muchos casos esa alteración del medio es tan severa que ocasiona una profunda modificación de los paisajes y sus ecosistemas, impidiendo el desarrollo de las especies que los habitaban, incluido el ser humano.

3 La temperatura media de la atmósfera está aumentando poco a poco. Ese incremento puede llegar a provocar en el futuro la fusión del hielo polar, hecho que haría subir el nivel del mar a un ritmo de unos seis centímetros cada diez años. Este fenómeno tendría como consecuencia la inundación de amplias zonas de la superficie terrestre, algunas de ellas habitadas, y los expertos lo consideran la mayor amenaza medioambiental a la que se enfrenta la humanidad.

4 La polución del aire causada fundamentalmente por los motores de los vehículos y por las industrias se ha convertido en un grave problema de las grandes ciudades, puesto que perjudica la salud de sus habitantes causándoles diversas enfermedades y, además, daña las plantas y los edificios.

5 La explotación irracional de los bosques y la tala de árboles para obtener madera, edificar o crear tierras destinadas a los monocultivos y a la ganadería intensiva están teniendo efectos muy negativos para la salud del planeta. Conducen a la erosión del suelo, contribuyen al calentamiento de la Tierra y reducen la biodiversidad, esto es, la variedad de seres vivos, de especies de fauna y flora.

6 En la atmósfera hay una frágil capa de gas que nos protege de las radiaciones cancerígenas del sol, es decir, de los rayos ultravioletas. En primavera se abre en ella un agujero que cada año es mayor, causado principalmente por la emisión a la atmósfera de productos químicos tales como los clorofluorocarbonos (CFC).

7 Episodios como el acontecido en la ciudad ucraniana de Chernóbil el 26 de abril de 1986 suponen liberar al medioambiente una cantidad de material radiactivo cientos de veces mayor que el liberado por la bomba atómica arrojada sobre Hiroshima en 1945. Además de los efectos inmediatos (muertes y población afectada que arrastra graves secuelas durante muchos años), la radiación puede provocar la imposibilidad de habitar extensas áreas durante algunos decenios.

b **¿Qué problema o problemas medioambientales te preocupan o te preocuparon especialmente en algún momento concreto? Coméntaselo a tu compañero.**

• A mí me preocupa mucho que esté aumentando la temperatura media de la Tierra porque llegará un día en que...

○ Pues a mí me preocupó mucho y me dio mucha pena que muriera tanta gente a causa del terremoto que tuvo lugar...

4 ¿Con qué problemas ecológicos relacionas estos titulares de prensa?

a

Se plantarán 100 000 árboles en Buenos Aires antes de fin de año
Los barrios del sur serán los más beneficiados.

En julio tuvimos las temperaturas más altas de los últimos 32 años

Continúa el incendio del Parque Nacional de Los Llanos
El fuego ha arrasado más de 2000 hectáreas.

Brusco descenso de las ventas de aerosoles
Excelentes resultados de la campaña organizada por la AECA el año pasado.

Las energías renovables, energías que no producen residuos contaminantes

Convocada manifestación contra la construcción del cementerio nuclear

Aprobada la ley de conservación de la fauna y la flora de los espacios naturales

¿Será inundada la Tierra por el mar?

La capa de ozono podría recuperarse en medio siglo

Aumenta el consumo de gasolina sin plomo en Chile

Las reservas de agua, muy por debajo de su nivel habitual en estas fechas

Halladas casi dos toneladas de basura en el monte Everest

La energía eólica, una energía con mucho futuro

Crece el bosque en España
El segundo inventario forestal nacional refleja un aumento de 400 000 hectáreas de bosque.

El Gobierno ordena la suspensión de todos los transportes de residuos radiactivos

b Ordena esos problemas según la gravedad que tengan para ti.

c En grupos de cuatro. Debate tu lista con tus compañeros y elaborad otra entre los cuatro.

5 **Decálogo verde. Lee estos diez consejos verdes. ¿Cuántos practicas tú?**

a

1. Ahorre energía en su propia casa; no la malgaste.
2. Reduzca el consumo de agua; es un bien cada vez más escaso.
3. No produzca más basura de la indispensable.
4. Utilice envases reciclables, que no sean perjudiciales para el medioambiente.
5. No acumule ni almacene productos químicos.
6. No se pase con los plásticos; limite su uso.
7. Propóngase ahorrar papel.
8. Use el coche racionalmente; no abuse de él.
9. Cuide el campo y no lo dañe.
10. Piense globalmente y actúe localmente.

b **Ahora empareja cada párrafo con el consejo correspondiente. Puedes consultar el diccionario.**

A. Procure utilizarlo solo en caso de que sea realmente necesario y, a poder ser, nunca en trayectos cortos. Tome los transportes públicos colectivos, vaya a pie o desplácese en bicicleta siempre que pueda.

B. Apague las luces que no necesite. Haga el mejor uso posible de los electrodomésticos. Modere el nivel de la calefacción. Será bueno para el planeta y, de paso, para su bolsillo.

C. Lleve sus propias bolsas a la compra. Reutilice las que le den en el supermercado para guardar la basura. Tenga en cuenta que son costosas de producir, no se degradan en la naturaleza y no se reciclan fácilmente.

D. No *invada* la naturaleza, no la ensucie y no haga fuego en ella. Cuando abandone un lugar, recoja los desechos, lléveselos y déjelo bien limpio.

E. La ducha, mejor que el baño: puede ahorrar hasta 230 litros cada vez. No deje el grifo abierto mientras se lava los dientes. Ponga el lavaplatos solo cuando esté lleno de vajilla.

F. Compre productos envasados en recipientes ecológicos (botellas de vidrio retornables, por ejemplo). Rechace los *antiecológicos*, como las latas de bebidas o las botellas de PVC. Evite los aerosoles.

G. Para hacer una tonelada de ese producto es necesario talar nada menos que 5,3 hectáreas de bosque. Tres medidas individuales urgentes: consumirlo en menor cantidad, comprarlo reciclado y enviar a reciclar todo el que sea posible.

H. No utilice artículos de usar y tirar. Recuerde la ley de las *tres erres*: reducir la cantidad de productos que compre, reutilizar y reciclar los que pueda.

I. Detergentes, ambientadores, aerosoles, pilas, pinturas, termómetros... Los daños potenciales al medioambiente de muchos pequeños productos que se emplean en nuestras casas son muchos. No tire nunca ese tipo de productos por el inodoro.

J. Trate de mantenerse informado de los grandes problemas del medioambiente, pero no se olvide de su entorno más cercano y busque soluciones a problemas ecológicos inmediatos.

c **En grupos de cuatro. Descubrid cuáles de las acciones mencionadas en a) y b) realizan ya vuestros compañeros. ¿Quién creéis que respeta más el medioambiente?**

6 Averigua qué significan los verbos que no conozcas.

a

- proteger • contaminar • reciclar • sensibilizar(se) • degradar • deteriorar • recuperar
- prevenir • denunciar • desertizar • calentar • cuidar • intoxicar • conservar • respetar
- defender • envenenar • abusar • agredir • extinguir • preservar • destruir • salvar • repoblar

b ¿Cuáles de ellos te hacen pensar en actitudes positivas hacia el medioambiente? ¿Y en actitudes negativas? Anota cada uno en la columna correspondiente.

Actitudes positivas	Actitudes negativas
proteger	contaminar

c Escribe el sustantivo utilizado para expresar la acción de cada uno de esos verbos y fíjate en el género gramatical. Puedes usar el diccionario.

proteger → la protección

d Elige los sustantivos más difíciles y dile a tu compañero el verbo relacionado con cada uno para que diga el sustantivo.

7 Observa las ilustraciones. ¿A qué problema medioambiental hacen referencia y qué soluciones proponen?

a

b ¿Qué soluciones te parecen más adecuadas?

c Escucha y anota qué soluciones proponen en la grabación. ¿Coinciden con las tuyas?

2|9

8 Medidas imaginativas para solucionar problemas ecológicos. En grupos de cuatro. Haced una lista de ideas imaginativas y divertidas para solucionar problemas ecológicos.

a

Para ahorrar agua, yo propondría que nos ducháramos solamente una vez al año.

Ahorre miles de litros de agua duchándose solamente una vez al año.

b Colocadla en una pared del aula y leed las de los otros grupos. ¿Cuál os parece más original y divertida? ¿Habéis puesto en práctica alguna vez alguna de las medidas que sugieren?

Expresión escrita: marcadores del discurso. Conectores

 9 a **Lee este texto y responde a las preguntas.**

- ¿Qué va a hacer el Ayuntamiento?
- ¿Qué argumentos a favor se mencionan?
- ¿Y en contra?
- ¿Cuáles pueden ser las consecuencias de la polémica?

POLÉMICA POR EL APARCAMIENTO DE LA PLAZA DE LIMA

El aparcamiento subterráneo que el Ayuntamiento de nuestra ciudad está construyendo en la plaza de Lima afectará a esa zona de diversas maneras. **En primer lugar**, puede convertirse en la solución al problema de aparcamiento existente en todo el barrio. **En segundo lugar**, será un alivio para los peatones, **puesto que** ya no verán invadidos por vehículos los espacios reservados para ellos, algo que vienen denunciando reiteradamente desde hace mucho tiempo. **En tercer lugar**, favorecerá a los propietarios de inmuebles, **ya que** es muy probable que aumente la demanda, que la zona se revalorice y que las viviendas y los locales comerciales experimenten un importante incremento en los precios.

Sin embargo, también es verdad que ocasionará ciertos perjuicios a muchos ciudadanos. **Por un lado**, llegará hasta la zona un mayor número de vehículos y, **por tanto**, aumentarán los ya muy elevados niveles de ruido y de contaminación del aire. **Por otro lado**, las plazas de aparcamiento que ya están en venta son excesivamente caras y muchos vecinos no podrán comprarlas. **Además**, la revalorización de la zona perjudicará a las personas que necesiten adquirir una vivienda.

En resumen, se trata de un proyecto polémico, aceptado y deseado por unos y rechazado por otros. En los últimos días hemos comenzado a oír declaraciones a favor y declaraciones en contra de la citada obra, lo que parece ser el principio de un encendido debate que podría llevar a la paralización de las obras. De hecho, la asociación de vecinos del barrio ha anunciado que en breve emprenderá acciones legales con ese fin.

b Anota en cada columna las palabras y expresiones en negrita que le dan coherencia y cohesión al texto y te han ayudado a entenderlo y a predecir su contenido.

Causa	Consecuencia	Contraste u oposición	Añadir ideas	Ordenar ideas	Resumen o conclusión
debido a (que)	por consiguiente *ya que por tanto*	aunque *puesto que sin embargo*	asimismo *en primer lugar en segundo lugar en tercer lugar además*	por una parte *por un lado por otro lado*	en conclusión *en resumen*

c Asegúrate de que conoces el significado de estos marcadores. Luego, escríbelos en la columna correspondiente del apartado anterior.

- para empezar ● en cambio ● en consecuencia ● para finalizar ● resumiendo ● por otra parte
- dado (que) ● a pesar de (que) ● igualmente ● en definitiva ● no obstante ● a causa de (que)
- de manera/forma/modo que

d Observa el funcionamiento de estos marcadores:

Sin embargo, A pesar de eso,	también es verdad que ocasionará ciertos perjuicios.
A pesar de que Aunque	será beneficioso, también es verdad que ocasionará ciertos perjuicios.

e Los restantes marcadores de cada columna pueden funcionar como los que aparecen en el texto en negrita. Sustituye estos últimos por otros que tengan el mismo uso y permitan dar coherencia y cohesión a las ideas del texto.

Por una parte, puede convertirse en la solución…

f Ahora anota pares de frases que tengan una relación de causa, consecuencia, o contraste u oposición. Luego, pásaselas a tu compañero para que las una con el marcador apropiado.

Cada vez se produce más energía solar y eólica.

Vamos dependiendo menos del petróleo.

Cada vez se produce más energía solar y eólica. Por consiguiente, vamos dependiendo menos del petróleo.

Sinónimos

10
a Cuando escribimos, muchas veces utilizamos sinónimos para no repetir palabras que ya hemos usado. Lee estas e intenta formar 15 pares de sinónimos.

destacar	realizar	solicitar	motivo	por último
lograr	redactar	recomendable	finalizar	objetivo
ver	resaltar	tratar de	a continuación	conseguir
resolver	pedir	seguir	posteriormente	razón
finalmente	procurar	meta	aconsejable	observar
continuar	solucionar	concluir	escribir	hacer

b Busca en el texto de la actividad 9a un sinónimo de cada una de estas palabras.

- (el) aumento
- iniciar
- causar
- mencionada
- controversia
- repetidamente
- comprar
- (el) comienzo

Estrategias de aprendizaje: expresión escrita

11
a ¿Haces tú alguna de estas cosas para mejorar tu forma de expresarte por escrito?

" Antes de escribir un texto, hago una lista de las ideas que quiero incluir y luego las ordeno y las agrupo. De esa forma me resulta fácil decidir qué ideas irán en cada párrafo, en qué orden y qué relación hay entre ellas. Después, cuando termino de escribir el texto, lo reviso y corrijo todo lo que creo que se puede mejorar. "

Sabine (Austria)

" Yo aprendo mucho viendo lo que me ha corregido el profesor, me fijo mucho en sus correcciones porque he descubierto que eso es justo lo que tengo que aprender. Por eso, cuando el profesor me devuelve una tarea escrita, analizo bien lo que me ha corregido y luego escribo frases en las que incluyo esas correcciones. Además, también intento incluirlas en otras tareas que me pide el profesor. "

Mutsumi (Japón)

❝ Yo necesito escribir más que lo que me pide mi profesora; por eso hago redacciones sobre temas que me interesan y en ellas utilizo lo último que he aprendido o lo que me parece más difícil. Luego, se las doy a mi profesora para que me las corrija. ❞

Heeun (Corea)

❝ Generalmente, cuando reviso lo que he escrito hago bastantes cambios. Unas veces decido expresar las cosas de otra forma y en ocasiones añado ideas que se me ocurren después de leer la primera versión. Además, corrijo los errores gramaticales, de vocabulario, etc. ❞

Greg (Inglaterra)

❝ Cuando aprendo cosas nuevas de gramática o vocabulario necesito practicarlas, escribirlas en frases o en ejercicios de escritura simples y breves, que no sean libres, como dice mi profesor. Hacer eso me resulta más fácil y me ayuda a aprender y recordar mejor lo que he escrito. Luego me siento más segura y más preparada para usar ese lenguaje cuando tengo que escribir textos más largos y más difíciles, como redacciones. ❞

Li (China)

❝ En lugar de entregar las redacciones en papel, se las envío a mi profesor por correo electrónico. Él lee mi primera versión y me la devuelve con preguntas sobre todo lo que no entiende bien o con comentarios sobre cosas que no están claras. Entonces, yo intento aclarar todos esos puntos. Como tengo la redacción en un archivo, no necesito volver a escribirla entera; solo cambio lo que mi profesor me ha comentado y vuelvo a enviársela. Él señala de nuevo lo que todavía no está claro y me marca los errores y me la devuelve para que la rehaga. Hago las versiones que sean necesarias hasta que la redacción quede bien, pero, como lo hago con el procesador de texto, no resulta aburrido ni cansado. ❞

Gunther (Suiza)

b **Piensa en las respuestas a estas preguntas y coméntalas con tus compañeros.**

- ¿Cuáles de esas estrategias te parecen más útiles? ¿Por qué?
- ¿Las aplicas tú?
- ¿Utilizas otras que te dan buenos resultados? ¿Cuáles son?

12 Trabajas en una consultoría medioambiental y tu jefe te ha pedido un informe sobre el proyecto indicado **a** en la ficha. Léela, anota las ventajas e inconvenientes y añade otras ventajas e inconvenientes que creas que tiene dicho proyecto.

ASUNTO: construcción de una fábrica de fertilizantes para la agricultura. Dará empleo a 600 trabajadores. Puede atraer a otras empresas.

LUGAR: Albocabe (Toledo), 15 000 habitantes, el 12 % de ellos en paro. Crisis de empleo en la región. Está disminuyendo el número de habitantes. Población muy envejecida. Índice de natalidad bajo.

MOTIVO DE LA POLÉMICA: la producción de fertilizantes genera residuos tóxicos. Puede provocar la contaminación del aire y de las aguas del río Rituerto. Riesgos para la salud de las personas. Amenaza para la fauna y la flora autóctonas. Seria amenaza para el turismo rural. Puede aumentar el éxodo de la población a la ciudad.

Ventajas	Inconvenientes
600 puestos de trabajo	Residuos tóxicos

b Compara tus listas con las de un compañero y negociad unas definitivas.

c Piensa cómo vas a comenzar y a terminar el informe. Asegúrate de que sabes qué ideas van a ir en cada párrafo.

- introducción
- ventajas
- inconvenientes
- conclusión

d Escribe el informe. Selecciona los conectores que vas a utilizar.

En la localidad de Albocabe (Toledo) se va a construir una fábrica de...

e Revisa lo que has escrito.

- ¿Has expresado todo lo que querías expresar?
- ¿Están claras las ideas?
- ¿Están expresadas con precisión?
- ¿Hay variedad de vocabulario?
- ¿Crees que debes hacer algún cambio de tipo gramatical, ortográfico o relacionado con la puntuación o el estilo?

f Si fuera necesario, escríbelo de nuevo. Luego, pásaselo a un compañero y lee el suyo. Comenta con él las respuestas a estas preguntas:

- ¿Entiendes todo lo que tu compañero quiere expresar en su texto?
- ¿Cambiarías o corregirías algo?
- ¿Quieres sugerirle algo?

g Haz los cambios sugeridos por tu compañero y que tú aceptes. Por último, dale el texto al profesor para que lo corrija.

Un cómic

1 a Lee este cómic incompleto y asegúrate de que lo entiendes.

b Lee estas palabras y pregúntale al profesor qué significan las que no entiendas.

tumbamos   malhablado   abarrotado   tranquilidad

verás   vayamos   corriente   caído   encima

se pasa   pisar

c Completa el cómic con ellas.

d ¿Qué título le pondrías? Escríbelo en la primera viñeta. Luego, compáralo con los de tus compañeros. ¿Coincide con el de alguno?

e ¿Qué cosas y qué actitudes de las que aparecen en el cómic tienen efectos negativos en el medioambiente? Toma nota de ellas.

La gente ha tirado mucha basura al suelo.

f ¿Qué les aconsejarías a los responsables para que no causaran problemas ecológicos? Decídelo con otro compañero.

A algunas personas les aconsejaríamos que no tiraran la basura al suelo, que la separaran y que la echaran a los cubos de la basura.

g Piensa en las respuestas a estas preguntas y coméntalas con tus compañeros.

1. ¿Qué es lo que puede hacer que la gente tome conciencia de los problemas ecológicos?
2. ¿Cómo se puede promover un cambio de actitud con respecto al medioambiente?
3. ¿En qué medida la solución de los problemas ecológicos es responsabilidad de las Administraciones públicas y en qué medida lo es de los ciudadanos? ¿Crees que tanto las instituciones como las personas hacen todo lo que pueden y deben?

Recuerda

COMUNICACIÓN ——————

Hablar sobre problemas ecológicos
Expresar preocupación

- A mí me preocupa el calentamiento del planeta. Me preocupa que suba mucho la temperatura media de la Tierra.
- El año pasado me preocupó mucho que se inundara parte de la región donde vivo.

Aconsejar

- Dúchese, no se bañe, y ahorrará una gran cantidad de agua.

Sugerir medidas para solucionar problemas

- Para contaminar menos el aire, yo propondría que utilizáramos menos el coche.
- Yo propondría que los ayuntamientos mejoraran los transportes públicos.

Organizar la información y ordenar ideas

- La construcción de esa fábrica será positiva para la región. En primer lugar, dará trabajo a personas que ahora no lo tienen. En segundo lugar, atraerá a otras empresas.

Expresar la causa

- No será una buena medida, ya que solo beneficiará a unos pocos.

Expresar las consecuencias

- Es un proyecto muy caro que no aporta muchos beneficios y, por consiguiente, estoy en contra de él.

Añadir ideas

- Además, las encuestas muestran que la gente está en contra.

Contrastar u oponer ideas

- El proyecto fue aprobado, aunque la oposición votó en contra.

Resumir o introducir la conclusión

- En resumen, es un proyecto mejorable que no debería haber sido aprobado.

GRAMÁTICA ——————

(A mí) Me preocupa que + subjuntivo

(Ver resumen gramatical, apartado 16.5)

Sufijos. Formación de sustantivos a partir de verbos

(Ver resumen gramatical, apartado 27.1)

Imperativo afirmativo y negativo

(Ver resumen gramatical, apartado 6.2)

Yo propondría que + subjuntivo

(Ver resumen gramatical, apartado 5.2)

Marcadores del discurso. Conectores:

- para organizar la información y ordenar las ideas
- causales
- consecutivos
- aditivos
- para contrastar u oponer ideas
- para introducir el resumen o la conclusión

(Ver resumen gramatical, apartado 19)

La Amazonia

1 Piensa en las respuestas a estas preguntas y coméntalas con la clase.

a
- ¿En qué países se encuentra la selva amazónica?
- ¿Crees que vive mucha gente en ella? ¿Son indígenas todos sus pobladores?
- ¿Por qué es tan importante la Amazonia para toda la Tierra?

b Lee y comprueba. Puedes usar el diccionario.

Algunas informaciones de interés sobre la fauna de esa región: en ella habita el 33 % de los 30 millones de especies de insectos que existen en la Tierra; allí hay cerca de 1000 especies diferentes de aves (el 11 % de todas las especies conocidas en el mundo); en esa enorme región se han encontrado 1500 especies de peces de agua dulce y se calcula que el número total existente ascendería a 3000 (15 veces más que todas las especies de agua dulce halladas en todos los ríos de Europa).

Desde su nacimiento en los Andes hasta su desembocadura en la costa atlántica brasileña, el río Amazonas recorre más de 6500 kilómetros, aproximadamente la distancia existente entre Nueva York y Berlín. Tiene más de 1000 afluentes y por él pasa la quinta parte de todo el agua dulce de la Tierra.

La Amazonia es un ecosistema único que se ha formado durante más de 12 000 años en torno a un inmenso río, el Amazonas. Tiene una extensión de 600 millones de hectáreas y ocupa territorios de varios países de América del Sur: Brasil, Bolivia, Perú, Ecuador, Colombia, Venezuela, Guyana, Surinam y Guayana Francesa. El país que tiene más selva amazónica es Brasil, con 350 millones de hectáreas.

La selva amazónica se extiende por el 7 % de la superficie del planeta y contiene el 50 % de la biodiversidad mundial. En ella habita el 70 % de las especies animales y vegetales de la Tierra.

Son muchas las personas de todas las partes de la Tierra que consideran que la Amazonia es un auténtico "pulmón del planeta", y que para impedir su destrucción es necesaria la colaboración de sus pobladores y el apoyo político y financiero de la comunidad internacional.

El "pulmón del planeta" pierde cada año 1,5 millones de hectáreas aproximadamente, debido sobre todo a la extracción de madera que realizan compañías de explotación forestal. Según datos aportados por organizaciones de defensa de la naturaleza, la mayor parte de esa madera se tala ilegalmente.

En la Amazonia brasileña viven más de 20 millones de personas. La población indígena de ese país es de unas 300 000 personas. Algunas tribus no tienen todavía contacto con el mundo desarrollado y desconocen la amenaza que este constituye para su supervivencia.

Esa selva es vital para la estabilidad del régimen de lluvias regional y del clima mundial. De hecho, cuando se explota o se quema, se liberan grandes cantidades de dióxido de carbono, lo que favorece el cambio climático y el aumento de la temperatura.

2 Escribe un mínimo de cinco preguntas sobre informaciones que acabas de descubrir.

a

b Házselas a un compañero.

3 Comenta con la clase las informaciones que te hayan parecido más interesantes o sorprendentes y otras que conozcas sobre la Amazonia.

4 ¿Has leído o escuchado últimamente en los medios de comunicación alguna noticia relacionada con la selva amazónica? ¿En qué consistía? Cuéntasela a la clase.

¿Tiene usted conciencia ecológica?

1
a
Lee estos grupos de posibles respuestas de un test titulado *¿Es un ciudadano ecológico?* y pregúntale al profesor qué significa lo que no entiendas.

A.
a) Antepone la potencia y la marca a otras cosas. (0 puntos)
b) El consumo de combustible por kilómetro es un factor prioritario para usted. (5 puntos)
c) Se fija en el consumo y en los gases que emite, y escoge el más eficiente o adquiere uno eléctrico o uno híbrido que funciona con electricidad y combustible. (10 puntos)

B.
a) Con estufas o radiadores eléctricos al menor síntoma de frío. (0 puntos)
b) Combinando sistemas eléctricos con calderas de gas natural. (5 puntos)
c) Con gas natural o paneles solares térmicos y fotovoltaicos, y solamente cuando llega el frío de verdad. (10 puntos)

C.
a) Exclusivamente con aparatos de aire acondicionado. (0 puntos)
b) Con aparatos de aire acondicionado y algún aislante térmico. (5 puntos)
c) Con aislantes en puertas y ventanas, ventilación natural y pequeños aparatos, como ventiladores. (10 puntos)

D.
a) No. Echa todos los tipos de basura en la misma bolsa. (0 puntos)
b) Nunca mezcla vidrio, papel, envases y basura orgánica. (5 puntos)
c) Siempre tira en distintos contenedores el vidrio, el papel, los envases, la basura orgánica, las pilas y los materiales destinados a puntos limpios (aceite de cocina, fluorescentes, etc.). (10 puntos)

E.
a) Se sirve de un vehículo privado. (0 puntos)
b) De vez en cuando toma el transporte público. (5 puntos)
c) El metro, el tren, el autobús y el taxi son sus medios de transporte habituales. (10 puntos)

F.
a) Solamente lámparas convencionales incandescentes. (0 puntos)
b) En algunas estancias, lámparas fluorescentes de bajo consumo. (5 puntos)
c) Sobre todo, lámparas de bajo consumo, y aprovecha al máximo la luz natural. (10 puntos)

G.
a) La mayoría de las veces. (0 puntos)
b) Solamente si se despista. (5 puntos)
c) Da las luces que precisa en cada momento. (10 puntos)

H.
a) Se interesa por la marca y sus prestaciones. (0 puntos)
b) Echa un vistazo al consumo de energía. (5 puntos)
c) Comprueba si tiene etiqueta energética y opta por el de menor consumo. (10 puntos)

I.
a) A veces lo mantiene completamente encendido y nunca apaga el piloto de *stand by*. (0 puntos)
b) Lo apaga siempre, y en ocasiones el *stand by*. (5 puntos)
c) Lo apaga del todo siempre, incluido el piloto de *stand by*, y lo desenchufa si se ausenta unos cuantos días. (10 puntos)

J.
a) El tamaño y el confort. (0 puntos)
b) Que su orientación facilite el ahorro energético y esté bien comunicada mediante transporte público. (5 puntos)
c) Todo lo anterior y que su construcción se haya hecho con criterios bioclimáticos, contenga sistemas de aislamiento o disponga de paneles solares. (10 puntos)

El País

4 Averigua el significado de los adjetivos que no conozcas.

a

exquisito	aislado	exótico	sabroso	potente	sugerente
atrevido	ligero	sano	apasionante	refrescante	emocionante
delicioso	informal	innovador	suave	elegante	nutritivo
excitante	inolvidable	relajante	económico	fiable	

b ¿Qué cosas pueden describirse con esos adjetivos? Puedes pensar en:

● alimentos y bebidas ● ropa ● espectáculos ● lugares ● vehículos

5 Asegúrate de que entiendes estos eslóganes. Luego, selecciona en la lista lo que creas que se anuncia
a en cada caso.

1 No gastes por gastar.
No compres más de lo que necesites.

2 PARA QUE EL SOL NO TE DÉ LA LATA.

3 No deje que los demás decidan por usted. Acuda a votar el día 25.

4 Descubre Perú por mucho menos dinero del que piensas.

5 POR PROBARLO NO PIERDE NADA. SEGURO QUE LE ENCANTA SU SABOR.

6 No dejes para mañana lo que puedas leer hoy.

7 Queda mucho por hacer.
No te quedes parado o no seas el que menos haga.

8 POR UNA SANIDAD PARA TODOS.

9 Nunca se es demasiado joven para pensar en el futuro.

A. Una oferta de una agencia de viajes.

B. Una campaña de fomento del ahorro privado.

C. Una campaña a favor de la sanidad pública.

D. Unas gafas de sol.

E. Un refresco.

F. Una campaña de promoción de la lectura.

G. La convocatoria de unas elecciones políticas.

H. Una organización de carácter humanitario.

I. Una campaña de fomento de planes de pensiones privados.

b Copia los eslóganes más difíciles sin incluir *por* y *para*, y pásaselos a tu compañero para que los complete.

Queda mucho hacer. ➜ Queda mucho por hacer.

c Escribe otras frases con *por* y *para* y dáselas a tu compañero para que las corrija.

6 Busca en internet anuncios en español y copia los eslóganes. Tráelos a clase y díselos a tus compañeros para que adivinen qué se anuncia en cada caso.

7 Observa estos anuncios. ¿Qué crees que se anuncia en cada uno de ellos?

a

b Escucha unas cuñas radiofónicas. ¿A cuál de los anuncios de 7a corresponde cada una?

🎧 2|10

c Escucha los cuatro primeros anuncios de nuevo. ¿Qué cualidades se relacionan con cada producto?

🎧 2|11

Un anuncio para una revista

8 En grupos de tres. Vais a elaborar un anuncio publicitario de lanzamiento de un producto para una
a revista. Decidid los siguientes aspectos.

- ¿Qué tipo de producto vais a anunciar?
  ¿Qué marca le vais a poner?

- ¿A quién va dirigido el anuncio?
  ¿Por qué se compra ese producto?

- ¿Qué características positivas tiene?
  ¿Queréis resaltar algunas de ellas?

b **Ahora acordad lo siguiente:**

- ¿Qué tipo de imagen vais a incluir?
- ¿Llevará un texto? ¿Será breve?
- ¿Cómo vais a distribuir la imagen, el texto y el
  eslogan?

c **Escribid el texto y el eslogan.**

d Enseñádselo a los miembros de otro grupo, leed el suyo y valoradlo. ¿Les sugerís algún cambio lingüístico?

e Haced los cambios sugeridos por el otro grupo y colocad la imagen.

f Poned vuestro anuncio en una pared del aula. Luego, leed los otros. ¿Los entendéis? Si tenéis alguna
duda, podéis consultársela a los autores.

Un anuncio de radio

9 Ahora vais a crear un anuncio de otro producto para una campaña publicitaria de radio. Seguid los pasos a) y c) de la actividad 8, y grabad el anuncio. Luego, ponedles la grabación a vuestros compañeros.

La publicidad a debate

10 Lee estas opiniones sobre la publicidad y decide dónde van las siguientes frases.

a

A ... te permite comparar diferentes productos para poder elegir el mejor.

B ... pagamos un precio muy alto por ella.

C ... manipula la realidad.

D ... quien no tiene no es.

E ... están indefensos ante la publicidad.

F ... haya unas leyes más precisas y estrictas sobre el contenido de los mensajes publicitarios.

G ... incluso han sido dirigidos por reputados cineastas.

1 "A mí me encantan los anuncios y los encuentro muy útiles; **de hecho,** me dan ideas para comprar luego cosas. Creo que lo mejor de la publicidad es que muestra los gustos y los deseos del consumidor. Te da información sobre productos nuevos y, además, (1) .... ¡Ah!, y los anuncios más útiles de todos son los que hacen propaganda de productos que están de oferta".
Fernando Serrano

2 "No es que esté en contra de la publicidad en general, sino que rechazo ciertos anuncios que violan determinados principios éticos: respeto a otras ideologías, a la igualdad de sexos, etc. **Concretamente,** creo que en algunos la mujer es presentada y tratada de forma bastante machista. Por eso soy partidaria de que (2) .... ".
Concepción Cañadas

3 "Eso de que la publicidad te da ideas es cierto, pero también es verdad que es demasiado molesta y que (3) ...... : los productos anunciados son más caros **precisamente** por los gastos de publicidad, que van incluidos en la cantidad final que abonamos por lo que compramos".
Violeta Uriarte

4 "Los avisos proclaman que (4) .... : quien no tiene auto, o zapatos importados, o perfumes importados, es un nadie, una basura".
Eduardo Galeano

5 "Para mí, la publicidad refleja un mundo perfecto; **mejor dicho,** un mundo que no existe. Un mundo lleno de cuerpos bellos y personas encantadoras que siempre están sonriendo, y, si tienen algún problema, se soluciona de una manera muy simple. No sé, lo que quiero decir es que (5) .... , la deforma".
Ángeles Martín

6 "Yo creo que la publicidad nos influye a todos, **especialmente** a los niños. Por lo general, pasan muchos ratos delante de la televisión; **en realidad,** le dedican más tiempo que a estudiar y ven muchos anuncios porque les encantan. Los programadores lo saben y aprovechan los horarios infantiles para emitir anuncios destinados a los niños sabiendo que los verán. Pienso que no se libran de ella, que son víctimas fáciles; **en otras palabras,** que (6) .... ".
Alfredo Camacho

7 "Pues a mí sí me gustan los anuncios, sí. Hay algunos que están muy bien, pero que muy bien hechos: son imaginativos, ocurrentes y muy artísticos. En general, han evolucionado mucho y los hay que son auténticas obras de arte que (7) .... Y utilizan fórmulas cada vez más variadas: microrrelatos emotivos, representaciones en la calle, etc".
Olga Ferrer

b ¿Qué textos del apartado 10a hacen referencia a aspectos positivos de la publicidad? ¿Y a aspectos negativos?

c ¿Te identificas con algunas de las opiniones que has leído? Díselo a tu compañero.

11 Anota en la columna correspondiente cada uno de los marcadores del discurso que van en negrita en las opiniones de la actividad 10a.

Destacar o concretar un elemento	Matizar una información	Reformular explicando	Reformular rectificando
concretamente	de hecho	es decir (que)	mejor dicho

12 Lee este cuestionario sobre la publicidad y señala tus respuestas.

a

	muy de acuerdo	bastante de acuerdo	bastante en desacuerdo	muy en desacuerdo
1. La publicidad aporta, en general, informaciones útiles a los consumidores.	☐	☐	☐	☐
2. La publicidad hace comprar a menudo productos que no se necesitan.	☐	☐	☐	☐
3. La publicidad informa suficientemente sobre las propiedades o características del producto.	☐	☐	☐	☐
4. En ocasiones, la publicidad engaña al consumidor.	☐	☐	☐	☐
5. La imagen de la mujer se utiliza demasiado en la publicidad.	☐	☐	☐	☐
6. Los niños están más influidos por la publicidad que los mayores.	☐	☐	☐	☐
7. La publicidad hace aumentar el consumo de los productos que se anuncian.	☐	☐	☐	☐
8. Los productos que nunca veo anunciados no me merecen confianza.	☐	☐	☐	☐

b El profesor te va a dar los resultados de una encuesta realizada en España a partir del cuestionario anterior. Analízalos y compáralos con los tuyos. ¿Hay algo que te sorprenda? Coméntalo con la clase.

13 Escucha a dos personas debatiendo sobre la publicidad. Señala el número de las opiniones de la actividad 12 a las que hacen referencia.

a

2|12

1.	2.	3.	4.	5.	6.	7.	8.

b Ahora escucha de nuevo. Anota si están de acuerdo o no con esas opiniones.

3|13

Estrategias de comunicación: participar en un debate

14 ¿Recuerdas frases que se pueden usar para participar en un debate? Escribe, con tu compañero, alguna que dirías en cada uno de estos casos.

- Para tomar la palabra: ¿Puedo decir una cosa?
- Para pedir una aclaración: Exactamente, ¿qué quieres decir (con eso)?
- Para hacer una aclaración: No es eso lo que yo quiero decir. Lo que quiero decir es que...
- Para interrumpir a quien está hablando: Perdona que te interrumpa, pero...
- Para no ser interrumpido: Perdona, pero déjame terminar, por favor.

Un debate

15

a Y tú, ¿qué opinas sobre la publicidad? Toma nota de tus argumentos. Puedes pensar en:

- lo que has comentado a tu compañero en la actividad 10c.
- tus respuestas al cuestionario de la actividad 12a.
- otras opiniones tuyas.

Piensa también cómo vas a utilizar los marcadores del discurso de la actividad 11.

b Ahora debate con tus compañeros. Expón tus argumentos y rebate aquellos con los que no estés de acuerdo. Puedes usar frases de la actividad 14.

c ¿Has aprendido a lo largo del debate algunas palabras o expresiones que te parecen útiles? Anótalas; si lo deseas, puedes escribir frases con ellas.

Refranes

1
a ¿Sabes qué es un refrán? Intenta definir esa palabra y, luego, comprueba con un diccionario monolingüe.

> Un refrán es un dicho popular que...

b Lee estos refranes y pídele al profesor que te explique lo que no entiendas.

1. Ande yo caliente y ríase la gente.
2. Quien bien te quiere te hará llorar.
3. A buen entendedor pocas palabras bastan.
4. A quien madruga Dios le ayuda.
5. A caballo regalado no le mires el diente.
6. Al mal tiempo, buena cara.
7. Quien a buen árbol se arrima, buena sombra le cobija.
8. Quien ríe el último ríe mejor.
9. Agua que no has de beber, déjala correr.

c Relaciona estos significados con esos refranes.

A. No debemos entrometernos en lo que no nos concierne.
B. Hacer las cosas pronto, sin dejarlas para más tarde, da buenos resultados.
C. Las personas inteligentes comprenden fácilmente lo que se les quiere decir, no necesitan muchas explicaciones.
D. Para mí es más importante hacer las cosas a mi gusto y sentirme bien que los convencionalismos y "el qué dirán".
E. El verdadero cariño implica también decir y corregir los defectos o los errores de la persona amada y hacer cosas que pueden causarle sufrimiento.
F. Tener amigos o protectores poderosos o influyentes es muy beneficioso.
G. Lo que realmente importa es tener un buen final. Los contratiempos anteriores no son tan importantes.
H. Las cosas dadas deben ser aceptadas sin ponerles reparos ni sacarles defectos.
I. Es aconsejable tener calma y optimismo ante los contratiempos. Eso puede ayudar a superarlos.

A. ...9... B. ...... C. ...... D. ...... E. ...... F. ...... G. ...... H. ...... I. ......

d ¿Existe en tu lengua algún refrán equivalente a alguno del apartado b)? En caso negativo, ¿conoces algún otro distinto? Intenta traducirlo al español. Aunque coincida el significado, ¿se expresa de manera diferente?

e ¿Qué refrán puedes aplicar a cada una de estas situaciones?

> **1** Hace un mes me regalaron un móvil que no me gusta nada, aunque tengo que reconocer que funciona perfectamente, es muy práctico y lo uso mucho. La verdad es que yo no me compraría uno igual, cada día me parece más feo... Pero, en fin, como dice el refrán: ...

> **2** El año pasado actuó en mi ciudad el músico León Gieco. Como había mucha expectación y yo no quería perderme ese concierto, saqué la entrada el primer día que las pusieron a la venta. Luego se agotaron rápidamente y hubo mucha gente que se quedó sin entrada. Yo, por suerte, sí pude verlo. Y es que ya lo dice el refrán: ...

f Piensa en una situación a la que se le pueda aplicar uno de los refranes del apartado b) y escríbela.

g Cuéntale a un compañero lo que has escrito para que diga qué refrán se le puede aplicar.

h Lee la letra incompleta de esta canción y pídele al profesor que te explique lo que no entiendas. ¿A qué refranes se hace referencia en ella?

MALDITOS REFRANES

Me levanté temprano,
pero Dios no me ayudó.
Anduve muy caliente
y la gente se rió.
No le miré los dientes
y qué poco me duró.
Dejé correr el agua

....

Pero, al fin, algo sí se cumplió:
quien bien me quiso

....

¡Malditos refranes!
El último reí,

....

Le puse buena cara

....

Me arrimé a un buen árbol

....

Hice de Viridiana
y un pobre me la jugó.

Pero, al fin, algo sí se cumplió:
quien bien me quiso

....

¡Malditos refranes!
No quiero escuchar más.
¡Malditos refranes!

Acude al refranero
si quieres encontrar
antídoto o veneno
para tu voluntad.
Aunque ya sabrás,
si eres buen entendedor,
que pocas palabras

....

GABINETE CALIGARI: "Malditos refranes",
Al calor del amor en un bar.

---

i Fíjate en los seis primeros versos y, luego, complétala con estos versos (uno de ellos se repite).

- pero no reí mejor
- sí que me hizo llorar
- bastarán entre tú y yo
- y la sed me consumió
- al mal tiempo y continuó
- y me sigue dando el sol

j Escucha y comprueba.

🎧 2|14

k Piensa en las respuestas a estas preguntas y coméntalas con la clase.

- En opinión del autor de la canción, ¿se cumple lo que dicen los refranes? Y según él, ¿qué efecto pueden tener en la gente?
- ¿Estás de acuerdo con él? ¿Qué opinas tú sobre los refranes? ¿Te gustan o los dices con frecuencia?
- ¿Cuál crees que es el origen de los refranes? ¿Qué factores pueden influir en la filosofía de un refrán (costumbres, ideología, religión, etc.)? ¿Consideras que la filosofía de los que has leído en el apartado b) es como la de los que existen en tu lengua?

Recuerda

COMUNICACIÓN

Expresar finalidad
- Este anuncio se ha hecho para que la gente visite México.
- Aquel anuncio, que me gustaba tanto, fue hecho con el objeto de que la gente leyera más.

Interpretar anuncios publicitarios
- "Díselo con flores" puede significar "dile a tu novia con flores que la quieres".

Expresar opiniones
- Eso de que la publicidad te ayuda a descubrir productos es cierto.
- Para mí, lo bueno de la publicidad es que te da ideas.
- Lo peor de la publicidad es que es demasiado molesta.

Destacar o concretar algo
- Hay anuncios que me gustan, especialmente los que muestran lugares exóticos.

Matizar una información
- Yo encuentro muy útiles los anuncios; de hecho, me dan ideas para comprar cosas.

Reformular explicando
- Los anuncios de la radio me parecen molestos, ruidosos y desagradables; en otras palabras, que no los soporto.

Reformular rectificando
- Para mí, la publicidad refleja un mundo perfecto; mejor dicho, un mundo que no existe.

GRAMÁTICA

Para que + subjuntivo
Con el objeto de que + subjuntivo

(Ver resumen gramatical, apartado 20)

La voz pasiva

(Ver resumen gramatical, apartado 21)

Imperativo afirmativo y negativo con pronombres de objeto indirecto y de objeto directo

(Ver resumen gramatical, apartado 22)

Preposiciones *por* y *para*

(Ver resumen gramatical, apartado 23)

Expresión de opiniones

(Ver resumen gramatical, apartado 12)

Marcadores del discurso:
- especialmente, precisamente, concretamente
- de hecho, en realidad
- es decir (que), o sea (que), en otras palabras
- mejor dicho

(Ver resumen gramatical, apartado 19.7)

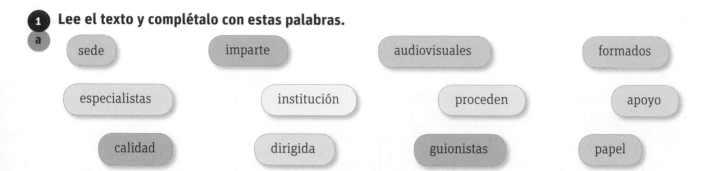

Por un cine latino de calidad

1 a Lee el texto y complétalo con estas palabras.

sede · imparte · audiovisuales · formados · especialistas · institución · proceden · apoyo · calidad · dirigida · guionistas · papel

LA ESCUELA INTERNACIONAL DE CINE Y TELEVISIÓN

La Escuela Internacional de Cine y Televisión (EICTV) es una .... no gubernamental creada por la Fundación del Nuevo Cine Latinoamericano, presidida por el escritor colombiano Gabriel García Márquez.

Fue fundada en 1986 y tiene su .... en San Antonio de los Baños, provincia de La Habana, Cuba. Su objetivo principal es la formación de profesionales de cine, televisión y otros medios

Joel y Ethan Coen

Gabriel García Márquez

de comunicación .... originarios no solamente de América Latina y España, sino también de África y Asia. Sin embargo, eso no impide que en sus aulas tengan cabida cada año estudiantes que .... de cualquier otra parte del mundo.

En los métodos de enseñanza aplicados allí la experiencia juega un .... fundamental: los alumnos aprenden haciendo, practicando. La escuela cuenta con un reputado claustro de profesores .... en diferentes materias que en su mayoría son latinoamericanos y europeos. Gabriel García Márquez, por ejemplo, ... anualmente un taller para .... cuyo título es Cómo Contar un Cuento.

Además de estar concebida como un centro de formación y producción, la EICTV es un foco activo de intercambio cultural, intelectual y docente, incentivado por el .... de artistas e intelectuales de renombre internacional como los cineastas Francis Ford Coppola, George Lucas, Robert Redford, Joel y Ethan Coen, Jean-Claude Carrière, o el especialista en comunicación de masas Ignacio Ramonet, entre otros.

Robert Redford

Francis Ford Coppola

Cada año asisten a sus cursos un buen número de estudiantes y no son pocas las películas dirigidas por profesionales .... allí que han alcanzado reconocimiento y éxito internacional (tal es el caso de *Solas*, escrita y .... por el español Benito Zambrano). Asimismo, en opinión de los expertos, la EICTV es uno de los elementos básicos de un cine latino de ....

Rodaje en la EICTV

b **Comenta con tus compañeros las respuestas a estas preguntas.**

- ¿Por qué crees que es especialmente útil la existencia de la EICTV?
- ¿Crees que el cine latino tendrá cada vez más difusión? Argumenta las diferentes razones que se te ocurran.
- ¿Conoces o sabes de la existencia de alguna otra escuela de cine que te parezca especialmente interesante? ¿Cuál es?

1 **a** Lee este artículo y averigua el significado de lo que no entiendas.

Quien quiera comprar una simple barra de pan en el hipermercado, seguramente tendrá que adentrarse hasta un rincón del fondo más distante. Sin embargo, la lógica indica que los artículos de primera necesidad deberían estar colocados en zonas de fácil acceso. ¿Es que acaso los responsables de las grandes superficies comerciales son estúpidos? Todo lo contrario: saben que, en el camino de ida y vuelta hasta el puesto de fruta o la carnicería, los clientes tendrán que pasar al lado de otras mercancías superfluas, y que muchos de ellos caerán en la tentación. Desde caramelos hasta pañuelos a precios rebajados, desde libros de cocina hasta cremas hidratantes, una gran variedad de productos va reclamando la atención del cliente, quien pasará por caja con más cosas de las que en principio pensaba adquirir.

Y es que todos llevamos dentro ese instinto. Cada vez compramos más. Y la compra ya no es un simple intercambio de bienes por dinero, sino un mecanismo psicológico en el que se proyectan emociones, sentimientos, frustraciones y ansias de todo tipo. Mucha gente compra para vivir una experiencia gratifican-

te que se acaba en su propia ejecución. Por eso nada más salir de la tienda es frecuente que la ilusión desaparezca, y el comprador sienta arrepentimiento, dudas o la impresión de haberse dejado hechizar ante algo carente de valor o utilidad.

Estamos rodeados de permanentes reclamos que atraen nuestra atención y nos incitan al consumo. No debe resultar extraño que haya crecido el número de quienes padecen el trastorno del comprador compulsivo. Es tal la cantidad de mensajes consumistas que recibimos a lo largo del día, que está aumentando la adicción a la compra. Veo crecer el enorme edificio de unos grandes almacenes en construcción que pronto abrirán sus puertas en el centro de mi ciudad. Me pregunto cuántas dolencias del alma vendrán a buscar remedio en sus plantas, cuántas tardes de tristeza resolverán sus escaleras mecánicas, cuántas frustraciones íntimas irán a depositarse en el fondo de esas bolsas en las que la gente se lleva lo que acaba de adquirir.

JOSÉ MARÍA ROMERA: *Diario de Navarra* (adaptado).

b **Fíjate en lo que significan en el texto las palabras y expresiones de la izquierda y relaciónalas con las de la derecha.**

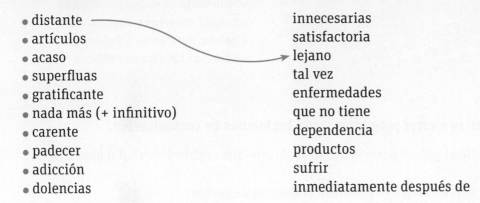

- distante
- artículos
- acaso
- superfluas
- gratificante
- nada más (+ infinitivo)
- carente
- padecer
- adicción
- dolencias

innecesarias
satisfactoria
lejano
tal vez
enfermedades
que no tiene
dependencia
productos
sufrir
inmediatamente después de

c **Completa este texto sobre el artículo.**

En los supermercados, los productos básicos se hallan lejos de la entrada para que, antes de llegar adonde están, el cliente se encuentre con otras cosas y las .... aunque no las necesite. Frecuentemente termina llevándose a casa productos que no había .... comprar. No se adquieren ciertos artículos por la utilidad que tienen, sino por la .... que produce hacerlo. Sin embargo, esa sensación nos abandona una vez realizada la .... y podemos llegar a arrepentirnos de lo que hemos hecho. Cada vez hay más gente que es víctima de los reclamos .... y tiene un comportamiento patológico en las tiendas, ya que compra de forma .... Y, sin ir tan lejos, son muchas las personas que cuando tienen algún .... y no se sienten bien, van de tiendas.

d **Ponle un título al artículo. Luego, comprueba si coincide con el de algún compañero.**

e **Piensa en las respuestas a estas preguntas y coméntalas con la clase.**

1. ¿Estás de acuerdo con todas las ideas expuestas en el artículo?
2. ¿Hay alguna que te parezca polémica? ¿Qué opinas tú sobre ella?
3. ¿Haces o has hecho alguna vez algo que se menciona en el artículo? ¿Te sientes o te sentiste como se dice en él?

8 Los medios de comunicación

OBJETIVOS

- Expresar posibilidad
- Decir con qué relacionamos algo
- Relatar hechos pasados
- Redactar noticias
- Transmitir lo dicho por alguien
- Referir consejos y sugerencias
- Referir peticiones y órdenes
- Expresar opiniones y debatir

1

a **Piensa en tus posibles respuestas a estas preguntas sobre los medios de comunicación.**

1. ¿En qué país crees que apareció el primer periódico diario? ¿En qué siglo debió de ser? ¿En qué lugares supones que era más leído?
2. ¿Cuál tuvo que ser el primer país en el que se garantizó la libertad de prensa?
3. ¿Cuánto tiempo hará que se inventó la televisión?
4. ¿Quién inventó la radio? ¿En qué siglo?
5. ¿Desde qué década calculas que la audiencia de la televisión es mayor que la de la radio?
6. ¿Cuál debe de ser el país en el que más se ve la televisión?
7. ¿Cuánto pudo durar la emisión de televisión más larga de la historia? ¿Qué tipo de programa sería?
8. ¿En qué año fue posible leer por primera vez un periódico en internet? ¿De qué país sería?
9. ¿Puedes decir alguna razón por la cual los propietarios de los periódicos tradicionales deciden colocarlos en internet?
10. ¿Qué cosas buenas de la prensa, la radio y la televisión crees que tienen los periódicos en internet?

b **En la actividad 12 de la lección 5 vimos formas de expresar posibilidad y formular hipótesis. Se puede hacer, además, utilizando *deber de* y *tener que*.**

Deber de *Tener que*	+ verbo en infinitivo

Tener que introduce un mayor grado de posibilidad.
- No sé cuántos canales de televisión hay en mi país, pero **debe de haber** cerca de un centenar.
- No sé cuándo apareció el primer periódico en mi país, pero **debió de ser** en el siglo XVIII.
- No estoy segura de cuándo se inventó la televisión, pero **tuvo que ser** hace casi un siglo.

c **Comenta con la clase tus respuestas a las preguntas del apartado a).**

- El primer periódico diario debió de aparecer en...
- Sí, y tuvo que ser en el siglo... (porque...).
- Yo pienso lo mismo que tú. Y supongo que era en... donde más se leía la prensa.

d **Lee y comprueba.**

A En 1702 se publicó en Inglaterra el *Daily Courant*, el primer periódico diario. En aquella época los cafés se convirtieron en los más importantes centros de circulación de periódicos: la gente se reunía allí para leerlos y comentar las noticias. De hecho, se hacían verdaderas tertulias más o menos improvisadas.

B Tuvieron que pasar casi 70 años para que fuera reconocida la libertad de prensa: ocurrió en Suecia en 1766.

C John Logie Baird, inventor escocés, logró emitir las primeras imágenes de televisión en 1926. En ellas se podía reconocer el rostro de una persona.

D El físico italiano Guglielmo Marconi realizó las primeras transmisiones radiofónicas a finales del siglo XIX, y en 1901 consiguió efectuar la primera comunicación a través del océano Atlántico.

E En general, desde los años sesenta se dedica más tiempo a ver la televisión que a escuchar la radio. Sin embargo, la aparición de receptores de radio cada vez más pequeños ha propiciado que este medio recupere en los últimos tiempos a parte de sus oyentes.

F Estados Unidos es el país donde la gente pasa más tiempo frente a la televisión. Una familia media tiene encendido el televisor unas siete horas al día, lo que significa que muchos estadounidenses pasan el equivalente a un tercio de su vida delante de la pantalla.

I Los periódicos digitales alcanzaron en cuatro años 50 millones de usuarios en todo el mundo. Para llegar a esa cifra, la televisión necesitó 13 años, y la radio, 38. Hoy día, muchos periódicos electrónicos son complementos de una edición impresa y otros no son más que la reproducción de ella, pero consideran que es un requisito indispensable para ser conocidos y dar una imagen adecuada.

G El programa de televisión más largo jamás emitido fue una transmisión del canal GTV9, de Australia; cubrió detalladamente –no podía ser de otra manera– la misión del Apolo XI en la Luna y duró ¡163 horas y 18 minutos (del 19 al 26 de julio de 1969)!

J Internet es un medio que reúne audio, texto e imágenes. Según afirman los especialistas, el periodismo digital tiene la inmediatez de la radio, la profundidad de contenidos del periodismo impreso y el impacto de la imagen televisiva.

H En 1992, *The Chicago Tribune* lanzó el primer diario digital cuando puso en internet la totalidad de su edición impresa. Fue el primero de una sucesión de cambios que transformaron el periodismo en los siguientes decenios.

2 **Averigua el significado de las palabras que no entiendas.**

a ● (un) informativo ● portada ● prensa amarilla ● sucesos ● parte meteorológico ● pasatiempos ● prensa rosa ● corresponsal ● subtítulo ● artículo de opinión ● crónica ● columna ● edición ● editor ● redacción ● redactor ● reportero ● (un) titular ● internauta ● (un) cámara ● reportaje ● emisión ● oyente ● telespectador

b **¿Con qué medio o medios de comunicación relacionas cada una de ellas?**
● La palabra "informativo" la relaciono con la radio y la televisión.
○ Yo también. Y "portada" la relaciono con la prensa.

c **Selecciona tres o cuatro difíciles. Luego, escribe la definición de cada una de ellas.**
La prensa rosa es la que trata temas del corazón: relaciones entre famosos, cotilleos y cosas así.

d **Léeselas a tu compañero para que te diga cuál es la palabra definida en cada caso.**

Noticias: conectores temporales

3 Lee esta noticia y asegúrate de que la entiendes.

a

Un hombre dado por muerto aparece vivo en su entierro

Rosa Alcalde, Zaragoza.

Bernardo Latasa, de 36 años de edad, iba a ser enterrado el pasado lunes en la localidad de Calatayud **después de que** los médicos lo dieran por muerto en un accidente de tráfico ocurrido dos días antes y de que unos familiares suyos identificaran erróneamente sus restos. Bernardo se fue el sábado a la montaña con unos amigos y tuvieron los teléfonos móviles desconectados los dos días que pasaron en contacto con la naturaleza. **Mientras tanto**, su familia preparó el funeral para el lunes. **Nada más** entrar a media mañana del lunes en el portal del bloque donde vive, una vecina, que no salía de su asombro, le informó de que en ese momento estaba teniendo lugar su entierro y él se dirigió inmediatamente al cementerio. **Apenas** lo vieron, todos se quedaron atónitos y una señora sufrió un desmayo. La sorpresa inicial se transformó en júbilo y, **una vez** repuesta la señora, Bernardo decidió convertir el entierro en banquete e invitó a todos a celebrar su "resurrección" en un establecimiento próximo al lugar.

b Lee de nuevo y fíjate en el funcionamiento de los conectores temporales que van en negrita y que se han utilizado para relatar hechos pasados. Luego, anótalos en las columnas correspondientes.

Con indicativo	Con subjuntivo (imperfecto)	Con infinitivo	Con participio
Mientras tanto			

c Observa cómo funcionan los conectores empleados en estas frases y anota cada uno de ellos en la columna correspondiente del apartado anterior.

- Llamó a su marido | **en cuanto** **tan pronto como** | se dio cuenta de lo que estaba pasando.
- Me la encontré | **al** entrar en el bar. **en el momento en que** entré en el bar.
- Descubrí todo | **antes de que** ella me lo confesara. **antes de** hablar con ella.
- Tomó la decisión | **después de** reunirse con todos los afectados. **una vez que** se reunió con todos los afectados.
- Aceptó el cargo | **después de que** se lo pidieran todos. **una vez que** se lo pidieron todos.
- Comió en el restaurante de la universidad. | **Mientras,** **Entretanto,** | yo estuve viendo unas cosas en internet.

d Sustituye los conectores de la noticia del apartado a) por otros que signifiquen lo mismo y haz los cambios que necesites en las frases para que sigan expresando lo mismo.

4 Escribe frases relatando hechos pasados (incluye los conectores temporales adecuados).

a Me telefoneó tan pronto como se enteró de la noticia.

b Pásaselas a tu compañero para que sustituya cada conector y haga los cambios que puedan ser necesarios para seguir expresando lo mismo.

5
a Anota las palabras clave de la noticia del apartado 3a.

b Cierra el libro y utilízalas para reconstruir esa noticia.

c Pásasela a tu compañero para que vea si la información es la misma que la de la noticia original. Luego, puede hacerte las correcciones necesarias.

d Comentad la información y las correcciones. ¿Estáis de acuerdo?

6
a Lee los siguientes titulares de prensa. ¿Cuáles crees que están relacionados?

Cambio de gobierno en Chile

Grave accidente aéreo sobre el Atlántico

Temporal de frío en media España

Clamor popular contra la guerra

Madrid, elegida aspirante a sede olímpica

Un avión cae al mar a medio camino entre Gran Bretaña y Estados Unidos

El mal tiempo obliga a cortar más de cien carreteras

Los equipos de tenis de República Checa y España buscan la clasificación

Comienzan las eliminatorias de la Copa Davis

Diversas manifestaciones muestran su oposición a la guerra

Victoria de la oposición en las elecciones chilenas

b Escucha parte de un informativo de radio. ¿Cuáles de las noticias anteriores se mencionan?
2|15

c Vuelve a escuchar y responde a estas preguntas.
2|16
- ¿Cuántos escaños ha perdido el partido del gobierno en Chile?
- ¿Dónde ha ocurrido exactamente el accidente aéreo?
- ¿En qué provincia española hay pueblos aislados por la nieve?
- ¿Por qué no juegan los jugadores principales en el equipo español de tenis?

7
a En parejas. Elegid un tema para escribir una noticia. Puede estar relacionado con vuestro centro de estudios, con la ciudad o el país en el que estáis, con asuntos que interesan a estudiantes de una lengua extranjera, etc.

b Escribid la noticia y el titular correspondiente.

c Comunicadle el titular a otra pareja para que intente predecir el contenido de la noticia.

d Pasadle la noticia a la otra pareja para que confirme sus predicciones y la corrija. Luego, comentad las posibles correcciones.

e Pasad la noticia a limpio y colocadla en una pared del aula para que la lean otros compañeros. Después, elegid entre todos la que más os guste.

Estilo indirecto

8 Asegúrate de que entiendes estas informaciones. Luego, lee el texto y comprueba si son verdaderas o falsas.

	V	F
1. El taxista declaró que jamás le había ocurrido algo parecido.	☐	☐
2. Al principio, el cliente le pidió que lo llevara a un parque.	☐	☐
3. En un primer momento, Benito se negó a darle el dinero.	☐	☐
4. Antes de recibir el dinero, el chico le exigió que lo llevara a la cárcel.	☐	☐
5. Benito le dijo que si quería, le invitaba a tomar algo para que se calmara.	☐	☐
6. Además, le aconsejó que no fuera a la cárcel.	☐	☐
7. El chaval dijo que viviría mejor en prisión.	☐	☐
8. El muchacho declaró que el juez le había entendido.	☐	☐

"Llévame a la cárcel"

Un chico de 16 años atraca a un taxista y le obliga a entregarlo en una comisaría de policía.

GRANADA. – "Llevo diez años trabajando de taxista y nunca me había pasado nada igual". Benito, taxista de Granada, explicaba ayer lo que le había sucedido el día anterior. A las diez de la mañana circulaba con su coche por el centro de la ciudad cuando un joven subió al taxi y le comunicó el nombre de un conocido parque granadino. Nada más comenzar el viaje, el pasajero le dijo al taxista: "Dame todo el dinero que lleves". Benito le respondió que se lo daba y le pidió que no le hiciera nada. Una vez entregada la recaudación (47 euros), siguió conduciendo. Fue entonces cuando el atracador se echó a llorar y le ordenó que lo entregara a la policía.

El taxista se quedó atónito. Al principio creyó que no había oído bien, pero el joven insistió con tono amenazador: "Llévame a la cárcel". Benito le contestó: "Si te llevo a la policía, te creo un problema gravísimo. Si quieres, paramos, te tranquilizas, te invito a un café y, si lo necesitas, te que- das con el dinero, pero no vayas a la cárcel". No sirvió de nada: "Solo quería que lo entregara, y, claro, tuve que hacerlo", declaró la *víctima* posteriormente.

El taxista no se explica el comportamiento del muchacho, que repetía: "Estaré mejor en la cárcel". La policía no ha dado sus iniciales, pero ha confirmado que no tiene antecedentes penales ni relación con el mundo de la delincuencia. El joven fue puesto en libertad horas más tarde y declaró satisfecho: "El juez ha sido comprensivo y estoy mucho más tranquilo".

9a Compara las frases 1, 5, 7 y 8 del "¿Verdadero o falso?" de la actividad anterior con las informaciones del texto a las cuales se refieren. Fíjate en las relaciones de los tiempos verbales utilizados y completa el cuadro con los nombres que faltan.

Para transmitir lo dicho por alguien: estilo indirecto

ESTILO DIRECTO	ESTILO INDIRECTO (Dijo/comentó/declaró que...) (Preguntó si.../quién.../qué.../cuándo.../dónde...)
presente ⟶	....
perfecto ⟶	.... o indefinido
indefinido ⟶	pluscuamperfecto o indefinido
imperfecto ⟶	imperfecto
pluscuamperfecto ⟶	....
futuro ⟶	futuro o ....

b **Piensa en cambios de las circunstancias temporales, espaciales, de personas, etc. que se pueden producir cuando transmitimos lo dicho por alguien. Luego, relaciona las palabras de las dos columnas.**

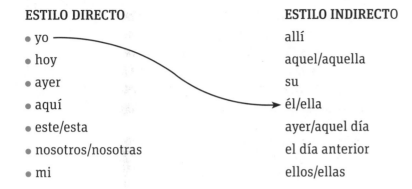

ESTILO DIRECTO

- yo
- hoy
- ayer
- aquí
- este/esta
- nosotros/nosotras
- mi

ESTILO INDIRECTO

allí
aquel/aquella
su
él/ella
ayer/aquel día
el día anterior
ellos/ellas

c **Completa estas frases con las formas verbales que te parezcan más adecuadas.**

1. Benito dijo que el día anterior le .... (suceder) una cosa muy extraña.
2. El taxista declaró que un cliente le .... (obligar) a entregarlo a la policía.
3. Antes de entregarlo, Benito le contestó que si lo .... (llevar) a la comisaría, le .... (crear) un problema gravísimo.
4. El muchacho confesó que .... (querer) ir a la cárcel.
5. Además, repetía que la vida allí .... (ser) mejor.

10 **Fíjate.**

a

> **Estilo indirecto**
>
> También podemos referir consejos, peticiones, órdenes, sugerencias, etc. Para ello empleamos los verbos *decir*, *aconsejar*, *recomendar*, *pedir*, *rogar*, *exigir*, *ordenar*, *mandar*, *sugerir*, *proponer*, etc.
>
> | CONSEJO | REFERIR UN CONSEJO |
> |---|---|
> | "Habla con Begoña." | **Le aconseja/ha aconsejado que hable** con Begoña. |
> | | **Le aconsejó que hablara** con Begoña. |
> | | **Le aconsejó que hable** con Begoña. (Relacionamos el consejo también con el presente.) |
>
> | ORDEN | REFERIR UNA ORDEN |
> |---|---|
> | "¡Sé más puntual!" | **Le ordena/ha ordenado que sea** más puntual. |
> | | **Le ordenó que fuera** más puntual. |
> | | **Le ordenó que sea** más puntual. (Relacionamos la orden también con el presente.) |

b ¿Qué le pidió/aconsejó/dijo/... cada una de estas personas a su interlocutor? Escríbelo.

11
a El muchacho del texto de la actividad 8 confesó a su abogada por qué había actuado de forma tan extraña. Imagina con tu compañero lo que dijeron: las causas y las posibles peticiones y consejos.

> **Abogada:** Pero ¿por qué demonios lo hiciste?

b Contádselo a vuestros compañeros. ¿Coincidís con alguna pareja?

> La abogada le preguntó…

12 Escucha esta noticia de la radio en la que se mencionan las causas del comportamiento del chico y comprueba si las habéis adivinado.

2|17

13 Lee estas declaraciones aparecidas en la prensa. ¿Qué personajes famosos (de tu país, de España o de América Latina) las pudieron hacer?

1. "Cualquiera puede colaborar. Y si colaboramos todos, resolveremos el problema", declaró…
2. "Es algo que se lo puede permitir cualquier ciudadano. Cualquiera puede conseguirlo", aseguró…
3. "No es una historia cualquiera. A mí no me ha dejado indiferente", comentó…
4. "Si ganamos las elecciones, bajaremos los impuestos", prometió…
5. "Eduquen a sus hijos en el uso de internet", pidió…
6. "He mejorado mucho, pero todavía no me he recuperado totalmente y sigo notando molestias", confesó…
7. "Este es el mejor disco de todos los que he compuesto", declaró…
8. "Si derrocháramos menos energía, castigaríamos menos al planeta", manifestó…
9. "Denme su apoyo y haré desaparecer el desempleo. Todos saldremos ganando", afirmó…
10. "Consuman con responsabilidad; no olviden que los recursos naturales no son infinitos", aconsejó…

14
a En grupos de tres. Escribid declaraciones reales de famosos que recordéis. Anotad también otras inventadas, supuestamente hechas por ciertos personajes públicos.

> "Cualquier niño de este país dispondrá de un ordenador y tendrá acceso gratuito a internet."

b Decídselas en estilo indirecto a otro grupo. ¿Sabe cuáles son reales y cuáles inventadas? Podéis utilizar los siguientes verbos.

• declarar • negar • afirmar • destacar • confesar • proponer • comentar • pedir
• prometer • aconsejar • sugerir • manifestar • recomendar • explicar • insistir • asegurar

> El presidente de mi país prometió en la última campaña electoral que cualquier niño dispondría de un ordenador y tendría acceso gratuito a internet.

Estrategias de aprendizaje: aprender español con los medios de comunicación

15 **a** Mira cómo utilizan estos estudiantes de español los medios de comunicación para enterarse de las noticias y aprender la lengua.

Yo procuro elegir noticias sobre temas que me interesan de verdad o que conozco, temas sobre los que también leería en mi lengua. Leer sobre ellos me resulta más agradable y más fácil porque, como sé más cosas sobre ellos, me es más fácil deducir el significado de palabras nuevas. **Lieve (Bélgica)**

Yo aprovecho algunas noticias que aparecen varios días en los medios de comunicación. Primero las leo en internet y miro el diccionario si lo necesito. Después, cuando ya tengo información sobre una determinada noticia y el lenguaje me es más familiar, la escucho.

Ana Lourença (Brasil)

Yo prefiero ver las noticias en la televisión porque las imágenes me dan mucha información y me ayudan a entender lo que oigo. **Janis (Jamaica)**

Yo intento ver o escuchar las mismas noticias en diferentes programas informativos. De esa forma, las últimas veces que las veo o escucho entiendo mucho más que las primeras.
Anthony (Irlanda)

Yo suelo leer periódicos de América Latina en internet. Generalmente me fijo en los titulares y solo leo una noticia completa si me interesa mucho. **François (Canadá)**

Cuando leo una noticia que me parece difícil, la leo más de una vez. La primera lo hago rápidamente, para captar las ideas generales. Luego, la leo de nuevo, pero más lentamente y fijándome en ideas más concretas o más difíciles. **Yuko (Japón)**

b Piensa en las respuestas a estas preguntas y coméntalas con la clase.

• ¿Utilizas alguna de esas estrategias? ¿Y alguna otra?
• ¿Cuáles te parecen especialmente útiles? ¿Por qué?
• ¿Qué otras cosas puede hacer un estudiante con los medios de comunicación para aprender español?

c ¿Utilizas los medios de comunicación para aprender español? ¿Cuáles? ¿Son de España o de América Latina? ¿Puedes contarles a tus compañeros alguna experiencia de aprendizaje positiva que has tenido con ellos?

Los medios de comunicación a debate

16
a Lee estas frases sobre los medios de comunicación. ¿Cuáles expresan opiniones positivas? ¿Y negativas? ¿Con cuáles estás de acuerdo y con cuáles no?

1 Tienen mucho poder e influyen fácilmente en la opinión de la gente.

2 Contribuyen permanentemente al enriquecimiento cultural de los ciudadanos.

3 Pueden manipular la información de diversas maneras: la modifican, omiten parte de ella, etc.

4 Sus profesionales, los periodistas, no siempre pueden ser objetivos: en ocasiones, sus ideas les impedirán serlo.

5 Nunca son completamente independientes: siempre dependen de algo o de alguien (el dinero, el poder, sus propietarios, etc.).

6 La publicidad comercial y la publicidad institucional son una forma encubierta de financiar los medios de comunicación y condicionan, o mejor dicho, limitan la libertad de expresión.

b Busca a un compañero con el que compartas alguna de esas opiniones y preparad argumentos para defender esas ideas y otras que tengáis sobre los medios de comunicación.

c Debatid todas esas opiniones con la clase. Exponed vuestros argumentos y tratad de rebatir las ideas de otros compañeros con las que no estéis de acuerdo.

d Piensa en palabras o frases difíciles que se han dicho en el debate y, si lo deseas, anótalas.

Expresiones coloquiales con nombres de animales

1 Escribe el nombre de cada animal debajo de cada dibujo. Puedes usar el diccionario.

● lince ● avispa ● cocodrilo ● gallina ● puercoespín ● pavo ● lirón ● gato ● gamo ● mosca ● avestruz

1.

2.

3.

4.

5.

6.

....

7.

8.

9.

10.

11.

....

2 Lee este cuento de Mario Benedetti y di qué expresión se ha inventado un o una estudiante.

EL PUERCOESPÍN MIMOSO

[...]
–Ustedes ya conocen –dijo el profesor– que en el lenguaje popular hay muchos dichos, frases hechas, lugares comunes, etcétera, que incluyen nombres de animales.

Verbigracia: *vista de lince, talle de avispa*, y tantos otros. Bien, yo voy ahora a decirles datos, referencias, conductas humanas, y ustedes deberán encontrar la metáfora zoológica correspondiente. ¿Entendido?

–Sí, profesor.

–Veamos entonces. Señorita Silva. A un político, tan acaudalado como populista, se le quiebra la voz cuando se refiere a los pobres de la Tierra.

–Lágrimas de cocodrilo.

–Exacto. Señor Rodríguez. ¿Qué siente cuando ve en la televisión ciertas matanzas de estudiantes?

–Se me pone la piel de gallina.

–Bien. Señor Méndez. El nuevo ministro de Economía examina la situación del país y se alarma ante la faena que le espera.

–Que no es moco de pavo.

–Entre otras cosas. A ver, señorita Ortega. Tengo entendido que a su hermanito no hay quien lo despierte por las mañanas.

–Es cierto. Duerme como un lirón.

–Esa era fácil, ¿no? Señor Duarte. Todos saben que A es un oscuro funcionario, uno del montón, y sin embargo se ha comprado un Mercedes Benz.

–Evidentemente, hay gato encerrado. [...]

–Adecuado. Señor Arosa. Auita, el fondista marroquí, acaba de establecer una nueva marca mundial.

–Corre como un gamo. [...]

–Muy bien. Señorita López, ¿me disculparía si interrumpo sus palabras cruzadas?

–Oh, perdón, profesor.

–Digamos que un gánster, tras asaltar dos bancos en la misma jornada, regresa a su casa y se refugia en el amor y las caricias de su joven esposa.

–Este sí que es difícil, profesor. Pero veamos. ¡El puercoespín mimoso! ¿Puede ser?

–Le confieso que no lo tenía en mi nómina, señorita López, pero no está mal, no está nada mal. Es probable que algún día ingrese al lenguaje popular. Mañana mismo lo comunicaré a la Academia. Por las dudas, ¿sabe?

–Habrá querido decir por si las moscas, profesor.

–También, también. Prosiga con sus palabras cruzadas, por favor.

–Muchas gracias, profesor. Pero no vaya a pensar que esta es mi táctica del avestruz.

[...]

MARIO BENEDETTI: "El puercoespín mimoso", *Despistes y franquezas.*

3 Observa cómo se utilizan en el cuento las palabras y expresiones de la izquierda y relaciónalas con los significados de la derecha.

1. (Tener) Vista de lince
2. Talle de avispa
3. (Derramar) Lágrimas de cocodrilo
4. Ponérse(le a alguien) la piel de gallina
5. No ser moco de pavo
6. Dormir como un lirón

7. (Haber) Gato encerrado
8. Correr como un gamo
9. Por si las moscas
10. Táctica del avestruz

A. Llorar fingiendo dolor o pena
B. Por lo que pueda pasar
C. Actuar tratando de ignorar peligros o problemas
D. Ver muy bien
E. Cintura delgada y fina
F. Tomar (la piel) aspecto granuloso, generalmente por efecto de un estremecimiento
G. Ir muy rápidamente
H. Dormir mucho
I. Tener (algo) importancia o valor, o ser difícil
J. (Existir) Algo oculto o secreto

1. ..D.. 2. ...... 3. .... 4. ...... 5. ...... 6. ...... 7. ...... 8. ...... 9. ...... 10. ......

4 Elige la expresión que corresponde a cada una de estas situaciones.

1. Yo no me creo lo que me ha dicho. Sospecho que hizo aquello por otras razones de más peso que no quiere decir.

2. Cuando me contó lo que le pasó, me impresionó tanto y me dio tanto miedo que me puse a temblar.

3. ¡No me digas que eres capaz de leer aquel cartel con lo lejos que está! Yo no distingo las letras.

4. No sé si va a llover o no, pero como "hombre precavido vale por dos", voy a coger el paraguas.

5. A mi padre, cuando está dormido, no hay quien lo despierte.

6. Lo que estás haciendo ahora es una labor muy importante, nada fácil y muy meritoria.

7. ¡Es increíble lo rápida que es esta niña! Gana todas las carreras en las que participa.

8. ¡Qué cobarde es! Cuando intuye que se va a encontrar con un problema, mira para otro lado, lo ignora, porque piensa que así desaparecerá.

9. Es un hipócrita: yo creo que en realidad le daba igual lo que había pasado y que la pena y el dolor que dijo que sentía eran falsos y estaba fingiendo.

A. Por si las moscas.

B. Tiene la costumbre de practicar la táctica del avestruz.

C. Estoy seguro de que eran lágrimas de cocodrilo.

D. Se me puso la piel de gallina.

E. Aquí hay gato encerrado.

F. Corre como un gamo.

G. ¡Qué vista de lince tienes!

H. Duerme como un lirón.

I. No es moco de pavo.

1. ..E.. 2. ...... 3. .... 4. ...... 5. ...... 6. ...... 7. ...... 8. ...... 9. ......

5
a Escribe frases sobre situaciones a las que se pueda aplicar ese tipo de expresiones.

Ese profesor tiene la costumbre de hacer exámenes sin avisar, así que yo siempre me estudio bien lo que vemos en clase con él, lo llevo al día.

b Díselas a tu compañero. Él deberá completarlas con las expresiones adecuadas.

• Ese profesor tiene la costumbre de hacer exámenes sin avisar, así que yo siempre me estudio bien lo que vemos en clase con él, lo llevo al día...
○ Por si las moscas.
• Muy bien.

Recuerda

COMUNICACIÓN

Expresar posibilidad

- El primer periódico diario debió de publicarse en el siglo XIX.
- No, tuvo que ser en el XVIII porque yo sé que a finales de ese siglo ya había periódicos.

Decir con qué relacionamos algo

- La palabra "portada" la relaciono con la prensa.

Relatar hechos pasados
Redactar noticias

- Ayer le ocurrió algo extraordinario a Mari Luz Ventura, malagueña de 42 años. Nada más salir de casa a las ocho de la mañana, se dio cuenta de que sentía algo extraño...

Transmitir lo dicho por alguien

- Y, al final, dijo que no quería hablar más porque ya había dicho todo lo que tenía que decir.

Referir consejos y sugerencias

- ¿Qué te ha aconsejado tu padre?
- (Me ha aconsejado) Que no trabaje tanto.

- ¿Y qué te dijo Pilar cuando se lo contaste?
- Me aconsejó que consultara a un abogado.

Referir peticiones y órdenes

- Me pidió que le enviara toda la información lo antes posible.
- Me ha ordenado que se lo entregue antes de las doce.

Expresar opiniones y debatir

- A mi modo de ver, los medios de comunicación no son imparciales porque...
- Yo no comparto tu punto de vista. Yo creo que muchos de ellos sí son imparciales.

GRAMÁTICA

Deber de │ + infinitivo
Tener que
(Ver resumen gramatical, apartado 3.1.5)

Anteposición del objeto directo

Pretérito indefinido-pretérito imperfecto de indicativo
(Ver resumen gramatical, apartado 24)
Oraciones temporales
(Ver resumen gramatical, apartado 25)

Estilo indirecto
(Ver resumen gramatical, apartados 26.1 y 26.2)

Estilo indirecto
(Ver resumen gramatical, apartado 26.3)

Expresión de opiniones y acuerdo o desacuerdo
(Ver resumen gramatical, apartados 12 y 13)

Un cuento de Isabel Allende

1 Observa la ilustración y anota cada una de estas palabras en la parte correspondiente.

a

● clientela ● montar ● toldo ● palo ● atado (sustantivo)

b Lee este fragmento del cuento *Dos palabras*, de la escritora chilena Isabel Allende, y di cuál es la relación que crees que existe entre su contenido y los medios de comunicación.

Tenía el nombre de Belisa Crepusculario, pero no por fe de bautismo o acierto de su madre, sino porque ella misma lo buscó hasta encontrarlo y se vistió con él. Su oficio era vender palabras. Recorría el país, desde las regiones más altas y frías hasta las costas calientes, instalándose en las ferias y en los mercados, donde montaba cuatro palos con un toldo de lienzo, bajo el cual se protegía del sol y de la lluvia para atender a su clientela. No necesitaba pregonar su mercadería, porque de tanto caminar por aquí y por allá, todos la conocían. Había quienes la aguardaban de un año para otro, y cuando aparecía por la aldea con su atado bajo el brazo hacían cola frente a su tenderete. Vendía a precios justos. Por cinco centavos entregaba versos de memoria, por siete mejoraba la calidad de los sueños, por nueve escribía cartas de enamorados, por doce inventaba insultos para enemigos irreconciliables. También vendía cuentos, pero no eran cuentos de fantasía, sino largas historias verdaderas que recitaba de corrido, sin saltarse nada. Así llevaba las nuevas de un pueblo a otro. La gente le pagaba por agregar una o dos líneas: nació un niño, murió fulano, se casaron nuestros hijos, se quemaron las cosechas. En cada lugar se juntaba una pequeña multitud a su alrededor para oírla cuando comenzaba a hablar y así se enteraban de las vidas de otros, de los parientes lejanos, de los pormenores de la Guerra Civil. A quien le comprara cincuenta centavos, ella le regalaba una palabra secreta para espantar la melancolía. No era la misma para todos, por supuesto, porque eso habría sido un engaño colectivo. Cada uno recibía la suya con la certeza de que nadie más la empleaba para ese fin en el universo y más allá.

Isabel Allende: "Dos palabras",
Cuentos de Eva Luna.

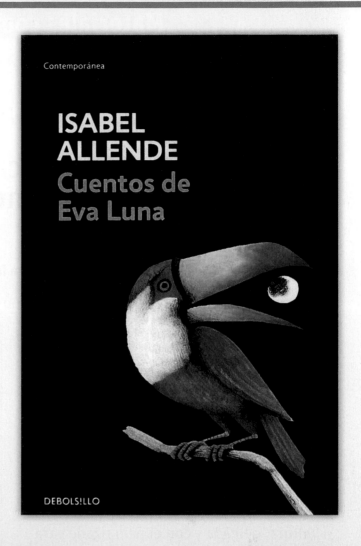

Contemporánea

ISABEL ALLENDE
Cuentos de
Eva Luna

DEBOLS!LLO

---

c **Fíjate en el significado que tienen en el texto las palabras de la columna de la izquierda y relaciónalas con las de la derecha.**

- pregonar
- mercadería
- aguardar
- insultos
- irreconciliables
- de corrido
- saltarse
- nuevas (sustantivo)
- agregar
- fulano
- multitud
- pormenores
- espantar

omitir o pasar por alto
palabras agresivas dichas para ofender
detalles
mercancía
rápidamente y sin equivocarse
echar, alejar de un lugar
añadir
poner una información en conocimiento de todos en voz alta
gran cantidad de personas
noticias
esperar
persona cuya identidad se desconoce o no se quiere decir
que no pueden o no quieren restablecer la relación perdida

---

d **Averigua si alguno de tus compañeros ha leído algún cuento o alguna novela de Isabel Allende y si les gustó. ¿Crees que te gustaría a ti también? ¿Por qué no lo compruebas?**

Noticias

1 Lee el titular de una noticia y piensa en su posible contenido. Luego, cuéntaselo a un compañero.

a

Una barcelonesa busca a la desconocida que le diagnosticó un tumor en un autobús

b Lee la noticia incompleta. ¿Quién de los dos se ha imaginado una noticia más parecida a la original?

Montserrat Ventura, barcelonesa de 55 años, busca a la mujer desconocida que le diagnosticó un extraño tumor en fase inicial cuando ambas viajaban en un autobús urbano de Barcelona, lo que hizo posible que se operase a tiempo.

Montserrat explicó en .... a una emisora de radio que busca a una señora de mediana edad, 1,60 metros de altura, delgada y con el pelo rizado para agradecerle su "ojo clínico", que le permitió verle síntomas "apenas perceptibles", ... admitieron posteriormente los especialistas que la trataron.

Los .... ocurrieron el 22 de enero cuando Montserrat, exmaestra, viuda y madre de dos hijas, viajaba en un autobús con un grupo de jubilados .... haber visitado un museo y advirtió que una mujer sentada cerca de su asiento no le quitaba el ojo de encima. Antes de que se dispusiera a bajar, la desconocida se dirigió a ella y le .... hablar aparte. "Me pidió perdón por lo que me iba a decir,

me .... que me había estado observando con detenimiento, que era médica, y me recomendó que me hiciera una analítica". Montserrat le preguntó qué había visto en ella y la doctora le respondió que tenía las manos y los labios hinchados, y quiso saber si le apretaban los zapatos. .... que había tenido dos casos en su consulta con los mismos síntomas y la tranquilizó diciéndole que en ella estaban muy poco desarrollados. ...., sacó un papel y anotó dos valores que debían ser comprobados en la prueba a la que le sugirió someterse.

Se hizo la analítica y los resultados aconsejaron realizar otras pruebas más específicas, las cuales confirmaron la existencia de un tumor en un estadio inicial. Montserrat fue operada sin demora, la intervención fue un .... y se encuentra totalmente recuperada. "Ahora que ha acabado todo esto y tiene un final feliz, es el momento de encontrar a esa persona para darle las gracias por salvarme la vida", ...

Europa Press

La revista de la clase de español

5 Vais a elaborar una revista de clase, así podréis escribir en ella sobre temas que os interesen y disfrutar leyendo en español.

a **Elegid entre todos:**

- el nombre de la revista.
- el diseño (tamaño, número de páginas, inclusión de fotos o ilustraciones, etc.).

b **¿Cuáles de estas secciones os gustaría que tuviera vuestra revista? Decididlo en grupo-clase.**

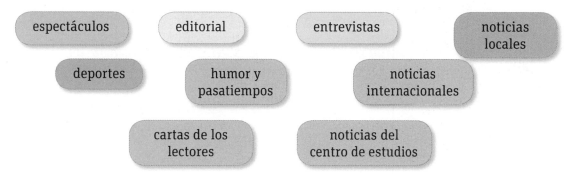

espectáculos   editorial   entrevistas   noticias locales

deportes   humor y pasatiempos   noticias internacionales

cartas de los lectores   noticias del centro de estudios

c **Comentad qué se puede hacer para cada sección.**

Para la sección de humor podemos dibujar chistes o recortarlos de periódicos o revistas y escribir el texto en español.

d **Elegid a cuatro o cinco compañeros que se encargarán de:**

- recoger y seleccionar vuestros textos, fotos e ilustraciones.
- organizar y distribuir los contenidos en páginas.
- editar la revista.

e **¿Para qué sección te gustaría escribir algo? Díselo a tus compañeros y decidid entre todos:**

- quién o quiénes colaborarán en cada sección.
- si lo van a hacer en grupos o individualmente.
- la fecha de entrega de los textos.

f **Una vez editada la revista, leedla y hablad sobre ella en clase.**

- ¿Qué es lo que más os gusta de ella?
- ¿Qué cambiaríais si la elaborarais de nuevo?
- ¿Os gustaría elaborar más números? ¿Con qué frecuencia?

¿Bien o mal?

6 **Asegúrate de que entiendes las instrucciones de este juego.**

1. En grupos de tres o cuatro. Juega con un dado y una ficha de color diferente a la de tus compañeros.
2. Por turnos. Tira el dado y avanza el número de casillas que indique.
3. Si caes en un casilla con una o varias frases, decide si están bien o mal y, en este caso, corrígelas.
4. Si tus compañeros están de acuerdo con lo que dices, quédate en esa casilla. Si no están de acuerdo contigo, preguntadle al profesor quién tiene razón. Si estás equivocado, vuelve a la casilla donde estabas.
5. Si caes en el principio de una escalera, súbela. Si caes en el agujero de un pozo, baja hasta el final.

24 • ¿Me dejas alguno estos cómics? ◦ Sí, sí. Llévate todos que quieras.	**25** • A mí me parece estupendo que la gente vaya al trabajo en transporte público. ◦ A mí también.	**26**	**27** • Recuérdaselo cuando la ves. ◦ De acuerdo. Ya lo diré.
23 • ¿Qué tal es esa película? ◦ Pues, hombre, no está mal.	**22**	**21** No lo soporto, cuando habla no dice más que tonterías.	**28** • Oye, ¿y qué es de tu vida? ◦ Pues nada, que hablo con ella? ◦ Pues no sé; tengo mis dudas.
12 • ¿A qué hora te has puesto a estudiar? ◦ No sé, pero serían ya las ocho.	**13** Ayer me acosté nada más llegué a casa. Estaba agotada.	**14** • ¿Vas a volver pronto? ◦ ¿Cómo dices? • Que vas a volver pronto.	**29** • ¿Tú crees que merece la pena que hablo con
11 No sabes cuánto te agradezco que me lo hayas dicho.	**10** • ¿Te has enterado de lo de Patricia? ◦ Sí, me lo dijo Víctor ayer. ¡Qué suerte!, ¿no?	**9** Me pareció genial que dijeras eso. Estuviste muy brillante.	**20**
SALIDA	**1** • ¿Ya sabes dónde estará la reunión? ◦ Sí, en el aula número cuatro.	**2** Apenas me vio, se puso a hablar conmigo.	**19** • ¿Sabes algo de Eva? ◦ Sí, está de recepcionista en un hotel de la costa.
	3	**8** Me pareció genial que dijeras eso. Estuviste muy brillante.	**18** Me da rabia que siempre pase lo mismo y que las víctimas sean siempre las mismas.
	4 • Mire, me ha ocurrido una idea que puede que le guste. ◦ Vamos a ver.	**7** • ¿A que no sabes quién acabo de ver? ◦ Ni ideas.	**17** Te tengo para una persona sincera y espero que me digas la verdad.
	5 • ¿Quieres que vaya a verte? ◦ No, no hace falta que vienes. Gracias de todas formas.	**6** De verdad que me extraña que no invitara a nadie. ¡Qué cosa más rara!	**16** • Mira, yo creo que lo mejor es que se lo preguntes a él. ◦ Sí, tengo que preguntárselo.
		15	

LLEGADA

58
- Y cuando me pidió que la llevaba al aeropuerto, me quedé de piedra.
- Ya me imagino.

57

56
- Entonces me aconsejas que vaya a esa exposición, ¿no?
- Sí, sí. No la pierdas.

55
- Bueno, ¿y con quién tengo que hablar?
- Con cualquier de ellos. Los tres conocen el caso.

54
Si tuviera más tiempo libre, leería bastante más.

48
- ¿Y cómo se habrá enterado?
- No sé... se lo habrá dicho alguien de su trabajo.

49
Es increíble que ocurrió eso. En mi vida había visto una cosa igual.

50

51
No es que rechazó la invitación, es que no estaba invitada.

52
- Conozco uno que a lo mejor esté abierto.

53
- ¿Y no hay ningún otro restaurante abierto?

47
Ha dicho que lo traerá para que lo veamos.

46
Me gustaría que todos estuviéramos algo más relajados.

45
Lo arreglamos y a los dos días volvió a estropearse, puesto que compramos otro.

44

43
Desde luego es injusto que le hagan eso. Con la buena persona que es...

42
- ¿No te parece un poco extraño que esté tan callado?
- Sí, es un poco extraño, sí. Con lo que le gusta hablar...

36
Y después de pensárselo mucho, optó por comprar la casa.

37
- ¿Quieres que salgamos?
- Por mí, podemos quedarnos en casa. No tengo especial interés en salir.

38
Mire, yo le sugiero que descansa y trata de olvidarse de todo.

39

40
No soportaba ese trabajo y, claro, al final terminó dejándolo.

41
¡Cuánto me alegro de que hayas llamado! Muchísimas gracias, Bernardo.

35
- ¿Qué tal se te dan las matemáticas?
- Bastante bien. La verdad es que no me resultan muy difíciles.

34
¡Ah! Pues esto es más fácil de lo que pensaba.

33
- ¡Pero qué sorpresa! ¡Tú por aquí!
- Pues sí... he venido a ver qué hacías.

32

31
- ¿Y qué os dijo?
- Que si queríamos, podíamos quedarnos allí.

30
- ¿Quiere que le eche una mano?
- No, gracias. Si ya casi es terminada.

9

Carácter y sentimientos

OBJETIVOS

- Expresar afecto
- Describir el carácter de una persona
- Expresar la impresión que tenemos de alguien
- Expresar consecuencias
- Expresar gustos
- Expresar aversión
- Expresar diversión
- Expresar aburrimiento
- Expresar cambios experimentados por personas

1 **a** Lee este cómic y presta atención a las formas del verbo *gustar*. Pregúntale al profesor qué significa lo que no entiendas.

MIRA QUÉ LIBRO MÁS INTERESANTE ME HAN REGALADO.

A VER... *CONÓCETE A TI MISMO. CLAVES PARA CONOCERSE A SÍ MISMO.* MMM... ¡QUÉ BIEN SUENA!

TENGO PENSADO LEERLO ESTE FIN DE SEMANA... ¡HUY! PERO SE ME ESTÁ OCURRIENDO UNA COSA: ¿Y SI NO ME GUSTO?

¡BAH! NO TE PREOCUPES, HOMBRE, SEGURO QUE TE GUSTAS.

NO SÉ, NO SÉ... TODOS TENEMOS NUESTROS DEFECTOS.

TIENES RAZÓN, ERES UN POCO CABEZOTA. APARTE DE ESO, NADA MÁS... EN TODO CASO, SI NO TE GUSTAS, PIENSA QUE A MÍ ME GUSTAS MUCHO...

OYE, ¿Y YO TE GUSTO TODAVÍA?

QUÉ COSAS TIENES, PUES CLARO QUE ME GUSTAS; MEJOR DICHO, ME FASCINAS, ME APASIONAS, ME VUELVES LOCO...

b **Observa cómo se pueden combinar las diferentes formas del verbo *gustar* con pronombres.**

Con pronombres reflexivos

yo	me	gusto
tú	te	gustas
él/ella/usted	se	gusta
nosotros/nosotras	nos	gustamos
vosotros/vosotras	os	gustáis
ellos/ellas/ustedes	se	gustan

- Parece que Narciso **se gusta** cada vez más y está cada día más satisfecho consigo mismo.

Cuando usamos el verbo *gustar* de forma reflexiva, la acción de *gustar* es realizada y recibida a la vez por el sujeto.

Con pronombres de objeto indirecto

yo	te/le/os/les	gusto
tú	me/le/nos/les	gustas
él/ella/usted	me/te/le/nos/os/les	gusta
nosotros/nosotras	te/le/os/les	gustamos
vosotros/vosotras	me/le/nos/les	gustáis
ellos/ellas/ustedes	me/te/le/nos/os/les	gustan

- Oye, ¿**yo te gusto** todavía?
- **Me gustas** mucho, cada día **me gustas** más.
- **Tú** también **me gustas** mucho **a mí**.

- ¿Tú crees que **yo le gusto a Rosa**?
- Sí, está clarísimo que **le gustas** mucho.

2 **Copia las frases del cómic de la actividad 1 que tienen formas del verbo *gustar*, cierra el libro y tradúcelas a tu lengua. Luego, comprueba con el profesor si las has traducido correctamente.**

3 **Termina las viñetas. Complétalas con los pronombres y las formas del verbo *gustar* correspondientes.**

1. ¡Cómo me mira esa chica! Yo creo que ....

Está clarísimo que .... No hace más que mirarte.

2. Cada día .... más, cariño. Cada día estoy más enamorado de ti.

4. No sé por qué no .... y les caigo tan mal. No me lo explico.

6. Dices que no me queda bien, pero yo .... mucho con este vestido.

3. Tiene la autoestima muy baja. En el fondo, usted no .... a sí misma.

5. Ahora que te conozco más, entiendo por qué .... tanto a Javier y está loco por casarse contigo.

4 **a** Y tú, ¿te conoces a ti mismo/-a? Seguramente sí, pero puede que desconozcas algunos de estos adjetivos que sirven para describir el carácter. Averigua qué significan los que no entiendas.

- inmaduro
- hipócrita
- terco
- ingenuo
- tierno
- ambicioso
- sensato
- susceptible
- valiente
- vanidoso
- espontáneo
- irresponsable
- honrado
- reflexivo
- constante
- atento
- competente
- cortés
- cobarde
- confiado
- injusto
- soberbio
- irónico
- imaginativo
- curioso
- exigente
- cariñoso
- exagerado
- fiel
- indiscreto
- sereno
- audaz
- perfeccionista
- superficial

b Escucha esas palabras y subraya la sílaba más fuerte. Luego, practica las más difíciles de pronunciar.

🎧 3|1

c ¿Cuáles de esas palabras tienen un sentido negativo? ¿Recuerdas qué artículos puedes emplear con ellas para referirte a aspectos negativos del carácter de una persona?

¡Ah, sí! Ahora recuerdo que se pueden usar los artículos… Se puede decir, por ejemplo, "Jorge no dice nunca lo que realmente piensa, siempre está fingiendo, es ………. hipócrita."

5 **a** Di lo contrario de:

(inmaduro)   (inconstante)   (injusto)   (imprudente)   (irresponsable)

b En parejas. ¿Qué creéis que ocurre con el prefijo *in-* cuando lo ponemos delante de una palabra que empieza por *p*? ¿Y delante de una que empieza por *r*? Intentad citar algunos ejemplos aplicando esas reglas gramaticales.

c Ahora aplícalas cuando sea necesario para escribir los contrarios de:

(competente)   (paciente)   (reflexivo)   (sensible)   (consciente)

(relevante)   (fiel)   (previsible)   (racional)

incompetente

d Piensa cuáles son los contrarios de *desordenado* y *desorganizado*. Luego, escribe los de:

(confiado)   (cortés)   (honesto)   (atento)   (interesado)

desconfiado

6 **¿Sabías que los adjetivos más utilizados son los que designan colores y que los colores tienen unos**
a **significados simbólicos? Lee las explicaciones y relaciónalas con estos colores.**

verde	amarillo	azul	rojo	negro
naranja	blanco	gris	rosa	marrón

1. Es el color del fuego, de la sangre, de la excitación. Sugiere pasión, emoción, peligro, agresividad.
2. Es el color de la naturaleza, la primavera y la frescura. Puede significar esperanza, deseo, pero también inmadurez, inexperiencia.
3. El color del cielo. Sugiere paz, confianza, amistad, fidelidad.
4. Es el color de la luz del sol, del oro. Puede representar poder, energía, envidia o cobardía.
5. El color de la aurora. Sugiere acción, entusiasmo, estímulo, alegría.

6. Significa ternura, ingenuidad, buenos sentimientos, ausencia de todo mal.
7. Es el color de la tierra. Sugiere realismo, equilibrio, seguridad, madurez, constancia.
8. Representa la idea de limpieza, pureza, inocencia, virtud, armonía.
9. Puede significar neutralidad, ausencia de energía, mediocridad, indecisión, resignación.
10. En la cultura occidental lo relacionamos con la muerte. Puede expresar tristeza, silencio, misterio, seriedad, pero también elegancia, dignidad, serenidad, sofisticación y seducción.

1. ....
2. ....
3. ....
4. ....
5. ....
6. ....
7. ....
8. ....
9. ....
10. ....

b **¿Cuál es tu color preferido (o uno de ellos)? ¿Estás de acuerdo con los significados que se le atribuyen**
o hay algo que te llame la atención?

A mí me llama la atención que (el color... pueda significar también... A mí nunca se me habría ocurrido eso).

c **Lee de nuevo y busca ocho sustantivos derivados de adjetivos del apartado 4a.**

inmaduro → inmadurez

7 **En parejas. Completad este cuadro con los sustantivos correspondientes a los adjetivos del apartado 4a**
a **(hay cinco adjetivos que sobran).**

-dad	-cia	-ez	-ía	-ción
ingenuidad	imprudencia	sencillez	hipocresía	ambición
terquedad	tolerancia	timidez	valentía	atención
susceptibilidad	arrogancia	inmadurez	cortesía	imaginación
vanidad	constancia	....	....	exageración
espontaneidad	....	....	....	....
irresponsabilidad	....			....
....	....			
....	....			
....				
....				

b **¿Sabes cuáles son los sustantivos correspondientes a los cinco adjetivos con los que no habéis formado un sustantivo?**

ternura, …

c **Comprobad si habéis escrito correctamente todos los sustantivos de a) y b).**

8 **¿Qué palabras de la actividad 7 tienen un**
a **diptongo (unión de dos vocales en una sola sílaba)? Subraya esos diptongos.**

ingen<u>ui</u>dad

b **¿Y cuáles tienen un hiato (dos vocales seguidas que pertenecen a sílabas diferentes)? Marca esos hiatos.**

hipocresí|a

c **Pronúncialas y comprueba si las dices como el profesor.**

Gustos y sentimientos

15 Asegúrate de que entiendes lo que dicen estas personas. ¿Te identificas con alguna de ellas?

a

1 — No soporto que la gente se comporte de manera hipócrita.

4 — Me molesta que la gente no tenga un mínimo de sensibilidad y te diga cosas que te hieren.

2 — Me gusta la gente que tiene sentido del humor y me encanta que mis compañeros me gasten bromas.

5 — Detesto a la gente que miente continuamente.

3 — Me divierte que mis amigos sean un poquito exagerados y que hagan alguna tontería.

6 — No aguanto a las personas que siempre están hablando de ellas mismas, mirándose el ombligo, ni a las que siempre llevan la contraria.

b Fíjate en qué casos se ha utilizado el indicativo y en cuáles el subjuntivo.

c En parejas. Tratad de formular las reglas de uso del indicativo y del subjuntivo en esas estructuras.

d Escribid algunos ejemplos aplicando vuestras reglas.

e Por último, comprobad si se cumplen esas reglas y si son correctas.

16 ¿Qué se expresa en cada una de estas frases? ¿En qué columna va cada una de ellas?

a

1. ¡Qué rollo que tengamos que hacer todos los días lo mismo! Podrían cambiar esas normas de una vez.
2. Me horroriza que todavía se hagan esas barbaridades. ¡Parece mentira!
3. Me vuelve loca que me den sorpresas así.
4. ¡Qué gracioso que te disfrazaras el otro día en mi fiesta!
5. Me aburre que me repitan siempre eso. ¡Como si no supiera lo que tengo que hacer!
6. Me da asco que sean tan poco escrupulosos y que puedan llegar a hacer semejantes cosas.
7. Me fascina que me mires así.
8. ¡Qué aburrimiento hacer siempre lo mismo!
9. Me disgustó mucho que dijeran eso porque sabían que era falso y que iban a hacer mucho daño.
10. ¡Qué risa que le pasara eso precisamente a él!

Gustos	Aversión	Diversión	Aburrimiento
De niño me entusiasmaba que ganara el equipo de fútbol de mi barrio.	No soporto que la gente critique por criticar, sin informarse bien.	¡Qué divertido que se te ocurriera imitarla!	¡Qué aburrimiento que tengas que quedarte tanto rato ahí sin nada que hacer!

b ¿En qué columna va cada una de las frases de la actividad 15?

c Añade al menos una frase en cada columna.

17
a ¿Quién conoce mejor al otro? Piensa en el compañero que te indique el profesor y escribe frases sobre posibles gustos y sentimientos suyos usando los verbos de las actividades 15 y 16.

> A Rita le divierte mucho que le cuenten buenos chistes.

b Díselas para que te confirme cuántas son ciertas y podáis saber quién conoce mejor a su compañero.

18
a Ordena en una lista, de más a menos, cinco cualidades que valoras positivamente en una persona.

> 1. Que sea cariñosa.

b Ahora haz otra lista ordenada de cinco cualidades que tú consideras defectos en una persona.

> 1. Que engañe a los demás.

c En parejas. Comentad las dos listas anteriores. ¿Tenéis muchas coincidencias?

> Para mí es fundamental que una persona sea cariñosa. Es algo que valoro muy, pero que muy positivamente. Por eso lo he puesto en primer lugar.

Estrategias de aprendizaje

19
a Haz una lista con lo que has visto en esta lección que creas que necesitas repasar y practicar más. Explica por qué.

b ¿Cómo vas a repasarlo y practicarlo fuera del aula? ¿Cuáles te parecen las formas más útiles y efectivas de hacerlo? Coméntalo con tus compañeros y comprueba si alguno de ellos dice algo que tú no haces y te parece interesante.

Verbos de cambio

1 a ¡Qué cambios! Lee las viñetas incompletas sobre los cambios de esas personas y complétalas con estas frases.

A. ...**se ha convertido en** una actriz muy popular.

B. ...**se volvió** obediente, aplicada y muy empollona.

C. ...**llegó a ser** director general.

D. ...**se hizo** agricultora. Dice que no añora su vida anterior.

E. ...**se convirtió a** una religión oriental y ahora se pasa el día en un templo.

1 LUISA HABÍA SIDO SIEMPRE UNA ALUMNA HORRIBLE, NO LE HACÍA CASO AL PROFESOR, HACÍA NOVILLOS CONTINUAMENTE, PERO, DE REPENTE, CAMBIÓ COMO DE LA NOCHE AL DÍA Y...

¡QUIÉN LO IBA A DECIR!

2 PILAR LARA ERA UN AMA DE CASA QUE NO HACÍA MÁS QUE TRABAJAR EN CASA, PERO SE CANSÓ DE ESA VIDA, SE DIVORCIÓ, EMPEZÓ A ACTUAR EN PELÍCULAS CASI POR CASUALIDAD Y...

SI NO LO VEO, NO LO CREO.

3 YO DIRÍA QUE DAVID NO HABÍA REZADO EN SU VIDA, PERO HACE UN AÑO...

4 GUSTAVO ESTÉVEZ ENTRÓ A TRABAJAR DE BOTONES EN UN BANCO Y A LO LARGO DE SU VIDA FUE ASCENDIENDO A PUESTOS CADA VEZ MÁS ALTOS. AL FINAL...

BANCO

DIRECTOR

5 SUSANA ERA UNA EJECUTIVA DE UNA MULTINACIONAL, NO PARABA DE VIAJAR Y TENÍA UN ALTO NIVEL DE VIDA... Y DE ESTRÉS, HASTA QUE SE HARTÓ, VIO CLARAMENTE QUE ESO NO ERA VIDA Y LO DEJÓ TODO. SE FUE A VIVIR AL CAMPO Y...

b Comprueba con el profesor. ¿Qué cambio te parece más sorprendente? ¿Y cuál te gusta más?

2 **¿En cuál de las frases con las que has completado las viñetas se...**

... hace referencia al final de un largo proceso que implicó esfuerzo?

... expresa un cambio de creencias?

... expresa un cambio rápido de actitud que parece duradero?

... expresa un cambio decidido por la persona a consecuencia de su evolución personal?

... hace referencia a una transformación total con carácter duradero?

3 **¿Con sustantivo o adjetivo? Observa las frases con las que has completado las viñetas y termina el esquema.**

Volverse + ...
Convertirse en, convertirse a, llegar a ser, hacerse + ...

Pero, lógicamente, también podemos combinar adjetivos y sustantivos:

- Se ha vuelto **una chica muy obediente**.
- Se ha convertido en **una famosa actriz**.
- Se convirtió a **una nueva religión**.
- Llegó a ser **un buen director general**.
- Se hizo **una buena agricultora**.

4 **Escribe el nombre de una persona en cada caso.**

A. Un deportista español que se ha convertido en figura mundial. ....

B. Un personaje que, en tu opinión, se ha vuelto antipático. ....

C. Un actor o una actriz que se ha hecho director o directora de cine. ....

D. Alguien que ha llegado a ser una persona muy importante en tu vida. ....

E. Una persona famosa que se ha convertido a una determinada religión. ....

F. Alguien de tu país que se ha hecho muy rico. ....

G. Un personaje de cuento que se transforma en un animal. ....

H. Alguien de origen humilde que ha llegado a ser un personaje mundial. ....

5 **En parejas. Elaborad un cuestionario similar para otra pareja.**

a

Una persona de vuestro país que se ha convertido en estrella de la canción.

b **Pasádselo a otra pareja para que respondan.**

6 **¿Crees que habéis experimentado tú o alguien de tu entorno algún cambio destacable a nivel personal o profesional? Díselo a tus compañeros.**

Aunque no me daba cuenta, creo que yo antes era bastante intolerante. Pienso que con el paso del tiempo me he vuelto más tolerante.

Recuerda

COMUNICACIÓN

Expresar afecto
- Tú me gustas mucho. Y yo, ¿te gusto?
- Sí, mujer, sí; me gustas mucho, me vuelves loco.
- Narciso se gusta cada vez más y está muy satisfecho con lo que hace y cómo es.

Describir el carácter de una persona
- Es una persona muy constante y bastante ambiciosa. Además, es algo callada y una de sus mayores virtudes es la sinceridad. Tiene un defecto: es algo susceptible.

Expresar la impresión que tenemos de alguien
- Tengo la impresión de que eres un poco ambicioso; ¿me equivoco?
- Te tengo por una persona discreta.
- A ese chico lo tengo por muy hipócrita.

Expresar consecuencias
- Es tan franco que dice siempre lo que piensa.
- Habla tan rápido que muchas veces no entiendo lo que dice.
- Habla tanto que muchas veces mete la pata.
- Cuenta tantos chistes que es famoso por eso.

Expresar gustos
- De pequeño me entusiasmaba que ganara el equipo de fútbol de mi barrio.
- Me fascina que me digan cosas así.

Expresar aversión
- No soporto que me hablen a gritos, como si estuviera sordo.
- Me molesta que la gente no cumpla lo que promete.
- No hay quien lo aguante.

Expresar diversión
- ¡Qué divertido que hicieras eso! Fue muy gracioso.

Expresar aburrimiento
- Me aburre que me cuenten siempre lo mismo.
- ¡Qué rollo comer todos los días lo mismo!
- ¡Qué rollo que tengas que esperarlo tanto tiempo!

Expresar cambios experimentados por personas
- Fernando se ha vuelto muy susceptible, ¿verdad?
- Y, al final, se ha convertido en una gran artista.

GRAMÁTICA

Gustar

(Ver resumen gramatical, apartado 29)

Formación de palabras

Prefijos: formación de contrarios
- maduro → inmaduro
- paciente → impaciente
- reflexivo → irreflexivo

(Ver resumen gramatical, apartado 27.2)

Sufijos: formación de sustantivos a partir de adjetivos
- constante → constancia
- superficial → superficialidad
- tímido → timidez
- cobarde → cobardía
- exagerado → exageración

(Ver resumen gramatical, apartado 27.1.2)

Tener la impresión/sensación de que + indicativo

Tener (a alguien) por + adjetivo

Oraciones consecutivas: *tan/tanto/tantos/... que...*
(Ver resumen gramatical, apartado 28)

Me entusiasma / fascina / apasiona / gusta / encanta / vuelve loco + que + subjuntivo

(Ver resumen gramatical, apartado 29)

Detesto / odio / no soporto + que + subjuntivo
Me molesta / disgusta / horroriza / da asco + que + subjuntivo
No hay nadie que + subjuntivo
No hay quien + subjuntivo
(Ver resumen gramatical, apartado 16.6)

¡Qué divertido/gracioso + que + subjuntivo!
Me divierte/entretiene + que + subjuntivo
(Ver resumen gramatical, apartado 16.7)

Me aburre que + subjuntivo
¡Qué rollo + infinitivo!
¡Qué rollo que + subjuntivo!
(Ver resumen gramatical, apartado 16.8)

Verbos de cambio:
Volverse / convertirse en / convertirse a / llegar a ser/ hacerse
(Ver resumen gramatical, apartado 30.1)

Posición del adjetivo
un actor único – un único actor

Una entrevista a un psiquiatra español

1 **Lee estas respuestas que dio el psiquiatra Enrique Rojas en una entrevista que le hicieron sobre la
a amistad. Pregúntale al profesor qué significa lo que no entiendas.**

A. Cuatro o cinco amigos íntimos. No más. Por falta de tiempo y porque la amistad exige una exclusividad. El amigo de verdad quiere que tú seas muy suyo.

B. Un sentimiento positivo que tiene tres componentes básicos: afinidad, intimidad y donación (capacidad para dar y recibir amor).

C. Fructíferas, positivas, refrescantes. No es lo mismo la gente a la que vemos a menudo que gente a la que vemos de vez en cuando. La amistad íntima es como la curación de todos los males. Es como tener un psiquiatra a mano, para contarle las penas y alegrías, las dudas.

D. La indiferencia, la incapacidad para comunicarse, los prejuicios y no ser capaces de aceptar un diálogo sobre temas en los que hay desencuentro. Y, sobre todo, pasar del amor al odio.

E. La mayoría de las amistades, entre el 80 y el 90 %, se quedan en la banda media: gente con la que hay buena relación, pero donde existen territorios en los que uno no permite entrar al otro.

F. La amistad se hace de confidencias y se deshace con indiscreciones. Y se diluye por no verse, por no llamarse, por no cuidarla.

G. Del amor al odio hay un paso. Los grandes amigos se conocen los defectos y, si hay una traición, se pasa al odio.

H. Hablar con claridad y exponer lo que ha pasado: una mala interpretación o una frase desafortunada. El perdón también es necesario. Dar o recibir el perdón, y luchar para olvidar.

I. Crear una mitología privada con alguien. Es decir: "No entiendo la vida sin ti. Eres parte fundamental de mi proyecto". Es encontrarse a sí mismo fuera de sí mismo.

J. La amistad entre hombre y mujer es sugerente. Y a veces tiene el riesgo de que de ese encuentro salte la chispa del enamoramiento.

El Periódico (adaptado).

b Lee las preguntas de la entrevista a Enrique Rojas y relaciónalas con las respuestas del apartado anterior.

1. ¿Qué es la amistad?

2. ¿Cuántos amigos se pueden tener a lo largo de la vida?

3. Pero hay distintas categorías de amigos.

4. ¿Cómo tendrían que ser las amistades de la banda media-alta?

5. ¿Por qué se pierden amistades?

6. ¿Cuáles son las enfermedades de la amistad?

7. Es curioso con qué facilidad se pasa de amigos a enemigos.

8. ¿Qué hacer ante el peligro de ruptura de una amistad?

9. Hoy las mujeres tienen más amigos que antes.

10. ¿Qué es enamorarse?

1. ...B.. 2. ...... 3. ...... 4. ...... 5. ...... 6. ...... 7. ...... 8. ...... 9. ...... 10. ......

c Escribe un mínimo de tres ideas de la entrevista con las que estés de acuerdo o que te hayan llamado la atención.

A lo largo de la vida se pueden tener cuatro o cinco amigos íntimos.

d Coméntalas con tus compañeros. ¿Tenéis ideas parecidas sobre la amistad?

Lenguaje coloquial

1 Lee este texto y averigua qué significa lo que no entiendas.

a

La mayoría de los chicos de mi curso que viven en la casa paterna (y son muchos, porque está la vida muy achuchada para instalarte por tu cuenta) no conversan con sus padres. En el mejor de los casos: «Buenos días», «Buenas noches», «¿Qué hay de comer?», «Pon la tele» y para de contar. En el peor de los casos, broncas diarias sobre temas como «Estas no son horas», «¿Dónde vas con esas pintas?», «Yo, a tu edad», etc.

En mi casa, en cambio, *hablamos*. Y permitidme que subraye esta palabra con un énfasis especial. *Hablamos*. En seguida comprenderéis por qué lo digo así.

Mi padre es una bellísima persona. Exseminarista, de sus años místicos conserva un afán desmedido por ayudar a los demás, francamente digno de elogio en los tiempos que corren. Acaso no posea más que un defecto, y ese es un deseo insaciable por perseguir y conocer la verdad.

Es un firme defensor de la franqueza. Cree que la mejor y única forma de consolidar una familia es erradicando de ella todo secreto y tapujo. Está convencido de que hablando se entiende la gente y no se corta ni un pelo a la hora de interrogar exhaustivamente a quien sea con tal de enterarse del último detalle de todo. Y jamás ha aceptado una evasiva como respuesta.

Quiero decir con todo esto que mi padre es una bellísima persona, pero hay que reconocer que también es un poco pesado. Cargante. Un plomo insufrible.

El día en que se me ocurrió decir en casa que salía con una chica, mi padre me hizo aproximadamente setenta y cinco preguntas de una sentada. Empecé a contarlas cuando ya me había hecho unas veinticinco y me desconté al llegar a cincuenta y dos, o sea, que, más o menos, me fusiló con setenta y cinco preguntas. Cuando rompí con aquella chica, mi primera novia, me formuló ciento veintisiete preguntas, una detrás de otra, antes de que exclamase: «Bueno, vale ya». Y eso provocó una segunda tanda que empezaba por «¿Qué significa "vale ya"?» (una), «¿No quieres contármelo?» (dos), «¿Es que tienes algo que ocultar?» (tres), «¿Te avergüenzas de algo?» (cuatro), y así hasta treinta y ocho.

ANDREU MARTÍN: *Cero a la izquierda.*

b **Fíjate en lo que significan en el texto las palabras y expresiones de la izquierda y relaciónalas con las de la derecha.**

1. achuchada
2. y para de contar
3. bronca
4. estas no son horas
5. pintas
6. una bellísima persona
7. afán
8. desmedido
9. elogio
10. insaciable
11. franqueza
12. no cortarse ni un pelo
13. una evasiva
14. cargante
15. plomo
16. de una sentada

A. sinceridad
B. deseo muy fuerte
C. alguien muy bueno
D. difícil
E. alabanza
F. y nada más
G. discusión fuerte
H. de una vez
I. molesto
J. una excusa
K. aspecto
L. atreverse a hablar
M. desproporcionado
N. pesado
Ñ. imposible de satisfacer
O. es demasiado tarde

c **Observa cómo describe el protagonista a su padre y anota palabras y frases en el cuadro.**

Cualidades positivas	Defectos

d **Cierra el libro y escribe una descripción del carácter del padre.**

e **Relaciona las dos mitades de estas frases, en las que hay algunas palabras o expresiones coloquiales.**

1. Como la vida está tan **achuchada**,...

2. No soporto a mi vecino, es un impresentable. El otro día me hizo una jugada, me enfadé y...

3. ¡Mira que Ana es curiosa y decidida! Cuando quiere saber algo,...

4. Un compañero mío es una bellísima persona, pero tiene un defecto: empieza a hablar y no para,...

5. Ayer empecé una novela y estaba tan interesante que...

A. ... me leí más de cien páginas **de una sentada**.

B. ... he tenido que reducir algunos gastos para poder llegar a fin de mes.

C. ... se lo pregunta a cualquiera, **no se corta ni un pelo**.

D. ... tuve una **bronca** con él.

E. ... es un auténtico **plomo**.

f **Utiliza esas palabras y expresiones para escribir frases con informaciones verdaderas o falsas. Luego, díselas a tu compañero para ver si adivina si son verdaderas o falsas.**

10 Estados físicos y anímicos

OBJETIVOS

- Expresar estados físicos y anímicos
- Expresar sentimientos
- Hablar de cambios de estado anímico
- Expresar nerviosismo
- Expresar enfado
- Expresar alegría
- Expresar tristeza
- Expresar vergüenza
- Expresar miedo
- Describir físicamente a una persona

1

a ¿Qué efectos crees que puede tener la risa en la salud de las personas? ¿Puedes decir alguno?

b Lee el artículo rápidamente y comprueba si se hace referencia en él a lo que habéis comentado.

LOS EFECTOS TERAPÉUTICOS DE LA RISA

Debe de ser por el estrés que provoca el actual ritmo de vida, o por las preocupaciones que quien más, quien menos tiene en su cabeza, pero el caso es que cada vez nos reímos menos. Una verdadera lástima, porque la risa reporta numerosos beneficios al ser humano, algunos de los cuales citaremos. Por algo la sabiduría popular ha considerado siempre que las personas risueñas y de buen humor son felices y gozan de buena salud.

El primer beneficio consiste en el hecho de que una risa franca permite ejercitar una magnífica gimnasia. Una gimnasia no solo facial: al abrir la boca se contraen los músculos de la cara, mientras que los del resto del cuerpo liberan las tensiones acumuladas y se relajan casi por completo. Se trata, por tanto, de un ejercicio suave y profundo que apenas requiere esfuerzo, indicado para todos, pero muy especialmente para aquellas personas nada partidarias de la gimnasia tradicional. En este sentido conviene recordar que, según el psiquiatra William Fry, cinco minutos de risa equivalen a cuarenta y cinco minutos de ejercicios aeróbicos.

Está demostrado asimismo que reír es un poderoso antídoto contra el insomnio. Más de un insomne acostumbrado a pasar muchas noches sin pegar ojo ha comprobado cómo, tras una velada en la que se ha reído mucho, ha sido capaz de dormir a pierna suelta. Esto se explica porque la risa contribuye a eliminar tensiones y hace que los músculos del individuo queden en un estado de relajación que induce al sueño.

Una buena carcajada hace mover cuatrocientos músculos en todo el cuerpo y mejora la digestión al hacer vibrar el hígado, combate el estreñimiento, favorece la oxigenación de la sangre y estimula su circulación y la respiración, y fortalece el corazón. Además, evita la aparición de pensamientos obsesivos y ayuda a superar inquietudes, angustia y ansiedad.

Si se pudiera prescribir igual que si se tratara de una medicina, a buen seguro que muchos médicos recetarían unos minutos de risa repartidos a lo largo del día a las personas melancólicas o que incluso tienen tendencia a la depresión. Pero sabemos que, con receta o sin ella, hacer un uso más intensivo del sentido del humor le sienta estupendamente a cualquiera.

Y. Pérez-Fajardo: *Tribuna* (adaptado).

c ¿Cuáles de los beneficios citados en el texto te parecen más destacables? Coméntalo con tus compañeros.

d Y tú, ¿te ríes mucho a lo largo del día? ¿En qué situaciones y con qué tipo de personas te ríes más? Díselo a la clase.

2 Asegúrate de que entiendes estas expresiones.

a

Estar	a	gusto
		disgusto
	de	broma
		buen/mal humor
		baja
		los nervios
	en	baja forma
		tensión
	hasta las narices	
	hecho/-a polvo	
No estar para bromas		

b ¿Cuáles de las expresiones del apartado anterior se usan para referirse a estados físicos? ¿Y a estados de ánimo? Algunas pueden usarse en ambos casos. ¿Con cuáles asocias la risa?

c ¿Puede servir alguna de esas expresiones para referirte a algún estado físico o de ánimo que sientes actualmente?

Yo estoy muy a gusto en esta clase. Me encuentro estupendamente con vosotros.

Pues yo hoy estoy de muy buen humor, mejor que ayer, que estaba hecha polvo porque había madrugado mucho y no había descansado lo suficiente.

3
a Selecciona las expresiones de la actividad 2a que utilizamos para describir estados negativos. Piensa cómo reaccionas cuando te encuentras así y qué haces para superar esos estados. Luego, escríbelo.

Cuando estoy de mal humor, lo que hago muchas veces es procurar no darle demasiada importancia al motivo de mi enfado. Trato de distraerme ocupándome o entreteniéndome con cualquier cosa para no darle muchas vueltas al asunto.

b Compáralo con lo que ha escrito un compañero. ¿Haces lo mismo que él?

4 **Lee las siguientes frases y responde a las preguntas con un compañero.**

> ● Dormir una siestecita es muy relajante.

> ● La verdad es que ahora estoy muy relajada.

- ¿Qué palabra se usa para describir el estado de una persona?
- ¿En qué caso se ha utilizado el verbo *estar*? ¿Puedes decir dos verbos que podrían emplearse en su lugar?
- ¿Qué otro verbo podemos usar en lugar de *ser* en la otra frase?

5 **Con estos verbos podemos hablar de estados físicos o anímicos. Completa estos cuadros con los adjetivos y participios que faltan.**

-AR		
Verbo	Adjetivo	Participio
relajar	relajante	relajado/-a
agobiar	agobiante	agobiado
estimular	estimulante	estimulado
emocionar	emocionante	emocionado
ilusionar	ilusionante	ilusionado
preocupar	preocupante	preocupado
indignar	indignante	indignado
frustrar	frustrante	frustrado
estresar	estresante	estresado
fascinar	fascinante	fascinado
alucinar	alucinante	alucinado
irritar	irritante	irritado
alarmar	alarmante	alarmado
desconcertar	desconcertante	desconcertado

-ER, -IR		
Verbo	Adjetivo	Participio
deprimir	deprimente	deprimido/-a
sorprender	sorprendente	sorprendido
herir	heriente	herido

6 **Elige las palabras de la actividad 5 que te parezcan más útiles o difíciles y escribe frases con ellas.**
a **Procura utilizarlas en un contexto muy claro.**

1. A mí me resulta muy estimulante que me digan que está bien lo que hago.
2. Puede ser muy frustrante tener muchas ganas de hacer algo y no poder hacerlo.

b **Trabaja con un compañero. Dile, en cada caso, toda la frase que has escrito excepto la palabra del apartado 5, que él debe adivinar.**

- A mí me resulta muy... que me digan que está bien lo que hago.
- ○ Estimulante.

7 **Comenta algunos sentimientos y sensaciones que tienes o has tenido como estudiante de español. Comprueba si les ha ocurrido lo mismo a tus compañeros.**

Antes me resultaba desconcertante que a veces la gente no entendiera lo que yo quería decir y, entonces, me callaba. Lo que hago ahora, cuando veo que no me entienden, es intentar decir lo mismo de otra forma, con otras palabras, pero no me quedo callado.

Ser-estar: adjetivos con distintos significados

8 a **Lee las frases y busca sinónimos de estas palabras y expresiones (los verbos están conjugados).**

- egoísta • vanidoso • inteligente • insípida • que presta atención • preparada • de pelo oscuro
- considerado • sin gracia • tener interés • fuerte • no blando • tener la piel bronceada
- sentir satisfacción por algo o alguien • obsceno • inexperto

1. Yo ya **estoy lista** para salir, ¿y tú?

2. ¡Pero qué **listo es** este niño! ¡Con qué facilidad aprende las cosas!

3. Mira que Victoria **es interesada**, ¿eh? Lo quiere todo para ella.

4. **Estoy muy interesada** en saber todo lo que pasó para tomar las medidas oportunas.

5. Gracias por **ser tan atento** conmigo y tratarme con tanta amabilidad.

6. Claro, como no **estás atento,** no te enteras de lo que te digo.

7. La verdad, para mí, Rubén **es un poco soso**. En cambio, su hermano es muy gracioso.

8. Esta sopa **está un poco sosa;** le falta sal.

9. Como **es tan duro,** supera todo tipo de adversidades y, luego, consigue lo que quiere.

10. ¡Qué **duro está** este pan! ¿De qué día será?

11. ¡Pero qué **orgulloso es** David! Se cree mejor que nadie.

12. **Estoy muy orgulloso** de mi hijo. Tiene muy buenos sentimientos y saca unas notas buenísimas.

13. Aunque sus padres son muy rubios, ella **es morena**.

14. **Estás moreno;** este fin de semana has tomado el sol, ¿eh?

15. Lleva tan poco tiempo en ese trabajo y es todo tan nuevo para él que aún **está un poco verde**.

16. Como sé que **eres un poco verde,** te voy a contar un chiste verde que te va a gustar.

b Observa en las frases cómo se usan los verbos *ser* y *estar* con los adjetivos y completa el cuadro con los significados que tienen esos adjetivos según se usen con un verbo u otro.

	Ser	Estar
listo	inteligente	preparado
interesado		
atento		
soso		
duro		
orgulloso		
moreno		
verde		

9
a Completa estas frases con expresiones con *ser* o *estar* vistas en la actividad anterior.

1. Maribel nos trata a todos con tanta arrogancia porque ..es una orgullosa..

2. No me gusta quedar con Félix porque no tiene nada de gracia y .... Es aburridísimo estar con él.

3. Clara no hace nunca nada a cambio de nada. Siempre hace las cosas buscando su propio beneficio porque ....

4. Se nota que vives en un sitio con playa y mucho sol: ....

5. Cuando quieras, empezamos; yo ya ....

6. A mí, el plato que hemos comido me ha gustado, aunque a Mercedes le ha parecido que ....

7. Todavía no conozco bien mi nuevo trabajo y me siento bastante inseguro en él: .... y necesito adquirir experiencia.

8. Has conseguido superar todos esos contratiempos porque .... Otro no habría podido.

9. ¡Cómo le gusta hablar de sexo a Marga! Yo creo que ....

10. ¡Pero qué .... Julia! Siempre nos trata con mucha educación y delicadeza.

b Ahora escribe tú frases sobre personas que conozcas.

Mi abuelo está aprendiendo a bailar tangos y, aunque ya baila, está un poco verde aún. Por eso dice que va a echarse una novia argentina para practicar y mejorar.

Sentimientos y cambios de estado

10
a
Intenta formar expresiones con elementos de las dos columnas y anótalas. Luego, comprueba con el diccionario.

dar
poner
hacer

nervioso/-a *poner*
risa *dar*
enfermo/-a *poner*
pánico *dar*
gracia *hacer*
miedo *dar*
contento/-a *poner*
histérico/-a *poner*
igual *dar*
terror *dar*
furioso/-a *poner*
ilusión *hacer*
de buen/mal humor *poner*
triste *poner*
vergüenza *dar*
rabia *dar*

b Fíjate en estas frases y di cuándo utilizamos el subjuntivo.

- Me pone de mal humor llegar tarde a las citas.
- Me pone de mal humor que la gente llegue tarde a las citas.
- Ayer me puso de muy mal humor que Maite llegara tan tarde.

- Me hace mucha gracia escuchar cosas así.
- Me hace mucha gracia que me cuentes cosas así.
- El otro día me hizo mucha gracia que me dijeras eso.

11
a
¿Con cuáles de estas frases te identificas?

Antes me daba pánico que me hicieran hablar en público.

A mí me pone muy nerviosa que no me escuchen cuando hablo.

Hace poco me hizo mucha ilusión que el profesor me dijera que estoy mejorando bastante.

A mí me da rabia que cada vez sea más difícil hacer buenos amigos.

Antes me daba igual que la bolsa subiera o bajara... y ahora también me da igual.

A mí me pone de buen humor empezar el día escuchando música.

Me pone enferma que la gente sea malpensada.

A mí me emociona que me hablen bien de mis hijos.

Yo me pongo muy contento cuando algún amigo me hace una visita sorpresa, sin avisarme.

Cuando era pequeño, me daba miedo que me amenazaran con el coco.

b Cambia lo que quieras en las frases con las que no te identificas, de manera que expresen tus propias reacciones y sentimientos.

12 Observa las ilustraciones. ¿Qué sentimientos te producen esos comportamientos?

a

A

B

C

D

E

F

b **3|5** Escucha seis conversaciones. ¿A qué ilustración del apartado anterior hace referencia cada una?

c **3|6** Vuelve a escuchar las conversaciones. ¿Qué sentimientos generan esas acciones en los hablantes? ¿Coinciden con los tuyos?

13 Completa estas frases expresando reacciones y sentimientos tuyos.

a

1. .... malinterpreten lo que he dicho o hecho y lo critiquen.
2. .... finjan ante mí sabiendo yo que están fingiendo.
3. .... me regalaran cosas por haberme portado bien.
4. .... me tomaran el pelo y me engañaran.
5. Me hace mucha gracia que ....
6. Me pone nervioso/-a que ....
7. Antes me daba rabia que ....
8. De pequeño/-a, me hacía mucha ilusión que ....

b Coméntalas con tus compañeros. ¿Coincides con alguno de ellos?

14 ¿Conoces bien a tu compañero? Escribe el mayor número posible de frases expresando las reacciones que creas que provocan o provocaban en él ciertos hechos o actitudes.

a

> Antes, a Paul le ponía muy triste que su equipo perdiera, pero ahora casi le da igual que gane o pierda.
> Ahora le pone muy nervioso que le metan prisa para hacer las cosas.

b Díselas para que te confirme cuáles son ciertas e informa a la clase de las reacciones adivinadas.

Estrategias de aprendizaje

15 Piensa en situaciones que te provocan estrés cuando utilizas el español, en las causas, y en lo que haces o en lo que crees que deberías hacer para evitarlo.

a

b Díselo a tus compañeros y averigua si les ocurre lo mismo a ellos y qué hacen o qué harían en esas situaciones. Anota las ideas que te parezcan interesantes y trata de ponerlas en práctica en el futuro.

Descripción física de personas

1 **a** Lee estas palabras y busca en el diccionario tres que no conozcas.

- mejilla • barbilla • frente • ceja • pestaña • cana • arruga • cicatriz • ojera
- peca • grano • lunar • patilla • perilla • tatuaje • melena • bulto • *piercing*

b Pregúntales a tus compañeros el significado de las restantes que no conozcas.

c Observa esta cara y escribe cada una de esas palabras en la parte correspondiente.

2 Lee la descripción de la cara de esta persona y comprueba qué coincidencias hay con la cara de la actividad anterior.

De cara alargada y estrecha y piel morena, tiene la nariz bastante chata, la boca más bien pequeña, los labios finos, los ojos oscuros y profundos, y las orejas bastante grandes. De espeso cabello castaño, le están saliendo algunas canas y tiene una larga melena que a menudo lleva recogida en una coleta. En la frente le han salido unas pecas y algunas arrugas. Tiene las cejas negras no muy pobladas y las pestañas largas. Últimamente le han salido ojeras y tiene un lunar en la mejilla izquierda a la altura de la punta de la nariz. En la mejilla derecha tiene una cicatriz casi invisible que se hizo en un accidente que tuvo de pequeño. En la parte izquierda del cuello se ha hecho hace poco un tatuaje y al lado le ha salido un grano. Lleva barba de unos días y perilla, y se está dejando crecer patillas muy finas. De aspecto pálido y mirada cálida y serena, apenas abre la boca cuando se ríe. Aunque en los últimos años ha envejecido y se ha quedado bastante delgado, sigue siendo un hombre atractivo que conserva un tipo envidiable que para sí quisieran muchas personas bastante más jóvenes que él.

A los dos les han salido arrugas en la frente.

3 Observa cómo se utilizan en el texto los verbos *salir*, *dejarse*, *hacerse* y *quedarse*, y completa las columnas con estas palabras.

- perilla - un bulto - un lunar - una herida - calvo - melena - una operación
- flequillo - unas manchas - la raya (del pelo) en medio

Salir	Dejarse (crecer)	Hacerse	Quedarse
canas pecas arrugas ojeras un grano	patillas	una cicatriz un tatuaje	delgado

4 ¿Tienes buena memoria? Lee la descripción de nuevo y cierra el libro. Escribe el mayor número posible de frases sobre esa persona. Luego, comprueba con tu compañero quién tiene más frases correctas.

> Se ha hecho un tatuaje en el cuello.

Dictado de imágenes

5 En parejas.

a

Alumno A
Termina de dibujar detalladamente el rostro de esta persona a lápiz. Luego, descríbeselo a tu compañero.

Alumno B
Escucha la descripción que va a hacer tu compañero y dibuja todo lo que él te diga.

b Comparad los dos dibujos y comprobad si coinciden.

c Borrad lo que habéis dibujado y cambiad de papel para realizar de nuevo la actividad.

6 ¡Es mentira! Piensa en una persona que conozcas tú, pero no tu compañero. Escribe una descripción
a detallada de su rostro e incluye algunas informaciones falsas.

b Intercámbiala con tu compañero para que la corrija e intente descubrir las informaciones falsas (puedes decirle cuántas son). Luego, comprobad quién ha descubierto más.

Recuerda

Expresar estados físicos y anímicos
- Hoy estoy hecho polvo: estoy cansadísimo y me duele todo.
- Después del baño, siempre me encuentro muy relajada.
- Lo siento, pero hoy no estoy para bromas.

Expresar sentimientos
- Me resulta verdaderamente emocionante hacer ese viaje de aventuras.
- Cuando me dicen esas cosas me siento muy emocionado, soy un sentimental.

Hablar de cambios de estado de ánimo
- Me pone enferma que no me escuchen cuando hablo.
- Antes me daba pánico que me hicieran hablar en público.
- Me hace mucha ilusión verte.
- Le hizo mucha ilusión que le dieras el regalo.

Expresar nerviosismo
- Me pone nervioso que me mires de esa forma, sabes que no me gusta nada.

Expresar enfado
- A mí me pone de mal humor que me hagan bromas pesadas.
- A Miguel le dio mucha rabia que no lo invitaran a la merienda.

Expresar alegría
- Me pone de buen humor que haga tan buen tiempo.
- Me hizo mucha ilusión que me hicieran esa fiesta.

Expresar tristeza
- Me puso muy triste que me suspendieran tan injustamente.

Expresar vergüenza
- A Blanca le da mucha vergüenza que le digan que hace bien las cosas.
- Todos nos avergonzamos de hacer algunas cosas.

Expresar miedo
- De pequeño me daba pánico que me pusieran inyecciones.

Describir físicamente a una persona
- ¡Cómo ha cambiado Borja! Se ha dejado patillas, se ha hecho un tatuaje, le han salido algunas canas y se ha quedado bastante delgado.

Expresiones con *estar* + preposición + sustantivo
(*estar a gusto, estar de broma, no estar para bromas...*)
(Ver resumen gramatical, apartado 8.2)

Adjetivos derivados de verbos
(*emocionante, agobiante...*)
Ser/resultar + adjetivo + infinitivo
Ser/resultar + adjetivo + *que* + subjuntivo
Estar/sentirse/encontrarse + participio
(Ver resumen gramatical, apartado 8.2)

***Ser-estar*: adjetivos con distintos significados**
(Ver resumen gramatical, apartado 8.3)

Me pone nervioso/histérico + *que* + subjuntivo
(Ver resumen gramatical, apartado 16.9)

Me pone furioso / de mal humor + *que* + subjuntivo
Me da rabia que + subjuntivo
Me enfada/fastidia/indigna + *que* + subjuntivo
(Ver resumen gramatical, apartado 16.10)

Me pone contento/de buen humor + *que* + subjuntivo
Me hace ilusión que + subjuntivo
(Ver resumen gramatical, apartado 16.1)

Me pone triste que + subjuntivo
(Ver resumen gramatical, apartado 16.2)

Me da vergüenza que + subjuntivo
Me avergüenzo de + infinitivo
(Ver resumen gramatical, apartado 16.11)

Me da pánico/terror/miedo + *que* + subjuntivo
Tengo miedo a/de que + subjuntivo
(Ver resumen gramatical, apartado 16.12)

Dejarse (crecer) / Hacerse / Salir (a alguien) + sustantivo
Quedarse + adjetivo
(Ver resumen gramatical, apartado 30.2)

La cumbia, música colombiana

1 **a** ¿Sabes en qué zona de Colombia tuvo su origen la cumbia? Escucha la canción y lee la letra. Luego, señala en el mapa de ese país tres ciudades importantes a las que se hace referencia.

🎧 3|7

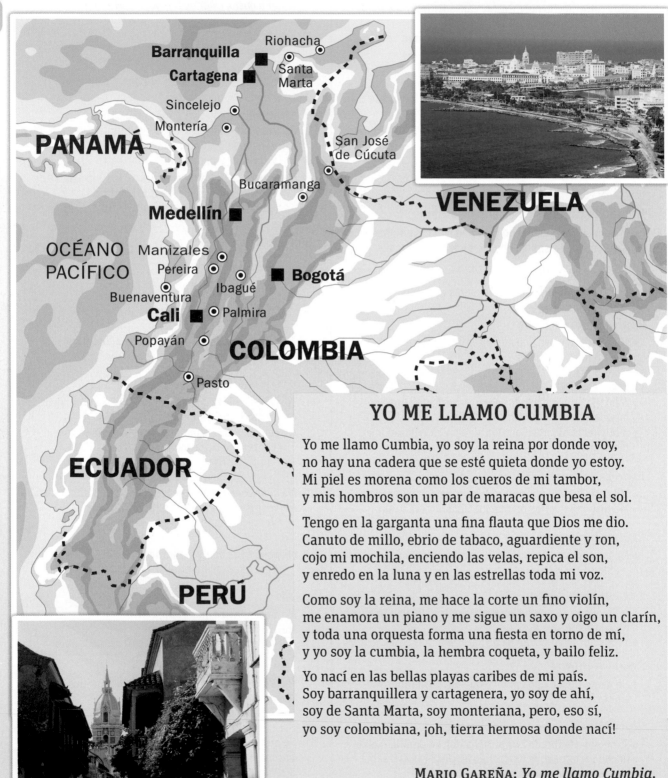

Riohacha

Barranquilla
Cartagena
Santa Marta

Sincelejo
Montería

PANAMÁ

San José de Cúcuta

Bucaramanga

Medellín

VENEZUELA

OCÉANO
PACÍFICO

Manizales
Pereira
Ibagué   **Bogotá**
Buenaventura
Cali Palmira
Popayán

COLOMBIA

Pasto

ECUADOR

PERÚ

YO ME LLAMO CUMBIA

Yo me llamo Cumbia, yo soy la reina por donde voy,
no hay una cadera que se esté quieta donde yo estoy.
Mi piel es morena como los cueros de mi tambor,
y mis hombros son un par de maracas que besa el sol.

Tengo en la garganta una fina flauta que Dios me dio.
Canuto de millo, ebrio de tabaco, aguardiente y ron,
cojo mi mochila, enciendo las velas, repica el son,
y enredo en la luna y en las estrellas toda mi voz.

Como soy la reina, me hace la corte un fino violín,
me enamora un piano y me sigue un saxo y oigo un clarín,
y toda una orquesta forma una fiesta en torno de mí,
y yo soy la cumbia, la hembra coqueta, y bailo feliz.

Yo nací en las bellas playas caribes de mi país.
Soy barranquillera y cartagenera, yo soy de ahí,
soy de Santa Marta, soy monteriana, pero, eso sí,
yo soy colombiana, ¡oh, tierra hermosa donde nací!

MARIO GAREÑA: *Yo me llamo Cumbia.*

b
Escucha y lee otra vez. Fíjate en las palabras nuevas. ¿Puedes deducir el significado de algunas de ellas porque son parecidas en tu lengua o por el contexto? En caso negativo, búscalas en el diccionario. Anota cada una en la columna correspondiente.

3|8

Parecidas	Contexto	Diccionario

2 **a** Lee este texto sobre la cumbia.

ORIGEN DE LA CUMBIA

La cumbia, el ritmo colombiano por excelencia, ha sido descrito como "la madre de todos los ritmos". Los especialistas encuentran en ella elementos indígenas, españoles y africanos. Desde sus primeros días fue una música campestre y popular, cultivada por los sectores más humildes de la población. Estuvo unida siempre a las fiestas de los poblados de las zonas rurales, a los carnavales, y sus temas han sido verdaderas crónicas del ser humano y del medio en el que vive. El canto, la interpretación musical y el baile cumbiamberos tuvieron su marco adecuado junto al mar, en las noches calurosas. Cuando baila la cumbia, el hombre lleva pantalón largo, camisa y el sombrero de la región, y va descalzo. Las mujeres usan faldas muy anchas y largas, casi todas blancas o de colores muy vivos, blusas escotadas y mangas cortas.

El baile, de estilo típico, autóctono, es muy pintoresco y tiene un hermoso colorido. Se interpreta a cielo abierto, alrededor de los músicos. El hombre invita a la mujer, quien baila en círculos alrededor de su compañero y ambos se desplazan alrededor de la orquesta que los acompaña.

HELIO OROVIO: *Música por el Caribe* (adaptado).

b Escribe informaciones verdaderas o falsas sobre el texto. Pásaselas a tu compañero para que diga si son verdaderas o falsas.

3 ¿Te gusta algún otro tipo de música popular? ¿Con qué instrumentos se interpreta? ¿Se baila con un traje típico? Díselo a tus compañeros.

¡Qué prisa tienes!

 1 a Lee este texto incompleto y pregúntale al profesor qué significa lo que no entiendas.

¡QUÉ PRISA TIENES!

Cada vez hacemos las cosas más deprisa, como si fuera una condición impuesta por la vida moderna. ¿O tal vez se ha convertido ya en una necesidad? Los medios de transporte han evolucionado tanto que (1) .... Lo cual es muy positivo, indudablemente, pero se da una paradoja: resulta curioso que, siendo el exceso de velocidad la principal causa de muertes en la carretera, eso no sea impedimento para que cada vez se fabriquen coches más veloces ni para que se construyan infraestructuras donde se pueda correr más.

La velocidad está presente también en las nuevas comunicaciones. La banda ancha para conectarse a internet y la necesidad de navegar muy rápidamente son dos buenas muestras de ello. En vez

de reclamar que se reduzcan las tarifas muchas veces abusivas de las conexiones, los ciudadanos, aleccionados por las operadoras, que se hacen de oro, (2) .... Unos archivos de música o vídeo de los que no siempre será posible disfrutar por carecer del tiempo necesario para hacerlo.

El descanso y las vacaciones tampoco escapan a ese afán de vivir aceleradamente. Para pasar unos días o semanas donde sea, nada mejor que apuntarse a los muy acertadamente denominados "circuitos turísticos" que (3) ...., eso sí, siempre con alguna tarde libre "para compras".

En otros ámbitos de la vida la rapidez también se impone: nos dan comida rápida, se organizan concursos de pintura rápida, se imparten cursos de lectura rápida y (4) .... (con el léxico suficiente para poder comprar recuerdos en los circuitos turísticos).

Los medios de comunicación también se alimentan de eso que se llama actualidad, y las noticias aparecen un día y desaparecen al siguiente. A la repentina catástrofe humanitaria le sigue, solapándola, la desgraciada lesión del héroe nacional del balón o (5) .... Por otra parte, aspectos de la vida relacionados con la educación y la cultura, que se adquieren con lentitud, (6) ....

Ante esa aceleración que se impone en tantas cosas de la vida cotidiana no estaría de más (7) .... Y a todo el que trate de meternos prisa sin que exista necesidad de esa premura, habría que responderle con ese dicho popular que tantas veces choca e irrita a los estresados habitantes de las modernas urbes: "¡Qué prisa tienes!".

Lupio Bordecórex: *Cardos y avispas* (adaptado).

b **Complétalo con estas frases.**

A. La ruptura matrimonial de una famosa de la prensa rosa.

B. Demandan que se les aumente la velocidad de descarga de archivos.

C. Están hoy día devaluados frente a la necesidad de movilidad y rapidez.

D. Se venden libros para aprender idiomas en una semana.

E. Podemos llegar a ahorrar mucho tiempo en nuestros desplazamientos.

F. Ofrecen una visita relámpago a cualquier país exótico.

G. Reivindicar la parsimonia de aquellas zonas rurales o aquellos países donde todavía se puede saborear la vida a un ritmo más lento.

c **Busca en el texto derivados de estas palabras.**

carga

romper

duda

acierto

estructura

abuso

sabor

acelerar

matrimonio

estrés

rápido

valor

repente

lección

prisa

lento

d **Piensa en las respuestas a estas preguntas y coméntalas con tus compañeros.**

- ¿Con qué ideas del texto te identificas más?
- ¿Hay alguna que te parezca polémica o exagerada? Arguméntalo.
- ¿Haces tú muchas de las cosas citadas en el texto?

  - Yo estoy totalmente de acuerdo con la idea principal del texto, pues es verdad que… Sin embargo, no estoy tan de acuerdo con lo de que…; es más, me parece una idea muy equivocada porque…
  - Pues yo, en líneas generales, estoy de acuerdo con lo que se dice en el texto y no comparto tu opinión sobre eso de que… porque…

XI Certamen Nacional de
Pintura Rápida de Oscos
Sábado 6 de Noviembre de 2010
VILLANUEVA DE OSCOS

11 De vacaciones

OBJETIVOS

- Expresar preferencia
- Expresar requisitos
- Expresar condiciones imprescindibles
- Expresar una condición por la que no se realiza una acción
- Expresar deseos poco probables o imposibles
- Quejarse y reclamar
- Disculparse
- Redactar una carta de reclamación: explicar los motivos; expresar una petición; rogar; despedirse

1 Comenta con tus compañeros las respuestas a estas preguntas.

a

- ¿Dónde están las ruinas de Machu Picchu?
- ¿Con qué cultura precolombina las relacionas?
- ¿Hace mucho que son famosas?
- ¿Qué sabes de ellas?

b Lee este texto sobre Machu Picchu y comprueba.

MACHU PICCHU

La imponente ciudad de Machu Picchu fue edificada por los incas en la cima de una montaña de los Andes peruanos, cerca de Cuzco. Herederos de diversas civilizaciones andinas, los incas alcanzaron un elevado nivel cultural y crearon un gran imperio. Fueron maestros en la arquitectura monumental, en la utilización de grandes bloques de piedra que encajaban perfectamente.

Machu Picchu es una de las muestras más relevantes y conocidas de su cultura. Su aspecto causa asombro; al contemplarla, uno se pregunta cómo pudieron los incas labrar y subir hasta allí aquellas enormes piedras en una región en la que no había caballos ni bueyes y sin emplear el hierro, la rueda ni la polea. Cómo se construyó y para qué son preguntas que nos hacemos mientras admiramos fascinados esa maravilla como si se tratara de una visión sobrenatural.

La ciudad está rodeada por una muralla, tiene forma de anfiteatro triangular y consta de 150 edificaciones vacías, terrazas, caminos y escalinatas. Desde la base estrecha hasta la parte más alta y extendida se va abriendo como un abanico. Por todos lados, como una guardia sobrehumana, asoman los picos cónicos de la cordillera rodeando ese escenario inaccesible. En sus alrededores se encuentran unas pendientes muy empinadas dispuestas en terrazas aprovechadas para el cultivo, diversos canales de riego, puentes colgantes sobre ríos caudalosos, minas y centros para trabajar los metales. Las ruinas de la ciudad son uno de los enigmas arqueológicos más bellos y fascinantes del planeta.

Tras la caída del imperio inca, una salvaje vegetación invadió los templos, acueductos, fuentes, tumbas y terrazas de Machu Picchu, y permaneció así durante casi cuatro siglos. Solamente la gente de la zona y algunos investigadores sabían de su existencia, hasta que en 1911 llegó a ella el arqueólogo estadounidense Hiram Bingham, a la cabeza de una expedición de la Universidad de Yale, y la dio a conocer al resto del mundo.

c **Busca en el texto las palabras que significan:**
- que impresiona porque tiene un tamaño o una calidad mayores de lo normal • construida
- parte más alta de una montaña • ejemplo • gran admiración o sorpresa • mirar • está formada por
- escaleras exteriores amplias y artísticas • empiezan a mostrarse • que no se puede llegar allí
- que llevan mucha agua

2
a **Estas palabras se usan para hablar de la geografía de un lugar. Busca en el diccionario dos que no conozcas. Luego, pregunta a tus compañeros por las restantes.**

- cascada
- laguna
- cordillera
- paisaje volcánico
- llano

- paisaje desértico
- estrecho
- bien/mal conservado
- poblado
- golfo

- insular
- atractivo
- cabo
- costero

- llanura
- horizonte
- montañoso
- monte

- peninsular
- pantano
- pico
- cálido

- pendiente
- paisaje tropical
- bahía
- rural

b **Anota cada una de ellas en la columna correspondiente.**

Sustantivos	Adjetivos	Sustantivos y adjetivos
cascada		

3 **Escribe una descripción de Machu Picchu. Puedes utilizar, entre otras, las palabras de las actividades 1 y 2 que creas necesarias. Luego, pásasela a un compañero y corrige la que recibas.**

> Fundada por los incas, Machu Picchu está situada...
> Cuando la contemplas, te quedas asombrado por/porque...

4
a **Observa las fotos. ¿Qué sabes de esas ciudades? Díselo a la clase, pero no menciones los nombres.**

b **Escucha a tres personas hablando de los lugares de las fotos. Levanta la mano cuando creas que sabes de qué ciudad se trata.**

3|9

5
a **Elige una ciudad o una región. Luego, anota frases para describirla, primero con informaciones generales, y después, con informaciones más específicas.**

> Es una ciudad muy cosmopolita. En ella vive gente que procede de diversas partes del mundo y, además, es visitada por personas de los cinco continentes.

> Es una ciudad costera, tiene varios montes y algunos de sus barrios no son nada llanos, tienen calles con mucha pendiente.

b **En grupos de tres. Díselas a tus compañeros y responde *sí* o *no* a lo que te digan hasta que adivinen el lugar al que te refieres.**

Vacaciones

6 **Comenta las respuestas a estas preguntas con dos compañeros. ¿Tenéis los mismos gustos?**

- ¿Cuál es, para tu gusto, la región más atractiva del país donde estás? ¿Puedes describir lo que más te gusta de ella?
- ¿Cuáles son sus sitios más visitados? ¿Tiene otros parajes que merecen ser visitados?
  - De todas las regiones de este país, la que más me gusta es… porque…
  - A mí también es la que más me gusta de todas, por lo mismo. Además, …
  - Pues a mí es una de las que más me gustan, pero no la que más. Yo, si tuviera que elegir una, me quedaría con…

7 **¿Qué factores tienes en cuenta cuando eliges un destino para tus vacaciones? Señala en esta lista de**
a **requisitos los que sean importantes para ti.**

☐ Que sea un sitio en el que haya unas vistas espectaculares.

☐ Que se halle en una zona donde haga mucho sol y haya unas playas inmejorables.

☐ Que esté en una región a la que no acudan demasiados turistas ni esté *invadida* por el turismo.

☐ Que sea un sitio en el cual la temperatura y el tiempo no causen molestias.

☐ Que sea un lugar donde haya mucha vida nocturna y mucha marcha.

☐ Que se encuentre en una zona donde pueda disfrutar de cosas que no existen donde vivo yo: mar, montaña, etc.

☐ Que esté en una zona donde abunden las ofertas culturales de calidad.

☐ Que se halle en un país en el que la cultura y la forma de ver la vida difieran de las mías.

☐ Que se encuentre en una región donde se puedan practicar diversos deportes de aventura.

☐ Que los nativos sean gente con la cual resulte fácil relacionarse.

☐ Que se halle en una zona en la que se pueda hacer vida sana y estar en contacto con la naturaleza.

☐ Que sea un lugar desde el cual resulte fácil desplazarse a visitar restos arqueológicos, monumentos, parques naturales, etc.

☐ Que sea un sitio donde la relación calidad-precio sea aceptable.

☐ Que se hable una lengua en la que pueda desenvolverme para poder entender mejor la cultura autóctona.

☐ Que esté en una región en la que haya una flora y una fauna que me resulten novedosas.

☐ Que sea un sitio en el que haya estado a gusto algún conocido mío y me lo haya recomendado.

b **Fíjate.**

Oraciones de relativo con preposición

Para referirse a lugares

- Para mí es importante que sea un sitio **en** | **el que** / **el cual** | haya unas vistas espectaculares.

- Busco un sitio **donde** haya unas vistas espectaculares.

Para referirse a personas

- Tengo en cuenta que los nativos sean gente **con** | **la que** / **la cual** / **quien** | me resulte fácil comunicarme.

- Para mí es importante que los nativos sean personas **con** | **las que** / **las cuales** / **quienes** | me resulte fácil comunicarme.

Como habrás observado, se ha utilizado el subjuntivo en todas las oraciones porque se habla de lugares, personas o cosas que no se conocen o no se sabe si existen.

c **Añade otros requisitos que también tengas en cuenta.**

Que sea un sitio al que aún no hayan llegado las prisas ni la contaminación.

8 **Elige los requisitos que te parezcan más importantes de los apartados a) y c) de la actividad anterior. Luego, díselos a un compañero para ver si te puede recomendar algún destino para tus vacaciones. Recuerda que, como se va a referir a lugares, personas o cosas que conoce, empleará el indicativo.**

- Yo tengo muy en cuenta que sea un lugar donde haya mucha vida nocturna y mucha marcha...
- Pues yo conozco un sitio en el que hay mucha vida nocturna y una marcha tremenda. Está en...

9 **Un juego: ¡vaya vacaciones! Imagínate que pasaste unas vacaciones decepcionantes. Habías elegido un lugar que pensabas que cumplía una serie de requisitos, fuiste allí con muchas ganas de disfrutar, pero nada era como tú esperabas, todo fue decepcionante.**

a **Selecciona ocho requisitos de la actividad 7 que teóricamente cumplía ese lugar y por eso lo elegiste.**

b **Un compañero con el que no has trabajado en esta lección va a intentar adivinar el mayor número posible de ellos. Va a decir ocho cosas y tú le vas a confirmar cuáles ha acertado.**

- Buscabas un sitio donde hiciera sol y buen tiempo, pero no paró de llover todos los días.
- Sí.

c **Intenta adivinar tú los requisitos que ha elegido tu compañero. ¿Quién ha logrado más aciertos?**

- Esperabas que ese sitio no estuviera *invadido* por el turismo, pero no había más que turistas.
- No, no había *invasión* de turistas.

10 **Cuéntale a un compañero las mejores vacaciones de tu vida (o unas de las mejores). Explícale por qué quedaron satisfechas tus expectativas, qué es lo que más te gustó de esas vacaciones y por qué fueron tan buenas. Comprueba si él habría disfrutado tanto como tú.**

No hay duda de que las mejores vacaciones de mi vida fueron unas que pasé hace unos años en una pequeña isla griega con unos amigos. Esperaba que nos lo pasáramos fenomenal y, realmente, nos lo pasamos genial...

Condiciones... ¡en vacaciones!

11
a

Asegúrate de que entiendes estas frases. Puedes consultar el diccionario.

1. De acuerdo, haré la marcha **siempre que** el trayecto no sea demasiado montañoso y no haya que subir muchas cuestas.
2. Mira, acepto que vayamos en coche **siempre y cuando** me releves al volante, pues son demasiados kilómetros y puedo terminar hecha polvo.
3. Bien, entonces hago la cena **a condición de que** tú riegues el jardín.
4. Te acompaño al cine **con la condición de que** veamos una película con subtítulos. Es que si no, entiendo muy poco y es tremendamente frustrante.
5. Tú te apuntas a cualquier cosa **con tal de que** sea gratis; no te fijas en otra cosa. ¡Cómo eres!
6. Sí, sí; es seguro que nos tomaremos una semanita libre... **salvo que** ocurra una desgracia y tengamos que cambiar de planes.
7. Pasaremos toda la semana en los Picos de Europa, **excepto si** hace mal tiempo.
8. La noche la pasaremos en un *camping*, **a no ser que** esté lloviendo. En ese caso, nos alojaremos en un hotel.
9. Bueno, acepto que pagues esta ronda **con la condición de que** me dejes pagar la siguiente. ¿Vale?
10. Mira, hago cualquier cosa **con tal de que** no me pidas que planche la ropa... y menos en vacaciones.

b **Haz una lista de los conectores que introducen condiciones (en negrita). Luego, tradúcelos a tu lengua.**

c **Comprueba con el profesor si los has traducido correctamente. Después, si es preciso, tapa la lista en español y traduce los conectores de tu lengua al español.**

d **Todos esos conectores, excepto uno, funcionan con subjuntivo. ¿Sabes cuál es el que funciona con indicativo?**

e Algunos conectores introducen una condición imprescindible para que otra acción se realice.
Otros introducen la única condición (o eventualidad) por la cual no se realizará otra acción.
Lee de nuevo las frases del apartado a) e intenta completar el cuadro.

Condición imprescindible para realizar una acción	Única condición por la que no se realizará una acción
siempre que	salvo que
a condición de que	excepto que
....	....
....	....
....	

12 **Completa estas frases con conectores de la actividad anterior e informaciones que consideres apro-**
a **piadas.**

1. .... siempre y cuando queden habitaciones libres.
2. .... con tal de que me lleves a la playa.
3. .... a condición de que apruebes el curso.
4. .... salvo que se me olvide.
5. .... a no ser que me quede dormido.
6. .... a condición de que luego me acompañes tú al dentista.

  7. Vale, voy contigo a ese acto ....
  8. Alquilaremos un coche para las vacaciones ....
  9. Pues claro que te veré mañana, salvo ....
10. Te dejo mi navegador GPS ....
11. Organizo yo una cena en mi casa ....
12. De acuerdo, nos apuntamos a esa excursión ....

b **¿Puedes añadir tú algunas frases sobre tus próximas vacaciones?**

Deseos poco probables o imposibles

13 Completa la tira de Mafalda con estas palabras:

a

> pensándola   ocuparme   lindo   nos quedáramos   acaban

QUINO: *Todo Mafalda*.

b ¿Cuál de esos personajes crees que podría decir cada una de estas frases a la vuelta de las vacaciones?

1. ¡Ojalá se valorara más el trabajo que hago en casa!
2. Me gustaría que la gente no volviera a encontrarse con los problemas de siempre.
3. ¡Ojalá viviéramos aquí todo el año!
4. Me encantaría que no tuviéramos que volver a trabajar.
5. ¡Ojalá encontrase trabajo fuera de casa!
6. ¡Cómo me gustaría que mi jefe estuviese de vacaciones todo el año!

c Gramaticalmente, ¿qué tienen en común todas esas frases? Intenta formular la regla gramatical y asegúrate de que es correcta.

14 Escribe otros deseos poco probables y otros imposibles que podrían expresar Mafalda, su mamá o su
a papá.

b Díselos a tu compañero para que los relacione con el personaje apropiado.

15 Escribe tres deseos poco probables o imposibles sobre tu pueblo o tu ciudad en tres tiras de papel.
a Puedes considerar, entre otros, los siguientes aspectos:

• situación • vegetación • relaciones personales • costumbres • cultura • tiempo libre • clima

> ¡Ojalá hubiera más árboles y más zonas verdes!

b Dadle las frases al profesor y trabajad en grupos de cuatro. Averiguad quién es el autor de los deseos expresados en las tiras que recibáis y pedidle que os explique sus motivos.

> Si hubiera más árboles y más zonas verdes en mi ciudad, habría menos contaminación, se respiraría mejor y nos pondríamos menos veces enfermos.

Quejas y reclamaciones

16 **Une las frases de la izquierda con las de la derecha. Luego, di dónde puedes oír cada una de estas
a quejas y reclamaciones.**

1. Mire, perdone que le moleste, pero creo que
ha habido una equivocación con el vuelo.
2. ¡No puede ser que tengamos que pagarlas!
3. Oiga, mire, es que desde esta habitación
se oye muchísimo ruido.
4. Oiga, perdone, pero es que hace veinte
minutos que hemos pedido...
5. ¡Es una falta de seriedad que todavía
no hayan venido a recogernos!
6. Pero ¿cómo es posible que no haya aire
acondicionado, con lo que hemos pagado?

A. ¡Si en la agencia nos dijeron que las
excursiones estaban incluidas en el precio!
B. ¿No podría cambiarme a otra más tranquila?
C. Nosotros no hemos reservado un vuelo
chárter, sino uno regular.
D. Los de la agencia nos dijeron que habría
una persona esperándonos a la llegada.
E. ... y todavía no nos han traído nada.

F. ¡Si, además, en el folleto ponía que las
habitaciones estaban refrigeradas!

b **Ante una queja o una reclamación se puede reaccionar disculpándose con frases de este tipo:**

- Disculpe/perdone las molestias causadas/ocasionadas.
- Lamento que haya ocurrido eso.
- Siento mucho/muchísimo lo sucedido.

- Siento que se haya cometido esa equivocación.
- (Le) Ruego (que) me/nos disculpe.

17 **¿Qué frases de la actividad 16a se dicen con un tono más suave y amable? Escucha cómo las dice el
profesor y, luego, repítelas.**

18 **¿Te has quejado o has reclamado alguna vez en tu país por haber recibido un mal servicio? Explica lo
que dijiste y las diferencias que hay con lo que dirías en español.**

19 **Escucha las conversaciones. ¿Qué problema se describe en cada una de ellas?**
a
🎧
3|10

b **¿Cuál fue la reacción de los viajeros? ¿Cómo solucionaron los problemas? Vuelve a escuchar y señala
🎧** **las respuestas correctas.**
3|11

	Reacción	Solución
1.	a. Exigió que lo recibiera el director. b. Protestó en el libro de reclamaciones. c. Sobornó al recepcionista.	a. Lo cambiaron a otra habitación libre. b. Le devolvieron dinero. c. Lo alojaron en otro hotel.
2.	a. Se quejó al capitán del vuelo. b. Explicó el problema en Montreal. c. Secuestró el avión.	a. Le propusieron un viaje en tren. b. Le ofrecieron otro vuelo. c. Pusieron un coche a su disposición.
3.	a. Solicitaron otro guía. b. Hicieron una huelga de hambre. c. Protestaron en la embajada española.	a. Les pusieron un guía que hablaba español. b. Les dieron un curso de ruso. c. Se las arreglaron ellos solos.

c **¿Qué pudieron decir esos viajeros cuando reclamaron? Representa esas situaciones con tu compañero.
Intercambiad los papeles de cliente y de representante de la compañía o del hotel e intentad
solucionar el problema.**

20 Lee esta carta de reclamación y anota en qué párrafo se hace cada una de estas cosas.

a
- ☐ Explicar detalladamente el problema.
- ☐ Despedirse.
- ☐ Solicitar alguna acción compensatoria.
- ☐ Mencionar los motivos por los que se escribe.

Rutas del Sur
Juan Gris, 11
48012 Valencia

Juan Manuel Tardón
Jardines, 48, 2.º 1.ª
48016 Valencia

Valencia, 1 de junio de 2011

Estimados señores:

Acabo de regresar de mis vacaciones en México, donde recorrí el itinerario turístico "Ruta Azteca", organizado por su agencia. En términos generales, mi valoración es positiva y puedo afirmar que mis expectativas fueron satisfechas. Sin embargo, lamento tener que escribirles esta carta para quejarme de algunos hechos que tuvieron lugar a lo largo del viaje.

El programa incluía una excursión a un lugar de interés histórico el día 8 de mayo, una visita a un poblado indígena el 14 y un paseo en bicicleta por el campo el día 16. Incomprensiblemente, todas esas actividades fueron canceladas sin motivo aparente y, lo que es peor, no se nos ofreció ninguna alternativa.

Confío en que se pondrán en contacto conmigo para ofrecerme las explicaciones oportunas y devolverme el importe correspondiente a las actividades que pagué y que luego no se me dio la posibilidad de realizar.

En espera de sus noticias, aprovecho la ocasión para saludarles atentamente.

Juan Manuel Tardón

---

b ¿Qué informaciones de la carta podrían introducirse también con estas fórmulas? Piensa en los cambios que hay que hacer en algunos casos.

- Estoy seguro de que...
- Quisiera mostrarles mi descontento/disgusto por...
- Les ruego que...
- Me pongo en contacto con ustedes para...

- A la espera de su respuesta...
- Les agradecería que...
- Sin otro particular, les saluda cordialmente, ...

21 En parejas. Comentad las diferencias existentes entre una carta formal y una informal.

a

b Piensa en algo que te pueda pasar en vacaciones y que consideres motivo de queja o reclamación. Escribe una carta a la entidad correspondiente siguiendo los pasos adecuados hasta el texto final: hacer una lista de ideas, organizar la información, etc.

Estrategias de aprendizaje

22 ¿Cuáles de las estrategias de aprendizaje descubiertas por ti en este curso aplicas más a menudo? ¿Cuáles crees que te serían más útiles para sobrevivir en unas vacaciones en un país cuya lengua apenas conocieras? Di por qué.

Lenguaje coloquial

1 **Lee este cómic y busca sinónimos de estas palabras y frases.**

a
- dormir • aceptable • estar harto • (esto) no se puede soportar • (hacer algo) en muy poco tiempo
- dormir profundamente • funcionar • es imposible dormir • voy a pasar una noche muy mala

ESTOY HASTA LAS NARICES DE DORMIR EN EL SACO. ESTA NOCHE ME VOY A DAR EL GUSTAZO DE DORMIR EN UNA BUENA CAMA.

ESTE HOTEL PARECE QUE NO TIENE MALA PINTA.

BUENO, NO ES QUE SEA MUY LUJOSA, PERO, CON LO CANSADO QUE ESTOY, SEGURO QUE DUERMO COMO UN TRONCO.

HAY QUE RECONOCER QUE PODRÍA ESTAR UN POCO MÁS INSONORIZADA, LA VERDAD.

¡BRRRUM! ¡BRRRUM!

¡AY! ¡QUÉ PICOTAZO ME ACABA DE DAR! ¡Y CUÁNTOS MOSQUITOS HAY! SI PARECE UNA PLAGA...

A VER SI FUNCIONA ESTE VENTILADOR DE MUSEO...

¡AH! PUES SÍ VA, PERO CUALQUIERA PEGA OJO CON ESTE RUIDO...

¡TRAC! ¡TRAC! ¡TRAC!

¡HUY! ¡CÓMO SE HUNDE EL COLCHÓN Y QUÉ RUIDO HACE! PERO, CON EL CANSANCIO QUE TENGO, SEGURO QUE ME DUERMO EN UN ABRIR Y CERRAR DE OJOS.

¡CRUIIIIIIIIIC! ¡CRUIIIIIIIIIC!

HOMBRE, ESTO ESTÁ MÁS PASABLE Y ES MÁS TRANQUILO.

HE DORMIDO EN MEJORES SITIOS, PERO, EN FIN, EL QUE NO SE CONFORMA ES PORQUE NO QUIERE.

A DORMIR Y MAÑANA SERÁ OTRO DÍA.

ESE MALDITO ANUNCIO TENÍA QUE ESTAR JUSTO AHÍ DELANTE Y NO PARA DE ENCENDERSE Y APAGARSE. ME ESTÁ PONIENDO DE LOS NERVIOS.

b En parejas. Decidid el final del cómic y cread la última viñeta (dibujadlo o escribidlo en el último recuadro).

c Comparadlo con el final original que os dé el profesor. ¿Qué pareja ha creado uno más parecido al original?

d Decidid en parejas el título del cómic y el nombre del hotel.

e Si Víctor quisiera presentar alguna queja o hacer alguna reclamación, no le faltarían motivos. Haz una lista de cosas sobre las que podría hacerlo.

Las paredes son estrechísimas y se oyen todos los ruidos de la habitación de al lado.

f En parejas. Representad la situación en la que Víctor se queja o hace una reclamación ante el recepcionista del hotel. Distribuíos los papeles e intercambiadlos si deseáis repetir la actividad.

Recuerda

COMUNICACIÓN

Expresar preferencia
- De todas las regiones de este país, la que más me gusta es esta.
- Pues a mí es una de las que más me gustan, pero no la que más. Yo, si tuviera que elegir una, me quedaría con la mía.

Expresar requisitos
- Cuando elijo un lugar para mis vacaciones, tengo en cuenta varias cosas: que esté en una zona en la que haya poco turismo, que sea tranquilo...

Expresar condiciones imprescindibles
- Llevo mi coche siempre y cuando me releves al volante.
- Vale, vamos al cine a condición de que me dejes pagar.

Expresar una condición por la que no se realiza una acción
- Bueno, entonces iremos a la playa, salvo que ya no queden billetes de tren.
- Pasaremos la noche en un *camping*, a no ser que esté lloviendo.

Expresar deseos poco probables o imposibles
- ¡Ojalá hubiera menos coches aquí!
- Me gustaría que vinieras conmigo.
- ¡Cómo me gustaría que estuvieras aquí!

Quejarse y reclamar
- ¡No puede ser que tengamos que pagar eso! Si nos dijeron que estaba incluido todo en el precio...
- Pero ¿cómo es posible que no haya aire acondicionado, con lo que hemos pagado?

Disculparse
- Siento que se haya cometido esa equivocación.
- Lamento que haya ocurrido eso.
- Siento no haber llegado antes, pero me ha sido imposible.
- Le ruego que me disculpe.

Redactar una carta de reclamación
Introducir y explicar los motivos por los que se escribe:
- Me pongo en contacto con ustedes para...
- Lamento tener que escribirles para...
- Quisiera mostrarles mi descontento/disgusto por...

Expresar una petición:
- Confío en que se pondrán en contacto conmigo para...
- Les agradecería que me ofrecieran...

Rogar:
- Les ruego que se pongan en contacto conmigo para...

Despedirse:
- A la espera de sus noticias, le saluda atentamente,...
- En espera de su respuesta, aprovecho la ocasión para saludarle atentamente.
- Sin otro particular, les saluda cordialmente,...

GRAMÁTICA

El/La/Los/Las que más/menos me gusta(n) es/son...
Un/Una/Unos/Unas de los/las que más/menos me gusta(n) es/son...

Oraciones de relativo
(Ver resumen gramatical, apartado 31)

Oraciones condicionales
- siempre que
- siempre y cuando
- con tal de que
- a condición de que
- con la condición de que
- excepto / salvo si
- salvo que
- a no ser que

(Ver resumen gramatical, apartado 9.5)

Me gustaría/encantaría que + pretérito imperfecto de subjuntivo

¡Ojalá (que)	+ pretérito imperfecto
¡Cómo me gustaría que	de subjuntivo!*

(Ver resumen gramatical, apartado 10)

No puede ser que + subjuntivo
Es una falta de seriedad que + subjuntivo
Pero ¿cómo es posible que + subjuntivo?

(Ver resumen gramatical, apartado 32)

Sentir/lamentar/perdonar/rogar + *que* + subjuntivo

(Ver resumen gramatical, apartado 33)

La isla de Pascua

 1 Lee este texto y busca en el diccionario el significado de las palabras que no entiendas.

a

LA ISLA DE PASCUA Y SUS ESTATUAS

La isla de Pascua se halla en medio del océano Pacífico, en Oceanía y a 3760 km de la costa del país al que pertenece: Chile. Es de origen volcánico, tiene numerosos acantilados y toda ella está considerada parque nacional. Los indígenas que la habitan son de origen polinésico, puesto que proceden de personas emigradas de la Polinesia central en torno al siglo v d. C. En el año 1722, el explorador holandés Jacob Roggeveen la bautizó con el nombre del día en que la pisó por primera vez: domingo de Pascua.

Es mundialmente famosa por sus moáis, gigantescas estatuas de piedra volcánica erigidas en honor de jefes o antepasados, a quienes se creía descendientes de los dioses. Se trata de inmensas cabezas de nariz prominente y orejas alargadas, muchas de las cuales están unidas a un tronco corto, que se encuentran en las laderas de los montes a lo largo y ancho de la isla. Todas están esculpidas verticalmente en posición frontal y, salvo unas cuantas que muestran características femeninas, representan a antecesores masculinos transmitiendo la idea de potencia. Sobre la cabeza de algunas se pueden ver grandes cilindros de color granate que podrían ser simplemente adornos o, por el contrario, símbolos de posición social o poder. El hallazgo de ojos fabricados con coral blanco ha llevado a los investigadores a suponer que esas figuras también podían tener ojos. Lo que sí afirman sin ningún género de dudas es que su tamaño fue aumentando con el transcurso de los años y se fueron construyendo de forma cada vez más estilizada, con rasgos más finos y delicados.

Actualmente se desconoce el número total de moáis que existen en la isla, dado que continúan las excavaciones, pero se calcula que puede haber entre 800 y 1000 estatuas. Aunque se sabe que las tallaron en las canteras de las pendientes del volcán Rano Raraku, todavía se ignora cómo se las arreglaron para conseguir trasladar a sus emplazamientos definitivos esas enormes esculturas que suelen medir de dos a diez metros de altura y pesan alrededor de veinte toneladas, si bien alguna de ellas alcanza los veinte metros y las cincuenta toneladas.

La calidad de esas obras y del resto de la producción artística de la isla es incuestionable. Se han documentado más de 4000 petroglifos y pinturas, y la imaginería de su arte rupestre es fascinante, especialmente en lo relativo a los hombres-pájaro, personas relevantes que se convertían en chamanes cuando conseguían el primer huevo de la temporada en los nidos del islote de Motu Nui.

b **Di con tus propias palabras por qué se mencionan en el texto estas cifras y estas palabras.**

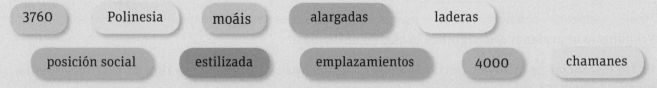

3760   Polinesia   moáis   alargadas   laderas

posición social   estilizada   emplazamientos   4000   chamanes

c **Comenta con tus compañeros lo que más te haya sorprendido y diles si la isla de Pascua y su producción artística te hacen pensar en algún otro lugar o en alguna escultura o artista que conozcas; explícales por qué.**

Una instancia especial

1 Una instancia es un escrito en el que se hace una solicitud a una autoridad.

a Escucha y lee la canción. Identifica cuatro partes de esta instancia tan especial.

🎧 3|12

1. Presentación de quien hace la instancia.
2. Exposición de los problemas.

3. Petición de que se realicen las acciones oportunas.
4. Expresión de deseos.

A QUIEN CORRESPONDA

Un servidor,
Joan Manuel Serrat,
casado, mayor de edad,
vecino de Camprodón, Girona,
hijo de Ángeles y de Josep,
de profesión cantautor,
natural de Barcelona,
según obra en el Registro Civil,
hoy, lunes 20 de abril de 1981,
con las fuerzas de que dispone,
atentamente
EXPONE (dos puntos)

Que las manzanas no huelen,
que nadie conoce al vecino,
que a los viejos se les aparta
después de habernos servido bien.

Que el mar está agonizando,
que no hay quien confíe en su hermano,
que la tierra cayó en manos
de unos locos con carnet.

Que el mundo es de peaje y experimental,
que todo es desechable y provisional.

Que no nos salen las cuentas,
que las reformas nunca se acaban,
que llegamos siempre tarde
donde nunca pasa nada.

Por eso
y muchas deficiencias más
que en un anexo se especifican,
sin que sirva de precedente,
respetuosamente
SUPLICA

Se sirva tomar medidas
y llamar al orden a esos chapuceros
que lo dejan todo perdido
en nombre del personal.

Pero hágalo urgentemente
para que no sean necesarios
más héroes ni más milagros
para adecentar el local.

No hay otro tiempo que el que nos ha "tocao",
acláreles quién manda y quién es el "mandao".

Y si no estuviera en su mano
poner coto a tales desmanes,
mándeles copiar cien veces
que "Esas cosas no se hacen".

Gracia que espera merecer
del recto proceder
de quien no suele llamarse a engaño,
a quien Dios guarde muchos años.
AMÉN.

JOAN MANUEL SERRAT: "A quien corresponda",
En tránsito.

b Pregúntale al profesor qué significa lo que no entiendas.

c En las instancias se incluyen ciertas fórmulas, ciertas frases propias de ese tipo de escrito. ¿Puedes localizar algunas?

(Atentamente) Expone:

d Fíjate en los problemas que se mencionan y di cuáles de ellos están relacionados con...

- la ecología
- las relaciones personales y los valores humanos
- los gobernantes

- "Las manzanas no huelen" me hace pensar en un problema ecológico porque...
  - A mí también. Y "nadie conoce al vecino" es un problema de relaciones personales y de pérdida de valores humanos.

e **Esa canción fue compuesta en 1981, época de cambios políticos en España. ¿Puedes localizar algún verso en el que se hace referencia a ellos?**

A mi entender, se hace referencia a esos cambios políticos en los siguientes versos: ...

f **Muchos de esos problemas siguen teniendo actualidad. Además, pensad, en parejas, en otros problemas actuales que se podrían añadir a una versión actualizada de la canción y redactad los versos.**

g **Leédselos a la clase. ¿Coinciden con los de alguna pareja?**

Consejos para que disfrute de su estancia en España

2 **Relaciona el principio de cada consejo con su continuación. Presta atención a la puntuación.**

a

1. Si pierde el tren o el avión por culpa de la compañía, ...

2. Tenga cuidado con sus tarjetas de crédito. ...

3. Al alojarse en un hotel, ...

4. Las tarifas de los servicios de los hoteles (minibar, lavandería, etc.)...

5. Los bares y restaurantes han de tener listas de precios...

6. Cuando no quede satisfecho con el servicio recibido, ...

7. Si no está conforme con la factura de un taxi, ...

8. Si alquila un coche, ...

9. Procure no telefonear desde su habitación del hotel. ...

10. Recuerde que puede solicitar la devolución del IVA (impuesto sobre el valor añadido) en sus compras. ...

A. ... En España no se suele requerir identificación para servirse de ellas. Lleve consigo el teléfono para notificar extravíos y apréndase las claves de memoria.

B. ... deben estar al alcance de los clientes en la recepción y en todas las habitaciones.

C. ... esta debe facilitarle un enlace hacia su destino o abonarle los gastos de hospedaje y manutención que origine el percance.

D. ... selladas por la Dirección General de Turismo de la comunidad autónoma. Está prohibido cargar el concepto de cubierto.

E. ... el encargado puede solicitarle el pasaporte para cumplimentar un documento con sus datos. Pero no puede retenerlo bajo ningún pretexto.

F. ... Ese tributo suele estar incluido en el precio final. Si no lo está, debe aparecer desglosado en la factura.

G. ... puede solicitar una hoja de reclamaciones. Tienen tres copias: una para usted, otra para el establecimiento y otra para la Administración. (Si tiene dudas, asesórese en una asociación de consumidores).

H. ... puede solicitar una hoja de reclamaciones y un recibo oficial. En él debe figurar el número de licencia del vehículo, la cantidad abonada por el servicio, los suplementos si los hay y la firma y el número del documento nacional del conductor.

I. ... suscriba un seguro a todo riesgo y de ocupantes para evitar posibles quebraderos de cabeza. Normalmente, el precio del alquiler solamente cubre la responsabilidad por daños a terceros.

J. ... Los establecimientos hoteleros tienen autorización para aplicar una tarifa más alta y, como en todo el mundo, algunos dan verdaderos sablazos en las llamadas.

1. ..C.. 2. ...... 3. ...... 4. ...... 5. ...... 6. ...... 7. ...... 8. ...... 9. ...... 10. ......

b **Averigua el significado de las palabras y expresiones que no conozcas.**

c **¿Añadirías tú algún otro consejo a esa lista? Redáctalo con un compañero.**

12 Hechos y decisiones importantes

OBJETIVOS

- Expresar condiciones no cumplidas y sus consecuencias
- Relatar contratiempos
- Expresar involuntariedad
- Expresar arrepentimiento
- Reprocharse algo
- Expresar decepción
- Oponer informaciones

1 **Asegúrate de que entiendes todas estas palabras.**

a • contenedor • auxiliar administrativo • resultar ileso • caerse • dar el alta (médica) • darse un golpe • vertedero • perder el conocimiento • camión de la basura • urgencias • descargar • recoger • rasguños y heridas leves

b **Todas ellas van a aparecer en la noticia del apartado d), en la cual se relata un suceso. Trabaja con un compañero e intentad imaginaros su contenido.**

> Lo más probable es que en esa noticia se relate lo que le ocurrió a un auxiliar administrativo que...

c **Averiguad si alguna otra pareja se ha imaginado lo mismo que vosotros.**

d **Leed la noticia. ¿Coincide su contenido con lo que os habéis imaginado?**

(VALENCIA).- Gustavo García Corrales, auxiliar administrativo de 35 años, ha batido un récord de suerte al resultar ileso después de ser recogido por un camión de la basura del interior de un contenedor, y descargado luego sano y salvo en el vertedero municipal de Valencia.

Gustavo salió de trabajar ayer a las seis de la tarde, como todos los días. Al regresar a casa vio en un contenedor algo que le llamó la atención e intentó sacarlo, pero en el momento en que se inclinó se le cayeron las gafas entre las bolsas de basura. Cuando trató de recuperarlas tuvo la mala suerte de no medir bien sus esfuerzos, hizo un movimiento brusco, no se apoyó bien y se cayó al interior. Como consecuencia de la caída, se dio un fuerte golpe en la cabeza y perdió el conocimiento. Al poco rato, trabajadores del servicio de limpieza recogieron la basura, vaciaron el contenedor en el camión de la basura y se llevaron, sin saberlo, al auxiliar administrativo. Una vez en el vertedero municipal, un empleado observó entre los desechos algo que le pareció un cuerpo humano. Lo desenterró apartando los desperdicios que lo cubrían y su sorpresa fue mayúscula al constatar que, efectivamente, se trataba de un cuerpo humano que permanecía completamente inmóvil. Se temió lo peor y, nada más rescatarlo, lo trasladó a un centro médico en su propio coche. Durante el viaje, Gustavo fue recobrando el conocimiento, para alivio del empleado. Fue atendido en el servicio de urgencias, donde comprobaron que solo se había hecho unos rasguños y unas heridas leves, y que se hallaba en perfecto estado de salud, razón por la cual le dieron el alta.

2 **Lee las siguientes frases sobre ese texto y di qué condiciones y qué consecuencias sobre el pasado**
a **expresan.**

● Si no hubiera intentado recuperar las gafas, no se habría caído al interior del contenedor.
● Si no hubiese perdido el conocimiento, habría podido salir del contenedor.

b **Los tiempos verbales utilizados en esas frases son el pretérito pluscuamperfecto de subjuntivo y el**
condicional compuesto. Fíjate en ellas y di cómo se forma el primero de esos tiempos. ¿Recuerdas
cómo se construye el segundo?

c **Elige un verbo y conjúgalo en esos dos tiempos verbales.**

d **Ahora completa estas frases sobre el texto. Luego, compáralas con las de un compañero.**

1. Si Gustavo no se hubiera fijado en el contenedor, ...
2. Si no se le hubieran caído las gafas, ...
3. Si no se hubiese dado un golpe en la cabeza, ...
4. ...., no se lo habría llevado el camión de la basura.
5. ...., no habría sido descargado en el vertedero.
6. ...., no lo habría llevado a urgencias.
7. Si no hubiese resultado ileso, ...
8. ...., no habría batido un récord de suerte.

3 **Piensa en cosas que te habrían pasado o que habrías hecho si...**
a

... hubieras nacido en el año 1500.
... fueras una persona del otro sexo.
... hubieses nacido en un país muy distinto del tuyo (elige uno).
... tuvieras una personalidad completamente diferente de la que tienes.

b **Coméntalo con tus compañeros y dales las explicaciones necesarias.**

Yo estoy convencida de que si hubiera nacido en el año 1500, en la Edad Media, mi vida habría
sido más dura, habría estado obligada a trabajar más y en peores condiciones. También se me
ocurre que si hubiera nacido en esa época, habría vivido menos años porque la medicina no
estaba tan desarrollada y la gente se moría de cosas que ahora nos parecen insignificantes y es
muy fácil curarlas.

4 **Elige una de las cuatro situaciones imaginarias propuestas en la actividad 3a y escribe un texto**
detallando cómo crees que habría sido tu vida personal y profesional hasta ahora.

Decisiones importantes en la vida

5 Lee lo que dicen dos personas sobre decisiones pasadas que afectaron y afectan a su vida. Luego, contesta a estas preguntas.

- ¿Cuál se refiere a las consecuencias que su decisión tiene en el presente?
- ¿Cuál se refiere a las consecuencias que su decisión tuvo en el pasado?
- ¿Qué tiempos verbales se utilizan en cada caso?

Creo que si no me hubiera decidido a dejar el trabajo que tenía antes, no habría dispuesto del tiempo necesario para dedicarme plenamente a la pintura y no habría hecho ninguna exposición.

Estoy segura de que si no me hubiera trasladado a vivir al campo, viviría peor, perdería mucho tiempo en desplazamientos y atascos, me faltaría tiempo para hacer cosas y, lo que es peor, estaría bastante estresada.

José Tejedor, pintor

Eva Medina, profesora

6
a Escucha una entrevista a Susana Robles, una actriz famosa. ¿A qué momentos cruciales de su vida y de su carrera hace referencia?

3|13

b Vuelve a escuchar y anota alguna información biográfica que creas importante. Luego, compara tus notas con las de un compañero.

3|14

c En parejas. Comentad lo que hizo esa persona y decidid lo que habría pasado si no hubiera hecho algunas de las cosas que ha mencionado.

> Si no hubiera empezado a trabajar en…, seguramente no se habría divorciado, al menos en aquella época.

7
a En parejas. Dile a tu compañero cuáles han sido las decisiones más importantes que has tomado en tu vida. Háblale también de sus consecuencias y de lo que crees que habría pasado o no habría pasado si no hubieses tomado esas decisiones.

b Comenta a la clase lo que te parezca más curioso o interesante de lo que te ha contado tu compañero.

Estrategias de aprendizaje

8 Piensa en alguna situación en la que has tenido problemas al utilizar el español: no conseguías expresar lo que querías decir, querías decir una cosa y te entendían otra, pensabas que habías comprendido, pero no lo habías hecho, etc. Díselo a tus compañeros y averigua qué habrían hecho ellos y por qué.

> - ¿Qué habríais hecho vosotros en mi lugar?
> - Pues yo habría… porque…

Contratiempos

 9
a

Lee estas frases. ¿Te ha ocurrido alguna vez a ti alguno de los contratiempos a los que hacen referencia?

1. A mí **se me rompieron** una vez las gafas en Japón y no hablaba japonés. Como estaba perdida sin ellas, conseguí hacerme entender en una óptica con gestos y como pude para que me las arreglaran.

2. Una vez **se me perdió** la cartera en vacaciones y a partir de ese día tuve que arreglármelas como pude. Fueron las vacaciones más económicas de mi vida.

3. La primera vez que mi mujer y yo nos fuimos de vacaciones con el móvil, **se nos olvidó** llevarnos el cargador. El segundo día **se nos acabó** la batería y ya no lo utilizamos más.

4. La primera vez que salió mi madre al extranjero, **se le olvidó** meter en la maleta unas pastillas que tomaba y estuvo varios días sin tomarlas.

5. Un día **se me perdieron** las llaves de casa y tuve que llamar a un cerrajero para que me abriera la puerta.

6. En las últimas vacaciones, un día **se nos estropeó** el aire acondicionado de la habitación del hotel y nos cambiaron a otra.

7. Una vez perdí el tren porque **se me había parado** el reloj y no me había dado cuenta. Llegué tan tranquilo a la estación y resulta que hacía un buen rato que el tren había salido...

8. Una vez, a mi novio y a mí **se nos acabó** la gasolina en una carretera comarcal y, como no pasaba ningún coche, tuvimos que ir andando hasta una gasolinera.

9. Hace unos meses **se me averió** el coche y me dejó tirada en la carretera. Tuve que llamar a una grúa para que lo llevara a un taller.

10. Un año **se me olvidó** el cumpleaños de mi pareja y cuando me lo recordó ella, quería que me tragara la tierra. ¡Qué bochorno pasé!

 b **Fíjate.**

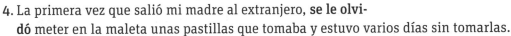

Para expresar la involuntariedad de una acción podemos utilizar los pronombres *se + me/te/le/nos/os/ les* con verbos como *caer, perder, romper, estropear, acabar, terminar, olvidar, quemar, manchar*, etc.

Ayer se	me te le nos os les	perdió la cartera olvidó echarle gasolina al coche. rompieron las gafas.

- El otro día **se me cayó** el reloj al suelo y, claro, **se me rompió**.
- ¿Cuándo te diste cuenta de que **se te había acabado** la batería?

En esos casos usamos el pronombre *se*; con él se mitiga la responsabilidad de las personas afectadas. Los pronombres de objeto indirecto (*me/te/le/nos/os/les*) hacen referencia a las personas afectadas por la acción expresada.

10 Escucha a varias personas hablando sobre contratiempos y empareja los diálogos con los dibujos.

a

3|15

b Escucha otra vez y anota si alguien ha sido responsable del contratiempo o si ha sido involuntario.

3|16

	Sujeto responsable	Acción involuntaria
1.		
2.		
3.		
4.		
5.		
6.		
7.		
8.		

11 En grupos de tres. Piensa en contratiempos que hayas tenido. Luego, diles a tus compañeros palabras clave para que adivinen el contratiempo.

- El otro día, billete de veinte euros
- El otro día te encontraste un billete de veinte euros.
- No.
- El otro día se te perdió un billete de veinte euros.
- Sí.

12 Cuéntale detalladamente a otro compañero contratiempos que hayas tenido y averigua si le ha ocurrido alguna vez algo parecido a él.

Una vez, nada más llegar al aeropuerto me di cuenta de que se me había olvidado coger los billetes de avión. Menos mal que, como me gusta llegar con antelación por si pasa algo, tuve tiempo de ir a casa, volver con los billetes y tomar el avión como tenía previsto... Eso sí, me di un susto de muerte.

Expresar arrepentimiento y reprocharse algo

13 **Lee y asegúrate de que entiendes todas las frases y cómo y cuándo se usan.**

a

> Tenía razón Luisa. Debería haberle hecho caso y no haber venido.

> ¡Qué desilusión! Esto es un rollo. Si lo sé, no vengo. Tendría que haberlo pensado mejor.

> ¡Qué decepción! Con las ganas que tenía de oírlo... Si lo llego a saber, no vengo.

> ¡Cómo me arrepiento de haber venido! ¡Qué manera de perder el tiempo! Tendría que haberme quedado en casa estudiando.

> Si en lugar de venir aquí, me hubiera quedado en casa estudiando, seguro que habría salido ganando.

b **¿Qué puede pensar ahora Gustavo (actividad 1d) sobre lo que hizo el día de su accidente? Escríbelo.**

No debería haber...

14 **¿Qué puede continuar diciendo cada una de estas personas? Escríbelo.**

a

1. Me invitaron a hacer una marcha con ellos por el monte, acepté y me di una buena paliza; terminé hecho polvo y lesionado. Francamente, no debería haber aceptado su invitación.
2. Esta fiesta es un rollo. Me estoy aburriendo como una ostra. La verdad es que...
3. No quise asistir al concierto porque tenía el presentimiento de que no estaría bien y resulta que estuvo genial y fue uno de los mejores del año...
4. La primera vez que vine a este pueblo me gustó y tenía ganas de volver, pero ahora me está decepcionando...
5. El otro día, aunque me dolía bastante la cabeza, me empeñé en ir a trabajar, fui y, al poco rato, me encontraba peor, así que tuve que volverme a casa. Realmente, ...
6. He salido con tanta antelación de casa que he tenido que estar esperando mucho rato la llegada del tren...
7. No quise ponerme cerca de la pantalla y, luego, resultó que la letra de los subtítulos era diminuta y apenas podía leerla...
8. Total, que aposté a que ganaba mi equipo y perdió por goleada, así que perdí la apuesta que hice...

b **¿Has hecho tú alguna vez alguna de esas cosas y te has arrepentido de ello? Díselo a tus compañeros.**

15 **Observa cómo se utilizan los pronombres en estas frases.**

a

> **Se lo** dije confidencialmente a Juan, pero estoy seguro de que **se lo** ha comentado a alguien y el caso es que ahora **lo** sabe todo el mundo.

No	debería	habér**selo** dicho. = No **se lo**	debería	haber dicho.
	tendría que		tendría que	
	tenía que		tenía que	

b ¿De qué se están arrepintiendo estas personas? Relaciona cada dibujo con la frase correspondiente.

A. Se está arrepintiendo de haberle dejado un libro a un amigo al que se le olvida devolver las cosas.

B. Está arrepintiéndose de haberse cortado el pelo.

C. Se está arrepintiendo de haberle comentado una cosa a su novia.

D. Está arrepintiéndose de haberse comprado un coche de segunda mano.

E. Está arrepintiéndose de haber reservado un hotel barato.

F. Se está arrepintiendo de haberle regalado una flauta a su hija.

c ¿Y qué crees que están pensando esas personas? Escríbelo.

A. No debería habérselo dejado.

16 Piensa en cosas que has hecho alguna vez y de las cuales te has arrepentido –o te arrepientes todavía– y por qué. Luego, díselo a un compañero y comprueba si le ha pasado lo mismo alguna vez.

Yo me he arrepentido muchas veces de no haber estudiado español antes. Tenía que haber empezado hace años porque… Además, si lo hubiera aprendido antes, …

Un poema

17
a ¿Qué hechos crees que deberían o no deberían haberse producido en la historia para que el mundo hubiera sido mejor en el pasado y también fuera mejor ahora? Escríbelo en un poema que tenga esta estructura.

> UN MUNDO MEJOR
> Si no hubiera habido tantas guerras,
> no habrían matado a tanta gente
> y ahora habría menos odio en la Tierra.

b Revísalo. Asegúrate de que la información está clara y bien organizada, y corrígelo.

c Dáselo a tu profesor para que lo coloque en una pared del aula. Luego, lee los de tus compañeros y coméntalos con ellos.

Oraciones concesivas

1 a Lee este cómic y pregúntale al profesor qué significa lo que no entiendas.

A CELIA LE ENCANTABA PINTAR EN EL SUELO Y EN LAS PAREDES, <u>AUNQUE</u> SUS PADRES NO PARABAN DE DECIRLE QUE LO HICIERA EN SU CUADERNO.

<u>AUNQUE</u> ERA MUY PEQUEÑITA, DIBUJABA VERDADERAS MARAVILLAS QUE ASOMBRABAN A TODOS.

DESPIERTA E INTELIGENTE, SACABA MUY BUENAS NOTAS, <u>Y ESO QUE</u> NO DABA NI GOLPE.

FUE UNA ADOLESCENTE INCONFORMISTA QUE SE ADELANTÓ A SU TIEMPO. <u>A PESAR DE QUE</u> POCOS SABÍAN QUÉ ERA LA ECOLOGÍA, ELLA ERA YA ECOLOGISTA.

<u>POR MÁS</u> PRETENDIENTES <u>QUE</u> TUVO Y <u>POR MÁS QUE</u> SE LO PROPUSIERON, CELIA NUNCA SE CASÓ.

ESTABA CONVENCIDA DE QUE LO SUYO ERA EL ARTE Y, TRAS ESTUDIAR BELLAS ARTES, DECIDIÓ VIVIR DE LA PINTURA, <u>AUNQUE</u> SUPIERA QUE NO SERÍA TAREA FÁCIL.

<u>A PESAR DE</u> LAS DIFICULTADES QUE TUVO QUE VENCER, NO CEDIÓ EN SU EMPEÑO. <u>TANTO SI</u> VENDÍA <u>COMO SI</u> NO VENDÍA, ELLA SEGUÍA A LO SUYO.

<u>A PESAR DE</u> NO HACER NADA PARA DAR A CONOCER SU OBRA, SUS CUADROS SON MUY APRECIADOS POR LOS ENTENDIDOS, Y SE LOS QUITAN DE LAS MANOS.

<u>A PESAR DE QUE</u> NO NADE EN LA ABUNDANCIA, TIENE TODO LO QUE NECESITA Y VIVE LA VIDA A SU AIRE.

VIVO DE LO QUE ME GUSTA Y HAGO TODO LO QUE QUIERO, CUANDO QUIERO Y COMO QUIERO. ¿QUÉ MÁS SE PUEDE PEDIR?

b Lee de nuevo y observa cómo se usan los conectores concesivos que están subrayados. Luego, completa el cuadro con ellos.

Con indicativo y subjuntivo	Con indicativo	Con infinitivo	Con sustantivo
....	....	....	....
....	....		
por más que por mucho que			

c Comprueba con el apartado 36 del Resumen gramatical (página 247) y asegúrate de que entiendes la información que aparece en él.

2
a ¿Tienes buena memoria? Cierra el libro y escribe el mayor número posible de frases, con oraciones concesivas, sobre Celia.

> Aunque era muy pequeñita, dibujaba verdaderas maravillas.

b Compara con tu compañero. ¿Quién tiene más frases correctas?

3 Relaciona las dos partes y forma las frases que te parezcan más lógicas.

1. Aunque se están llevando siempre la contraria, ...

2. Por más que se esforzó, ...

3. Apenas chapurrea neerlandés, ...

4. A pesar de no ser unas personas muy brillantes, ...

5. Aunque al principio no parezca muy de fiar, ...

6. Pues aquí estoy, residiendo en Madrid, ...

7. Por mucho que ensaye, ...

8. A pesar de la edad que tiene, ...

9. Dejó de hablarme, ...

10. Es increíble, no se cansa nunca, ...

11. Tanto si me lo sugieren como si me lo piden, ...

A. ... no consiguió aprobar las oposiciones.

B. ... no lograré tocar bien porque no soy un virtuoso.

C. ... y eso que no le hice nada ni tuvimos ningún roce.

D. ... mi abuela sigue montando en bici todos los días.

E. ... no me cabe la menor duda de que es una persona muy noble.

F. ... y eso que lo estudió algún año en el colegio.

G. ... a pesar de que nunca me había imaginado que me trasladaría a otro sitio.

H. ... les va estupendamente en la vida.

I. ... se quieren mucho. Quién lo diría.

J. ... no pienso dimitir.

K. ... por más que trabaje.

1. ..I.. 2. ...... 3. ...... 4. ...... 5. ...... 6. ...... 7. ...... 8. ...... 9. ...... 10. ...... 11. ......

¡ES MENTIRA!

4
a Piensa en cosas que has logrado hacer en tu vida venciendo dificultades o superando inconvenientes. Luego, escribe frases con informaciones sobre ellas y sobre otras cosas que no has hecho.

> Aunque siempre me había parecido muy difícil conducir, me saqué el carné de conducir a la primera.

b Díselas a tu compañero para ver si acierta cuáles has hecho y cuáles no.

Recuerda

COMUNICACIÓN

Expresar condiciones no cumplidas y sus consecuencias

- Si hubieras hecho ese curso, habrías aprendido tanto como yo.
- Si anoche me hubiese acostado temprano, ahora no tendría tanto sueño.

Relatar contratiempos
Expresar involuntariedad

- El otro día se me cayeron las gafas y se me rompieron.
- Ayer se me olvidó decirte que te llamó Claudia por la mañana.

Expresar arrepentimiento
Reprocharse algo

- Debería haberle hecho caso a Luisa y no haber venido.
- Tendría que haber hablado con Pedro antes de tomar esa decisión.
- Si en lugar de venir aquí, me hubiera quedado en casa estudiando, habría salido ganando.

Expresar decepción

- ¡Qué decepción! Con las ganas que tenía de verla y no ha venido...
- ¡Qué desilusión!

Oponer informaciones

- Aunque no te apetezca nada, tienes que hacer más ejercicio.
- Vino a decírmelo personalmente a pesar de que era muy tarde.
- Pues a mí me apetece quedarme más rato a pesar del frío que hace.
- Por más que lo he intentado, todavía no he conseguido que me reciban.
- Ha vuelto a llegar tarde, y eso que ayer prometió no volver a hacerlo.

GRAMÁTICA

Pretérito pluscuamperfecto de subjuntivo

(Ver resumen gramatical, apartado 1.6)

Si + pretérito pluscuamperfecto de subjuntivo, + condicional compuesto

(Ver resumen gramatical, apartado 9.3)

Si + pretérito pluscuamperfecto de subjuntivo, + condicional simple

(Ver resumen gramatical, apartado 9.4)

Se + *me/te/le/nos/os/les*

(Ver resumen gramatical, apartado 34)

(*No*) *Debería haber* + participio
(*No*) *Tendría que haber* + participio
Si en vez/lugar de + infinitivo + pretérito pluscuamperfecto de subjuntivo, + (*no*) condicional compuesto/simple

(Ver resumen gramatical, apartado 35)

¡Qué decepción/desilusión!

Oraciones concesivas

- aunque
- a pesar de (que)
- y eso que
- por más que
- tanto si... como si...

(Ver resumen gramatical, apartado 36)

Mario Vargas Llosa: "Cuándo y por qué decidí ser escritor"

1
a
El escritor peruano Mario Vargas Llosa cuenta en este fragmento cuándo y por qué tomó una decisión muy importante en su vida: ser escritor. Léelo, busca derivados de estas palabras y asegúrate de que los entiendes.

- cierto
- dicha
- mediocre
- idiota
- doctor
- deprimir

- eliminar
- loco
- inspirar
- bruto
- alimento
- feliz

- cobarde
- fastidiar
- voluntad
- puño
- terco

Sin embargo, fue allí, en Madrid, mientras seguía con cierto desgano los cursillos del doctorado en la Facultad de Letras y leía galopantes novelas de caballerías en la Biblioteca Nacional [...] que me planteé por primera vez la ambición de ser un escritor y nada más que un escritor. Llegué a esta conclusión por el método eliminatorio, luego de haber descubierto que tampoco quería enseñar. Ni abogado, ni periodista, ni maestro: lo único que me importaba era escribir y tenía la certidumbre de que si intentaba dedicarme a otra cosa sería siempre un infeliz. Que nadie deduzca de esto que la literatura garantiza la felicidad: trato de decir que quien renuncia a su vocación por razones prácticas, comete la más impráctica idiotez. Además de la ración normal de desdicha que le corresponda en la vida como ser humano, tendrá la suplementaria de la mala conciencia y la duda. Así, hacia finales de 1958, en una pensión de la calle del Doctor Castelo, no lejos del Retiro, quedó perpetrado el acto de locura: voy a tratar de ser un escritor. Todo lo que había escrito hasta entonces —una obrita de teatro, un puñado de poemas, algunos cuentos, copiosos artículos— era muy malo. Decidí que la razón de esa mediocridad eran mi indecisión y cobardía anteriores, no haber asumido la literatura como lo primordial. Había terminado un libro de cuentos, que encontró un editor en Barcelona (misteriosamente, esta ciudad sería la cuna de publicación de todos mis libros), y el resultado era más bien deprimente. Los había escrito casi todos en Lima, en los resquicios de tiempo libre que me dejaban múltiples y fastidiosos trabajos alimenticios. Justifiqué así ese fracaso: solo se podía ser escritor si uno organizaba su vida en función de la literatura; si uno pretendía —como había hecho yo hasta entonces— organizar la literatura en función de una vida consagrada a otros amos, el resultado era la catástrofe. Completé esas justificaciones con una teoría voluntarista: la inspiración no existía. Era algo que, tal vez, guiaba las manos de escultores y pintores y dictaba imágenes y notas a los oídos de poetas y músicos, pero al novelista no lo visitaba jamás: era el desairado de las musas y estaba condenado a sustituir esa negada colaboración con terquedad, trabajo y paciencia. No me quedaba otra alternativa: si la inspiración existía para los novelistas, nunca sería uno de ellos. Sobre mí no caía jamás esa fuerza divina: a mí cada sílaba escrita me costaba un esfuerzo brutal.

MARIO VARGAS LLOSA: *Historia secreta de una novela.*

b **Lee de nuevo y responde a estas preguntas.**

1. ¿Qué y dónde estaba estudiando Mario Vargas Llosa cuando decidió ser escritor?

2. ¿Le interesaban mucho esos estudios?

3. ¿Qué había creado antes de tomar esa decisión?

4. ¿Qué acogida por parte del público tuvo el libro de cuentos que había publicado?

5. ¿Por qué crees que califica de alimenticios los trabajos que había tenido anteriormente?

6. ¿Cómo pensaba que se sentiría si no era escritor?

7. En su opinión, ¿era seguro que escribir te hacía feliz?

8. ¿Cuáles eran, a su entender, las causas de que las obras que había escrito hasta entonces tuvieran tan poca calidad?

9. ¿Le resultaba fácil componer sus escritos? ¿Con qué suplía su falta de inspiración?

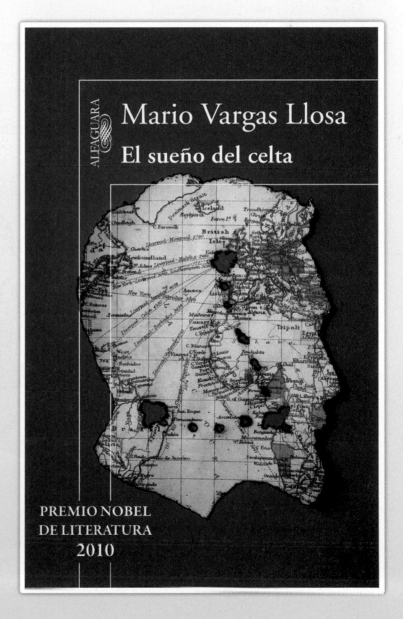

Elige el final

1 **Busca en un diccionario el significado de cuatro palabras o expresiones que no conozcas.**

a

- arrepentimiento
- impertinencia
- malestar
- dar lo mismo
- de mala gana
- irritar
- piedad

- levantarse con mal pie
- desasosiego
- deshojar
- desesperación
- conmovedora
- destrozados
- armar (un objeto)

- plegable
- bufar
- orar
- inclinarse
- infarto
- de perfil
- prevención

b **Pregunta a tus compañeros el significado de las restantes que no conozcas.**

c **Toma nota de las que sirvan para hablar de sentimientos, actitudes o estados de ánimo.**

Arrepentimiento, impertinencia,…

d **Lee este cuento de Juan José Millás y asegúrate de que lo entiendes.**

ARREPENTIMIENTO

Cuando el hombre subió al tren, yo ya había ocupado mi asiento, junto a la ventanilla. Se detuvo frente a mí, me observó con impertinencia y luego revisó un par de veces su billete, como si no acabara de creerse que le hubiera tocado pasillo. Al darme cuenta de su malestar, le propuse que cambiáramos nuestros lugares, pues a mí me daba lo mismo un sitio u otro. Pero dijo que no, como con miedo a que si aceptaba aquel favor tuviera que darme conversación durante el viaje. Se sentó, pues, de mala gana y abrió el móvil para hablar con alguien —quizá una secretaria— a quien se quejó de que, además de ha-berle dado pasillo, se encontraba sentado en dirección contraria a la de la marcha del tren. «Esa agencia de viajes es una mierda, no vuelvas a usarla», concluyó antes de colgar y guardar el aparato. Yo, entre-tanto, fingía leer un libro. Curiosamente, la actitud del hombre, lejos de irritarme, me producía piedad. Era evidente que se había levantado con mal pie y que andaba buscando situaciones o lugares con los que justificar su desasosiego. A mí también me pasa a veces y luego me detesto por ello, pero no puedo evitarlo. Somos así.

Pidió tres periódicos a las azafatas, pero se limitó a deshojarlos sin leer ninguno. Había una desespe-ración conmovedora en el modo en que pasaba las páginas. Una vez destrozados los tres periódicos, desarmó sobre la mesa plegable un bolígrafo de oro, observando cada uno de sus componentes con un gesto de decepción algo cómico, como si su mecanismo le pareciera demasiado simple. Luego volvió a armarlo con expresión de superioridad. De vez en cuando bufaba o miraba el reloj, como si estuviera presionado por alguna urgencia. Naturalmente, rechazó el desayuno y le pareció mal que yo lo aceptara por las molestias que suponía para él. Luego permaneció un rato completamente quieto, como si orara, al cabo del cual se inclinó como si le hubiera dado un infarto.

Pero no le había dado un infarto, sino que estaba conteniendo unas ganas inmensas de llorar. Al volver-me, vi su ojo derecho de perfil clavado sobre la mesa plegable.

—¿Le ocurre algo? —pregunté con prevención.

—Me ocurre —dijo— que me arrepiento de todo, de todo, me arrepiento de todo, pero no se preocupe, en seguida se me pasa.

JUAN JOSÉ MILLÁS: *Los objetos nos llaman.*

---

e **Lee estos tres posibles finales del cuento y elige el que más te guste.**

1. Transcurridos unos segundos, levantó la vista y sus ojos se encontraron con los míos. La sonrisa que brota-ba de su rostro fue la primera que vi en él y reflejaba el que seguramente era el primer momento de bienes-tar que había tenido aquella mañana.

2. Transcurridos unos segundos, me dijo con una voz cuyo tono sereno y agradable no había sentido antes:
   —Gracias. Y perdone, pero es que soy así y no puedo evitarlo.

3. En efecto, transcurridos unos segundos, volvió a incorporarse y adoptó la actitud de intransigencia anterior. Se apeó sin despedirse.

f **¿Cuál crees que es el que creó Juan José Millás? Díselo al profesor y comprueba si lo has acertado.**

Repaso 3

LECCIONES

- **9** CARÁCTER Y RELACIONES PERSONALES
- **10** ESTADOS FÍSICOS Y ANÍMICOS
- **11** DE VACACIONES
- **12** HECHOS Y DECISIONES IMPORTANTES

Juego de vocabulario

1a Busca en las lecciones 9-12 y anota seis palabras que hayas estudiado y que te parezcan difíciles.

b Muéstraselas a tu compañero y asegúrate de que las entiende y de que tú entiendes las suyas. Si hay alguna incluida en las dos listas, sustituidla por otra.

c Jugad con otra pareja. Por turnos. Una pareja dice una palabra y la otra debe definirla o explicarla correctamente para obtener un punto. Gana la pareja que consiga más puntos.

2a Busca en las lecciones 9-12 estructuras gramaticales sobre las que tengas dudas y que consideres que necesitas repasar.

b Trabaja con un compañero para ver si puede ayudarte a resolver esas dudas e intenta resolver las suyas. Si no estáis seguros, consultad al profesor.

c Escribid frases que contengan las estructuras que necesitáis repasar. Luego, traducidlas a vuestra lengua y pasádselas a otra pareja para que las escriba en español.

d Comprobad si coinciden con las vuestras. En caso negativo, averiguad a qué se debe.

3 Las tres en raya. En grupos de tres. Por turnos, cada alumno elige un verbo para formar un adjetivo a partir de él e incluirlo en una frase. Si está bien, escribe su nombre en esa casilla. Gana el que obtenga tres en raya.

desconcertar	herir	frustrar	reflexionar
exagerar	irritar	idealizar	competir
deprimir	imaginar	alucinar	estresar
ironizar	conservar	emocionar	agobiar

Es emocionante que de vez en cuando oigamos noticias tan buenas como la que acabas de darme.

4 **Una decisión importante. Lee este fragmento del cuento _Dos palabras_, de la escritora chilena Isabel**
a **Allende, del que ya leíste una parte en la página 136 de la lección 8, y responde a las preguntas.**

1. ¿Qué decisión importante en su vida tomó Belisa Crepusculario?
2. ¿Puedes explicar qué cosas tendría que hacer en su trabajo? (Si lo necesitas, puedes comprobarlo en la página 136 de la lección 8).
3. ¿Qué profesiones descartó?

Belisa Crepusculario había nacido en una familia tan mísera, que ni siquiera poseía nombres para llamar a sus hijos. Vino al mundo y creció en la región más inhóspita, donde algunos años las lluvias se convierten en avalanchas de agua que se llevan todo, y en otros no cae ni una gota del cielo, el sol se agranda hasta ocupar el horizonte entero y el mundo se convierte en un desierto. Hasta que cumplió doce años no tuvo otra ocupación ni virtud que sobrevivir al hambre y la fatiga de siglos. [...]

Belisa Crepusculario salvó la vida y además descubrió por casualidad la escritura. Al llegar a una aldea en las proximidades de la costa, el viento colocó a sus pies una hoja de periódico. Ella tomó aquel papel amarillo y quebradizo y estuvo largo rato observándolo sin adivinar su uso, hasta que la curiosidad pudo más que su timidez. Se acercó a un hombre que lavaba un caballo en el mismo charco turbio donde ella saciara su sed.

—¿Qué es esto? —preguntó.

—La página deportiva del periódico —replicó el hombre sin dar muestras de asombro ante su ignorancia. La respuesta dejó atónita a la muchacha, pero no quiso parecer descarada y se limitó a inquirir el significado de las patitas de mosca dibujadas sobre el papel.

—Son palabras, niña. Allí dice que Fulgencio Barba noqueó al Nero Tiznao en el tercer _round_.

Ese día Belisa Crepusculario se enteró de que las palabras andan sueltas sin dueño y cualquiera con un poco de maña puede apoderárselas para comerciar con ellas. Consideró su situación y concluyó que aparte de prostituirse o emplearse como sirvienta en las cocinas de los ricos, eran pocas las ocupaciones que podía desempeñar. Vender palabras le pareció una alternativa decente. A partir de ese momento ejerció esa profesión y nunca le interesó otra. Al principio ofrecía su mercancía sin sospechar que las palabras podían también escribirse fuera de los periódicos. Cuando lo supo calculó las infinitas proyecciones de su negocio, con sus ahorros le pagó veinte pesos a un cura para que le enseñara a leer y escribir y con los tres que le sobraron se compró un diccionario. Lo revisó desde la A hasta la Z y luego lo lanzó al mar, porque no era su intención estafar a los clientes con palabras envasadas.

ISABEL ALLENDE: "Dos palabras",
Cuentos de Eva Luna.

b Fíjate en lo que significan las palabras de la columna de la izquierda en el texto y relaciónalas con las palabras y frases de la derecha.

1. inhóspita   A. sacerdote católico

2. avalancha   B. agua u otro líquido detenido en el suelo

3. quebradizo   C. preguntar para conseguir una información

4. charco   D. satisfacer por completo

5. turbio   E. incómoda, desagradable

6. saciar   F. que se rompe muy fácilmente

7. asombro   G. que actúa de acuerdo con la moral sexual

8. descarada   H. dejar fuera de combate

9. inquirir   I. gran cantidad de algo que llega con fuerza

10. noquear   J. gran sorpresa

11. maña   K. habilidad, ingenio

12. prostituirse   L. quitar dinero o algo de valor con engaño

13. decente   M. irrespetuosa, atrevida

14. un cura   N mantener relaciones sexuales a cambio de dinero

15. estafar   O. que no tiene su transparencia natural porque está sucio o mezclado con algo

c ¿Verdadero o falso? Lee de nuevo y márcalo.

	V	F
1. Belisa Crepusculario tenía un origen muy humilde.	☐	☐
2. En su tierra se alternaban inundaciones con sequías.	☐	☐
3. Fue a la escuela hasta los doce años.	☐	☐
4. La primera vez que vio un periódico entendió todo lo que ponía en él.	☐	☐
5. Al señor que estaba lavando el caballo le chocó que le hiciera la pregunta que le hizo.	☐	☐
6. Aquella hoja de periódico traía información política.	☐	☐
7. Trabajar con las palabras le pareció que era lo mejor a lo que podía dedicarse.	☐	☐
8. Ya no desempeñó ningún otro oficio en su vida.	☐	☐
9. Se pagó clases particulares de lectura y escritura.	☐	☐
10. Pretendía engañar a sus clientes usando las palabras con ingenio.	☐	☐

5 **Lee las preguntas de un cuestionario que hacen a personajes famosos en un programa de radio. Piensa**
a **en las respuestas que tú darías.**

1. Algo de lo que se siente usted muy satisfecho.

2. Algo de lo cual se arrepiente y cree que no debería haberlo hecho.

3. ¿Qué cualidades no soporta en una persona?

4. ¿Qué espera de un amigo?

5. Algo que le causa preocupación.

6. Si hubiera estado en su mano elegirlo, ¿en qué momento histórico le habría gustado vivir? ¿Por qué?

7. Un deseo poco probable, un sueño que le gustaría ver hecho realidad.

b **Escucha las respuestas que dio Antonio Flórez y toma nota. ¿Coincide alguna con las tuyas?**

3|17

c **Haz ese cuestionario con uno de los compañeros que menos conozcas. Comparad vuestras respuestas y**
averiguad en qué aspectos sois compatibles.

6 **Piensa en las respuestas a estas preguntas y coméntalas con dos o tres compañeros.**
a
• ¿Te has arrepentido alguna vez de haber ido a algún sitio? ¿Por qué?
• ¿Crees que podrías volver allí? ¿Qué debería ocurrir para que volvieras?

b **Piensa en algún lugar poco conocido de tu país que te guste mucho y que creas que tus compañeros no**
conocen. Descríbeselo, diles cómo lo descubriste y qué les aconsejas hacer si van alguna vez allí.

7 **Escríbele un correo electrónico a un estudiante que va a empezar el curso que tú estás terminando.**
a **Coméntale tu experiencia, y háblale de lo que te sientes más satisfecho y de lo que te parece mejora-**
ble. Dale, además, los consejos que estimes oportunos para que obtenga el máximo provecho del curso
(y para que disfrute aprendiendo a lo largo del mismo).

b **Envíaselo a otro compañero y averigua cómo habría reaccionado si lo hubiera recibido al principio del**
curso, si habría influido en él durante el curso y, en caso afirmativo, cómo.

8 **En grupos de cuatro. Juega con un dado y una ficha de color diferente a la de tus compañeros.**

1. Por turnos. Tira el dado y avanza el número de casillas que indique.
2. Responde a la pregunta o habla del tema de la casilla en la que caigas. Puedes decir todo lo que quieras.

Salida	7. Una estructura difícil de la lengua española.	8. Una broma que has hecho más de una vez.	15. Algo que crees que debes mejorar en español. ¿Cómo?
1. ¿Crees que vas a echar algo de menos cuando acabe este curso?	6. Algún tipo de actividad de clase que te gusta mucho.	9. ¿Cuál de los grandes problemas de la humanidad crees que es más fácil de solucionar? ¿Por qué?	14. Una costumbre que no tienes y que te gustaría tener.
2. ¿Has alcanzado los objetivos que te habías propuesto al principio del curso?	5. La lección de este libro que más recuerdas. ¿Por qué?	10. Alguna estrategia que aplicas para escribir en español y que te da buen resultado.	13. La última película que has visto: cuéntala y valórala.
3. Tu español dentro de diez años.	4. El último libro que has leído en español.	11. Tres preguntas que harías en un centro de enseñanza de español para averiguar cómo son sus cursos.	12. Algo que te ha causado alegría recientemente.

16. Tu pueblo o tu ciudad en el año 2100.

23. ¿Has hecho en este curso algo que ahora crees que no deberías haber hecho?

24. Algo de este curso que te ha llamado la atención.

Llegada

17. Alguien con quien mantienes o podrías mantener correspondencia en español.

22. Lo que más te gusta hacer en español.

25. Algún eslogan publicitario que te llama la atención. ¿Por qué?

30. Expresa un deseo para el próximo curso.

18. Algo que te gustaría que ocurriera próximamente.

21. Algo de tu centro de estudios que se puede mejorar. ¿Cómo?

26. Algo que has hecho en el curso que termina y que te ha ayudado a tener más confianza en ti mismo.

29. ¿Cómo puedes usar internet para aprender español?

19. Lo que más te ha gustado de este libro.

20. Una palabra que dices mucho en español. ¿Por qué?

27. ¿Y si no hubieras hecho este curso? Menciona algunas consecuencias.

28. Alguna estrategia de aprendizaje que has descubierto en este curso.

Resumen gramatical

1 Verbos: formas personales

1.1. Presente de subjuntivo

1.1.1. Verbos regulares

-AR	-ER	-IR
hablar	**comer**	**escribir**
hable	coma	escriba
hables	comas	escribas
hable	coma	escriba
hablemos	comamos	escribamos
habléis	comáis	escribáis
hablen	coman	escriban

1.1.2. Verbos irregulares

1.1.2.1. Irregularidades vocálicas

1.1.2.1.1. Alteraciones que afectan a las tres personas del singular y a la tercera del plural

e → ie	o → ue	u → ue
querer	**poder**	**jugar**
quiera	pueda	juegue
quieras	puedas	juegues
quiera	pueda	juegue
queramos	podamos	juguemos
queráis	podáis	juguéis
quieran	puedan	jueguen

1.1.2.1.2. Alteraciones que afectan a todas las personas (singular y plural)

e → i	y (verbos en –*uir*)
pedir	**influir**
pida	influya
pidas	influyas
pida	influya
pidamos	influyamos
pidáis	influyáis
pidan	influyan

1.1.2.1.3. *i* en la primera y segunda personas del plural de los verbos en -*e*...*ir* que diptongan (*e* → *ie*)

sentir	preferir	mentir
sienta	prefiera	mienta
sientas	prefieras	mientas
sienta	prefiera	mienta
sintamos	prefiramos	mintamos
sintáis	prefiráis	mintáis
sientan	prefieran	mientan

1.1.2.1.4. *u* en la primera y segunda personas del plural de los verbos en -*o*...*ir* que diptongan (*o* → *ue*)

dormir	morir
duerma	muera
duermas	mueras
duerma	muera
durmamos	muramos
durmáis	muráis
duerman	mueran

1.1.2.2. Irregularidades consonánticas y/o vocálicas

Los verbos con primera persona del singular irregular en presente de indicativo forman todo su presente de subjuntivo a partir de esa irregularidad. Ejemplos:

Pero no sucede eso con el verbo *dar*.

Presente de indicativo (yo)	Presente de subjuntivo
conozco	conozca, conozcas, conozca, conozcamos, conozcáis, conozcan
hago	haga, hagas, haga, hagamos, hagáis, hagan
tengo	tenga, tengas, tenga, tengamos, tengáis, tengan
salgo	salga, salgas, salga, salgamos, salgáis, salgan
pongo	ponga, pongas, ponga, pongamos, pongáis, pongan
digo	diga, digas, diga, digamos, digáis, digan
quepo	quepa, quepas, quepa, quepamos, quepáis, quepan
veo	vea, veas, vea, veamos, veáis, vean
oigo	oiga, oigas, oiga, oigamos, oigáis, oigan

dar
dé
des
dé
demos
deis
den

1.1.2.3. Verbos con irregularidad propia en este tiempo

haber	ir	ser	saber	estar
haya	vaya	sea	sepa	esté
hayas	vayas	seas	sepas	estés
haya	vaya	sea	sepa	esté
hayamos	vayamos	seamos	sepamos	estemos
hayáis	vayáis	seáis	sepáis	estéis
hayan	vayan	sean	sepan	estén

1.2. Futuro compuesto

Se construye con el futuro simple del verbo *haber* y el participio del verbo que se conjuga.

habré *habrás* *habrá* *habremos* *habréis* *habrán*	+ participio

Usos:

1.2.1. Para expresar una acción futura, anterior a otra acción en el futuro o a un momento futuro del que estamos hablando.

● Cuando llegues a tu casa, ya **habré terminado** esto.

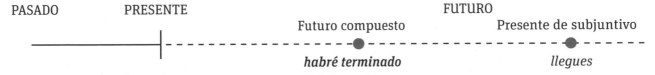

PASADO   PRESENTE

FUTURO

Futuro compuesto   Presente de subjuntivo

habré terminado   *llegues*

● A esa hora (a las once) ya me **habrán comunicado** el resultado.

1.2.2. Formular hipótesis sobre el pasado tratando de dar una explicación a algo sucedido (ver página 231, apartado 16.4.2.).

● ¡Qué raro que todavía no esté aquí Gustavo! Son ya las nueve y veinte...
■ **Se habrá dormido.**

1.3. Pretérito perfecto de subjuntivo

Se forma con el presente de subjuntivo del verbo *haber* y el participio del verbo que se conjuga.

hayas *hayas* *haya* *hayamos* *hayáis* *hayan*	+ participio

Usos:

En muchas construcciones que funcionan con subjuntivo usamos el pretérito perfecto de subjuntivo. He aquí algunos casos:

1.3.1. Para expresar probabilidad sobre una acción futura, anterior a otra acción en el futuro.

- Cuando me llames, **es probable que** ya **haya conseguido** esa información.

1.3.2. Para expresar sorpresa o extrañeza sobre una acción pasada, ocurrida en una unidad de tiempo no terminada.

- Realmente, **me sorprende que no hayas venido** hoy.

1.3.3. Para valorar experiencias pasadas sin especificar el momento de su realización.

- **Me parece estupendo que hayas vivido** en tantos países.

1.4. Pretérito imperfecto de subjuntivo

1.4.1. Verbos regulares

- Se construyen a partir de la tercera persona del plural del pretérito indefinido (*hablaron, comieron, vivieron*).
- Se sustituye la terminación *-ron* por las propias de este tiempo, en *-ra* o en *-se* (*hablara/hablase, comiera/comiese, viviera/viviese*)

	-ar/-er/-ir
yo	-ra/-se
tú	-ras/-ses
él/ella/usted	-ra/-se
nosotros/nosotras	-ramos*/-semos*
vosotros/vosotras	-rais/-seis
ellos/ellas/ustedes	-ran/-sen

* Las formas correspondientes a *nosotros/nosotras* van acentuadas:
habláramos/hablásemos, comiéramos/comiésemos.

Ejemplos:
trabajara/trabajase
volviera/volviese
saliera/saliese

1.4.2. Verbos irregulares

Se construyen de la misma manera que los verbos regulares. Por tanto, son irregulares todos los que también lo son en la tercera persona del plural del pretérito indefinido.

ir/ser	fuera/fuese
estar	estuviera/estuviese
hacer	hiciera/hiciese
sentir	sintiera/sintiese
dormir	durmiera/durmiese
oír	oyera/oyese
dar	diera/diese

Observaciones:

- Las formas en *-ra* y en *-se* son equivalentes en los usos tratados en este curso.
- En general, es más frecuente el uso de la forma en *-ra*, sobre todo en la lengua hablada.

Usos:

1. Para expresar condiciones irreales o que no se cumplen en el presente (ver página 225, apartado 9.1).

   - Si no **estuviera** ahora en clase, creo que estaría en casa.

   O para expresar condiciones de cumplimiento poco probable en el futuro (ver página 225, apartado 9.2).

   - Si me **eligieran** presidente del Gobierno, cambiaría muchas cosas.

2. En muchas construcciones que funcionan con subjuntivo usamos el pretérito imperfecto de subjuntivo para referirnos a acciones pasadas.

   - Me sorprende que **hicieras** eso.   • Me sorprendió que **hicieras** eso.
     (hoy)   (ayer)   (ayer)   (ayer)

   - Puede que Héctor **intentara** localizarnos ayer y no lo **consiguiera**.

3. Para referir peticiones, consejos, órdenes... pasadas (ver página 241, apartado 26.3).

   - "Entrégamelo esta misma tarde, por favor." → Me pidió que se lo **entregara** aquella misma tarde.

1.5. Condicional compuesto

Lo construimos con el condicional simple de *haber* y el participio del verbo que se conjuga.

habría *habrías* *habría* *habríamos* *habríais* *habrían*	+ participio

Usos:

1.5.1. Para formular hipótesis sobre el pasado, en las cuales se hace referencia a una probable acción pasada, anterior a otra acción pasada.

   - Yo me imagino que Marina no iría ayer a la fiesta porque no la **habrían invitado**.

Con respecto al tiempo cronológico, el condicional compuesto es equivalente al pretérito pluscuamperfecto de indicativo. (Ver página 231, apartado 16.4.2).

   - No comentó nada de lo de Óscar porque todavía no se **había enterado**.
     (El hablante está seguro de la información.)
   - No comentaría nada de lo de Óscar porque todavía no se **habría enterado**.
     (La información le parece probable al hablante.)

1.5.2. Para expresar consecuencias que no tuvieron lugar en el pasado porque no se dieron las condiciones necesarias (ver página 225, apartado 9.3).

   - Si hubiera salido a las ocho de casa, **habría llegado** a tiempo.
     (No llegó a tiempo porque no salió a las ocho.)

1.6. Pretérito pluscuamperfecto de subjuntivo

- Se forma con el pretérito imperfecto de subjuntivo del verbo *haber* y el participio del verbo conjugado.
- Lo empleamos para expresar condiciones no cumplidas en el pasado (ver página 225, apartados 9.3 y 9.4)

hubiera/hubiese
hubieras/hubieses
hubiera/hubiese
hubiéramos/hubiésemos
hubierais/hubieseis
hubieran/hubiesen
	+ participio	• Si te **hubiera/hubiese visto**, te lo habría dicho.
		  (No lo vio y no se lo dijo.)
		• Si **hubiera/hubiese hecho** ese curso, ahora tendría
		  trabajo. (No hizo ese curso y ahora no tiene trabajo.)

2 Verbos: formas no personales

2.1. Infinitivo

2.1.1. El infinitivo se puede utilizar como un sustantivo y en funciones propias del sustantivo.

- Normalmente se usa en singular y masculino.
    - **Correr** es muy bueno para la salud. (Sujeto)
    - Estoy hecho polvo. Necesito **descansar**. (Objeto directo)
- También se puede utilizar detrás del verbo *ser*, en función de atributo.
    - Le encanta el cine y dice que su sueño es **ser** director.
- El infinitivo puede tener los complementos que tienen los verbos.
    - **Cenar tarde** no es bueno. (Complemento circunstancial de tiempo)
    - **Tomar grasas** no es nada recomendable. (Objeto directo)
    - **Regalarle** ese libro **a Raúl** fue una idea excelente. (Objeto indirecto)
    - Creo que **decirle eso allí en aquel momento** fue un error. (Objeto indirecto, objeto directo, complemento circunstancial de lugar y complemento circunstancial de tiempo)

2.1.2. También empleamos el infinitivo en distintas perífrasis verbales (ver apartado 3.1).

- Cuando se lo conté a Eduardo, **se echó a reír**.
- Y al final **llegó a ocupar** un puesto de mucha responsabilidad.
- Yo **suelo acostarme** bastante tarde.
- ¿Y es muy caro ese aparato?
    - No, **viene a costar** cien euros.

2.2. Infinitivo compuesto

Se forma con el verbo auxiliar *haber* y el participio del verbo principal. Lo usamos para expresar una acción pasada anterior a un momento pasado o a otra acción pasada.
- No debería **haber hablado** con ella. No le ha gustado lo que le he dicho.
- Reconozco que tendría que **haberle preguntado** a Óscar antes de la reunión.

Observaciones:

Para negar usamos el adverbio *no* antes del infinitivo.
- Para **no engordar** es fundamental **no tomar** dulces.
- Fue un error **no haberle dicho** nada al director antes.

2.3. Gerundio

Usos:

- Para expresar una acción en desarrollo, con cualquier tiempo verbal.
    - Hoy **he estado trabajando** todo el día.
    - Mañana, a esta misma hora, **estaré tomando** el sol en la playa.
- Para expresar una acción que sucede al mismo tiempo que otra.
    - Cuando estoy solo, casi siempre **como escuchando** la radio.
- Para expresar cómo se hace algo o cómo se llega a un sitio.
    - A conducir se aprende **conduciendo**.
    - Disculpa, ¿sabes dónde está el aula número doce?
    - **Subiendo** las escaleras, la segunda a la derecha.
- En distintas perífrasis verbales (ver apartado 3.2).
    - Y al final, aunque parezca mentira, **terminaron haciéndose** muy amigos.
    - Ya **llevo** nueve años **trabajando** aquí. ¡Cómo pasa el tiempo!
    - Yo pienso que, poco a poco, la gente **se va concienciando** de la importancia de la medicina preventiva.

Observaciones:

En algunos casos, para negar usamos el adverbio *no* antes del gerundio.
- Al final terminaron **no hablándose**.
- Empezó **no diciendo** la verdad y acabó mintiendo.
- **No teniendo** prisa (= si no se tiene prisa), es mejor esperar a que esté todo arreglado.

Sin embargo, generalmente no utilizamos el gerundio en forma negativa; en su lugar usamos *sin* + infinitivo.
- (~~Entró no haciendo ruido~~) Entró **sin hacer** ruido.
- (~~Llevo tres días no hablando por teléfono~~) Llevo tres días **sin hablar** por teléfono.

2.4. Participio

• Su forma es invariable cuando se usa con el verbo auxiliar *haber* para formar los tiempos compuestos. Además, en esos casos no se puede separar *haber* del participio.

> • Cuando la llamé por teléfono, **no había salido todavía** de casa. (~~No había todavía salido de casa.~~)
> • Estoy segura de que a las seis **habremos terminado ya** este trabajo. (~~Habremos ya terminado este trabajo.~~)

En cambio, cuando se usa como adjetivo, el participio concuerda en género y número con la persona, animal o cosa a la que se refiere.

> • **Juana**, ¿me puedes decir por qué **estás** tan **disgustada**? (*Estar* + participio)
> • Oye, ¿no crees que **este perro está** demasiado **protegido**? (*Estar* + participio)
> • Aunque es domingo, he visto muchas **tiendas abiertas** por el centro. (Sustantivo + participio)
> • Últimamente no nos llamas ni nos visitas. Nos **tienes** un poco **abandonados**, ¿eh? (*Tener* + participio)

• El participio se utiliza con el verbo *ser* para formar la voz pasiva, y concuerda en género y número con la persona, animal o cosa a la que se refiere.

> • ¿Sabes que **Blanca fue contratada** la semana pasada por mi empresa y ahora trabajamos juntas?
> • Mira **esos perros**, yo creo que los pobres **han sido abandonados** por sus dueños.
> • No estoy seguro, pero yo diría que **este puente fue construido** en los años noventa.

• En el lenguaje periodístico, en los titulares de los medios de comunicación generalmente se prescinde del verbo *ser* y se usa solo el participio.

> • (Han sido) **Descubiertas** unas ruinas romanas junto a la Plaza Mayor.
> • (Ha sido) **Detenido** el alcalde de Guardasol por un delito urbanístico.

3 Perífrasis verbales

• Una perífrasis verbal es una construcción formada por dos o más verbos. El primero (llamado *auxiliar*) está conjugado. El segundo (llamado *principal* o *auxiliado*) está en forma no personal: infinitivo, gerundio o participio.

> • **He dejado de tomar** dulces.
> • Todos los días **tengo que madrugar** para ir a trabajar.
> • Me doy cuenta de que poco a poco **voy progresando** en español.

Los verbos de una perífrasis pueden ir unidos por:

> • una preposición (he dejado **de** tomar dulces)
> • la conjunción *que* (tengo **que** levantarme pronto)

O la unión puede ser directa, sin preposición ni conjunción (voy progresando).

• Los verbos de una perífrasis funcionan como una unidad y no podemos poner entre ellos los pronombres reflexivos, de objeto indirecto y de objeto directo. Estos pueden ir delante del verbo conjugado o después del verbo no conjugado formando una sola palabra.

> • Yo **me** suelo acostar tarde. = Yo suelo **acostarme** tarde. (~~Yo suelo me acostar tarde.~~)
> • **Te** sigo queriendo. = Sigo **queriéndote**. (~~Sigo te queriendo.~~)
> • **Te lo** vuelvo a decir. = Vuelvo a **decírtelo** (~~Vuelvo a te lo decir~~)

Algunas perífrasis tratadas en este curso:

3.1. Con infinitivo

3.1.1. Perífrasis que se refieren al principio de la acción.

• *Comenzar/empezar a* + infinitivo

> • **Empecé a trabajar** a los veinte años.

• *Ponerse a* + infinitivo

Para expresar el principio repentino de una acción.

> • **Se puso a hacerme** preguntas sobre "la señora de la casa".

• *Echarse a* + infinitivo

Se usa con los verbos *reír*, *llorar* y *temblar* para expresar el principio de una acción.

> • Siempre que me cuentan un buen chiste **me echo a reír**.

3.1.2. Perífrasis que se refieren a la repetición de una acción.

- *Soler*
  Acostumbrar a | + infinitivo

  Para expresar la idea de hábito o frecuencia.

  - Aunque sé que no es bueno, | **suelo** | **desayunar** poco.
    | **acostumbro a** |

- *Volver a* + infinitivo

  Su significado es equivalente al de las expresiones *otra vez*, *de nuevo* y al del prefijo *re-*.

  - **He vuelto a leer** la carta. = **He leído otra vez** la carta. = **He leído de nuevo** la carta. = **He releído** la carta.

3.1.3. Perífrasis que se refieren a la terminación de una acción.

- *Acabar/terminar de* + infinitivo

  - ¿A qué hora **acabas/terminas de hacer** gimnasia cada día?
  - A las ocho.

  Pero *acabar de* + infinitivo se puede utilizar también para referirse a una acción reciente, inmediatamente anterior, para expresar que esa acción se ha realizado hace muy poco tiempo.

- *Dejar de* + infinitivo

  Para expresar la interrupción de una acción.

  - Oye, ¿por qué no **dejas de quejarte**?
  - **He dejado de fumar y de beber.**

3.1.4. Perífrasis que se refieren a la obligación o necesidad de hacer algo.

- *Tener que* + infinitivo

  - Para renovar el DNI **tienes que pedir** cita por teléfono.

- *Haber que* + infinitivo

  Se usa en 3.ª persona del singular para expresar obligación o necesidad de manera impersonal.

  - Para aprobar esa oposición **hay que estudiar** muchísimo.

- *Haber de* + infinitivo

  Con esta perífrasis se puede expresar un menor grado de obligación o necesidad que con *tener que* + infinitivo y se utiliza menos que esta. Se emplea más en el lenguaje literario que en la lengua hablada.

  - Para adelgazar **has de hacer** mucho ejercicio.

- *Deber* + infinitivo

  - Pues sí, **debo hablar** con Nadia para darle una explicación.

Observa:

- *Deber* + infinitivo: el hablante puede expresar que la obligación o la necesidad dependen de él.

  - Yo creo que **debo estudiar** más, últimamente no estoy haciendo nada.

- *Tener que* + infinitivo: el hablante puede expresar que la obligación o la necesidad dependen de la situación.

  - **Tengo que estudiar** más para aprobar Física, que es dificilísima.

3.1.5. Perífrasis que indican posibilidad o probabilidad.

- *Tener que* + infinitivo

  - ¿Sabes qué hora es?
  - No, pero **tienen que ser** más de las cinco (= probablemente son más de las cinco).

- *Deber de* + infinitivo

  El grado de probabilidad es menor que cuando utilizamos *tener que* + infinitivo.

  - ¿En qué siglo se publicó el primer periódico diario?
  - No lo sé, pero **debió de ser** en el siglo XVIII.

Observa:

- *Deber*: para expresar obligación o necesidad (ver apartado 3.1.4).
- *Deber de*: para expresar posibilidad o probabilidad.
- *Poder* + infinitivo

  - No sé en qué país se inventó el cine, pero **pudo ser** en Francia (= es posible que fuera en Francia).

3.1.6. Para expresar la idea de aproximación.
- *Venir a* + infinitivo
    - En total, las vacaciones **vinieron a costarme** 1500 euros (= me costaron 1500 euros aproximadamente / más o menos).

3.1.7. Para transmitir la idea de "logro" o culminación de un proceso (equivalente a finalmente, al final o incluso).
- *Llegar a* + infinitivo
    - Empezó de la nada, montó una empresa y **llegó a tener** más de cien empleados (= y finalmente / al final / e incluso tuvo más de cien empleados).

3.2. Con gerundio

3.2.1.
- *Ir* + gerundio
Para expresar una acción que se desarrolla progresiva y gradualmente. Suele acompañarse de palabras o expresiones del tipo *poco a poco*, *cada vez más* y *progresivamente*. Se emplea mucho con verbos que transmiten la idea de cambio: *concienciarse, mentalizarse, adaptarse, volverse*, etc.
    - Poco a poco **me fui concienciando** de la necesidad de cuidar el medioambiente.
    - No estaba acostumbrado a ese clima y poco a poco **se fue adaptando**.

3.2.2.
- *Llevar* + gerundio
Para expresar la cantidad de tiempo que ha pasado desde el comienzo de una acción que continúa todavía.
    - **Llevo** dos años **trabajando** aquí. (Han pasado dos años desde que empecé a trabajar aquí.)
    En este tipo de perífrasis no utilizamos el gerundio en forma negativa, en su lugar utilizamos *sin* + infinitivo.
    - **Llevo** tres meses **sin trabajar**, desde que me quedé sin trabajo.

3.2.3.
- *Acabar/terminar* + gerundio
Para expresar el final, la culminación de un proceso. Responde a las preguntas *¿Cómo acabó/terminó?* y *¿Qué acabó/terminó pasando?*
    - Empezó a ir los fines de semana a la sierra y **terminó comprándose** una casita allí.

3.2.4.
- *Andar* + gerundio
Para expresar la idea de repetición e insistencia. Se emplea fundamentalmente en la lengua hablada.
    - Últimamente **andan llamándome** a casa varias compañías de teléfono, no paran de molestarme.

4 Corregir una información

- Cuando corregimos una información sustituyéndola por otra, podemos utilizar esta construcción:
No es que + subjuntivo, *sino que* + indicativo.
    - **No es que hable** despacio en español, **sino que pronuncio** muy mal.
    - **No es que** no me **parezca** útil la traducción, **sino que pienso** que no se debe abusar de ella.

- Para corregir una información dando una explicación, podemos emplear estas construcciones:
No es que + subjuntivo, | *es* / *lo que pasa es* | *que* + indicativo
    - **No es que tenga** mala memoria, **lo que pasa es que** si no **practico** suficientemente algo, se me olvida.
    - **No es que** no **quiera** leer en español, **es que** no **es** fácil encontrar libros que yo pueda leer.

5 Proponer y sugerir

5.1. Para proponer y sugerir podemos usar estas construcciones:

Te Le Os Les	propongo sugiero	que + presente de subjuntivo + infinitivo

- **Te propongo que** me **envíes** correos electrónicos para practicar más.
- **Te sugiero que hables** más en clase.
- **Te propongo ir** al cine.

- También podemos formular preguntas:

¿Te ¿Le ¿Os ¿Les	parece va bien	(bien) (una buena idea)	que + presente de subjuntivo?

- **¿Te parece que** nos **veamos** mañana?
- **¿Te parece una buena idea que salgamos** a cenar?
- **¿Te va bien que quedemos** a las seis?

- O utilizar construcciones de este tipo:

Si	te le	parece	(bien),	podemos podríamos	+ infinitivo

- **Si te parece, podríamos ir** a la playa el sábado.

5.2. También podemos utilizar construcciones introducidas con condicional.

Habría que + infinitivo

- Para que la gente use más el transporte público, **habría que poner** más autobuses.

Estaría bien No estaría mal Podría estar bien Yo propondría	que + imperfecto de subjuntivo

- **Estaría bien que hubiera** más tiendas de comercio justo.
- **No estaría mal que fuésemos** menos consumistas.
- Para producir menos contaminación, **yo propondría que gastáramos** menos energía usando menos el coche y moderando el nivel de la calefacción.

6 Aconsejar

6.1. Podemos aconsejar usando estas estructuras:

Si yo fuera Yo que	tú, usted,		+ condicional simple
Yo en	tu su	lugar,	

- Si **yo fuera tú, haría** un intercambio lingüístico con un nativo.
- **Yo que tú, leería** periódicos o revistas de temas que te interesan.

- También podemos utilizar estas otras estructuras:

Lo mejor es Te/le aconsejo Te/le recomiendo	que + subjuntivo

- **Lo mejor es que uses** las palabras más difíciles; eso te ayudará a recordarlas.
- **Yo te recomiendo que repases** los verbos a menudo y **que escribas** frases con las formas más difíciles.

6.2. Además, es posible aconsejar usando el imperativo afirmativo y el negativo.

- **Dúchese, no se bañe**, y ahorrará agua.
- **Mantente** informado de los grandes problemas del medioambiente y **no te olvides** de buscar soluciones a problemas ecológicos inmediatos.

6.3. Para recomendar algo valorándolo positivamente, se puede utilizar:

Merece la pena	+ infinitivo
	que + subjuntivo

- **¿Merece la pena ver** esa obra de teatro?
- Sí, sí; **merece la pena que** la **veas**. Está muy bien y te gustará.

7 Ceder la elección al interlocutor. Relativos

7.1. Cuando hay que elegir entre varias cosas de distinta clase.

- ● ¿Qué hacemos mañana?
- ■ **Lo que** | tú quieras.
  | usted quiera.

7.2. Cuando hay que elegir entre cosas de la misma clase.

- ● ¿Qué **película** vemos?/ ¿Cuál de **ellas** vemos?
- ■ **La que** prefieras.

- ● ¿Qué **periódico** compramos?/ ¿Cuál de **ellos** compramos?
- ■ **El que** | quieras.
  | más te guste.

- ● ¿A qué **sesión** vamos? / ¿A cuál de **ellas** vamos?
- ■ **A la que** | prefieras.
  | te vaya bien.

7.3. Cuando en la pregunta no se propone nada.

- ● ¿**Dónde** nos vemos?
- ■ **Donde** | prefieras.
  | te vaya bien.

- ● ¿**A quién** invitamos?
- ■ **A quien** quieras.

7.4. Cuando en la pregunta se propone una opción (o varias).

- ● ¿Quedamos el sábado o el domingo?
- ■ **Cuando/Como** quieras.

Observaciones:

Cuando se especifican una o varias opciones en la pregunta, podemos responder "como quiera(s)".

- ● ¿Volvemos el lunes (o el martes)?
- ■ **Cuando/Como** quieras.

8 *Ser-estar*

8.1. Valorar y describir actividades y productos culturales.

Ser	Estar
Ser bueno/malo/horrible (valoración de tipo más objetivo)	Estar bien/mal (valoración con un matiz más subjetivo)

- ● ¿Qué tal es la última película de Fernando León?
- ■ **(Es) Buenísima**. Es una comedia muy original y muy imaginativa sobre...

- ● ¿Qué tal es la última película de Fernando León?
- ■ **Está muy bien**. A mí me gustó muchísimo. Es una comedia...

8.2. Expresar sentimientos y estados de ánimo.

ser	*ser/resultar* + adjetivo terminado en *-ante*, *-ente* o *-iente*

- ● Entre estos adjetivos, derivados de verbos que empleamos para referirnos a sentimientos y estados de ánimo, podemos citar: *preocupante, emocionante, deprimente, sorprendente, hiriente*, etc.
  - ● ¡**Es indignante** que digas eso! ¡Parece mentira!
  - ● **A mí me resulta muy estimulante** tener la sensación de que descubro cosas nuevas.

estar	*estar/sentirse/encontrarse* + participio

- ● Con esta estructura, cuyos participios suelen corresponder a los verbos a los que se ha hecho referencia arriba, podemos expresar estados de ánimo.
  - ● Me da la impresión de que Emilio **está un poco deprimido** hoy.
  - ● Yo diría que **estás un poco estresado**, ¿eh?

• También podemos hablar de sentimientos y estados físicos o anímicos empleando estas expresiones:

Estar	a	gusto/disgusto
	de	broma / buen/mal humor / baja / los nervios
	en	forma / baja forma / tensión
	hasta	las narices
	hecho/-a polvo	
No estar para bromas		

• No sé por qué, pero hoy **estoy de muy buen humor.**
• Se ve que Olga **está bastante a disgusto** aquí.
• Lo siento, Rafa, pero hoy **no estoy para bromas.**

8.3.

Hay adjetivos que tienen un significado diferente según se combinen con *ser* o con *estar*.
He aquí varios ejemplos (en algunos se especifican solo algunos de sus significados).

8.3.1. Adjetivos para hablar de personas

	Significado	
	con *ser*	con *estar*
interesado	egoísta	que tiene interés en algo
atento	amable, cortés	estar con la atención fija en algo
vivo	astuto	lo contrario de muerto
delicado	respetuoso, fino, sensible	mal de salud
orgulloso	arrogante	sentir mucha satisfacción por algo considerado muy bueno
moreno	de pelo oscuro	tener la piel bronceada

• ¡Qué **interesado es** Javier!
■ ¡Ya lo creo! Solo hace las cosas que cree que le van a dar algún beneficio.

• Tú **estás** muy **interesado** en el cine, ¿verdad?
■ Sí, y cada vez más.

• Hoy **he estado** muy **atento** en clase; es que era muy interesante.
• Me encanta que tu padre **sea** tan **atento**; es un anfitrión perfecto.

8.3.2. Adjetivos para describir personas y cosas

	Significado	
	con *ser*	con *estar*
rico	que tiene mucho dinero; simpático, agradable	sabroso
listo	inteligente	preparado
salado	gracioso	que tiene más sal de la necesaria
soso	sin gracia	que no tiene sal o tiene muy poca; que tiene menos sabor del deseable
verde	ecologista; obsceno	inexperto y poco preparado; que no está maduro
duro	fuerte, resistente	que no está lo blando que debe estar

• ¡Qué **salada es** Rita! ¡Mira que tiene gracia!
• ¡Qué **salado está** este filete! Se han pasado con la sal.
• Pero ¡qué inteligente es esta niña!
■ ¡Huy! Sí, sí; **es listísima.**
• ¿Ya **estás listo**, Tomás?
■ Sí; cuando quieras, salimos.

9 Condiciones

9.1. Condiciones que se refieren al presente

Para expresar condiciones irreales o de cumplimiento imposible en el presente (no se están dando), y sus consecuencias, utilizamos:

(CONDICIÓN)	(CONSECUENCIA)
Si + pretérito imperfecto de subjuntivo, + condicional simple	

• Si **estuviera** de vacaciones, **estaría** más relajado. (Ahora no estoy de vacaciones.)

9.2. Para expresar condiciones de cumplimiento poco probable en el futuro, y sus consecuencias:

Si + pretérito imperfecto de subjuntivo, + condicional simple

• Si me **ofrecieran** un trabajo así, lo **aceptaría** inmediatamente. (Es poco probable que me lo ofrezcan.)

9.3. Para expresar condiciones irreales sobre el pasado y sus consecuencias en el pasado:

Si + pretérito pluscuamperfecto de subjuntivo, + condicional compuesto

• Si **hubiera estudiado**, **habría aprobado**. (No estudió y no aprobó.)

9.4. Para expresar condiciones irreales sobre el pasado y sus consecuencias en el presente:

Si + pretérito pluscuamperfecto de subjuntivo, + condicional simple

• Si **hubiera nacido** en Argentina, mi lengua materna **sería** el español. (No nací en Argentina y mi lengua materna no es el español.)

9.5. Otros conectores condicionales

9.5.1. Para expresar una condición que consideramos imprescindible para que se realice una acción, podemos utilizar:

Siempre que *Siempre y cuando* *Con tal de que* *A condición de que* *Con la condición de que*	+ subjuntivo

  • De acuerdo, haré la marcha **siempre que** el trayecto no **sea** demasiado montañoso y no **haya** que subir muchas cuestas.
  • Mira, acepto que vayamos en coche **siempre y cuando** me **releves** al volante.
  • Tú te apuntas a cualquier cosa **con tal de que sea** gratis.
  • Bien, entonces hago la cena **a condición de que** tú **riegues** el jardín.
  • Te acompaño al cine **con la condición de que veamos** una película con subtítulos.
• Esos conectores presentan la condición favorable para que se realice una acción, la única condición bajo la cual se realizará esa acción. Se pueden sustituir por *si* y *solo si*.
  • Vale, cariño, plancho la ropa **siempre y cuando** tú **pases** la aspiradora. (Vale, cariño, plancho la ropa **solo si** tú **pasas** la aspiradora.)
• *Con tal de que* introduce una condición mínima para realizar una acción.
  • Acepto ir al cine contigo **con tal de que** me **recojas** y me **traigas** a casa.
• *Con tal de* y *a condición de* pueden ir seguidos de infinitivo cuando el sujeto de las dos oraciones es el mismo.
  • De acuerdo, voy al teatro contigo **a condición de pagar** yo la entrada.
  • Es capaz de hacer cualquier cosa **con tal de** no **pagar**.

9.5.2. Para expresar la única condición bajo la cual no se realizará una acción, podemos emplear:

Salvo si *Excepto si*	+ indicativo
A no ser que *Salvo que* *Excepto que*	+ subjuntivo

- Estaré fuera unos días, **salvo si** me **llaman** de la empresa donde me hicieron la entrevista de trabajo.
- Pasaremos toda la semana en los Picos de Europa, **excepto si hace** mal tiempo.
- La noche la pasaremos en un *camping*, **a no ser que esté** lloviendo. En ese caso iremos a un hotel.
- Sí, sí; es seguro que nos tomaremos una semanita libre... **salvo que ocurra** una desgracia y **tengamos** que cambiar de planes.

- Esos conectores presentan la situación desfavorable en la que una acción no se realizará, indican la única situación en la que esa acción no se llevará a cabo. Se pueden sustituir por *si no*.
  - Entonces, mañana comemos juntas, **a no ser que** me **surja** alguna complicación en el trabajo.
    (Entonces, mañana comemos juntas **si no** me **surge** alguna complicación en el trabajo.)
- Las construcciones con *salvo si* y *excepto si* tienen las mismas posibilidades de combinación con las formas verbales que tienen las construcciones con *si*.
- Los conectores de 9.5.1 y 9.5.2 los podemos utilizar cuando expresamos planes e intenciones, cuando respondemos a peticiones, cuando aceptamos una propuesta o una invitación, etc. No obstante, su uso es más propio de registros formales, preferiblemente escritos.

10 Deseos

- Para expresar deseos poco probables o imposibles:

Me *Te* *Le* *Nos* *Os* *Les*	*gustaría* *encantaría*	*que* + pretérito imperfecto de subjuntivo
		+ infinitivo

- **Me gustaría que hubiera** trabajo para todos.
- **Me encantaría que** mi jefe **fuera** un poco menos tacaño.

- También es frecuente el uso de estas construcciones exclamativas:

¡Ojalá (que)	+ pretérito imperfecto de subjuntivo*!*
¡Cómo me gustaría que	

- **¡Ojalá hiciera** sol y **pudiéramos** bañarnos!
- **¡Cómo me gustaría que estuvieras** aquí en la playa conmigo!

11 Certeza y evidencia

11.1. Para expresar certeza y evidencia:

Estoy	*(absolutamente)* *(del todo)*	*seguro* *convencido*	*de*	*que* + indicativo
No hay duda de				
Está *Tengo*	*claro*			
Es	*obvio* *evidente*			

- **Estoy absolutamente convencido de que** este año me **voy** a organizar mejor que el anterior.
- **Tengo claro que** me **voy** a cuidar más.
- **Es evidente que** cada vez **va** más gente en bicicleta.

Evidentemente *Claramente*	+ indicativo

- Evidentemente, ahora **conduzco** mejor que antes, cuando no tenía experiencia al volante.

11.2. Para expresar falta de certeza y evidencia:

No estoy	(absolutamente) (del todo)	seguro convencido	de	que + subjuntivo
Tengo la	impresión sensación	de		
Me imagino				que + indicativo
(Yo) Diría				

- No estoy del todo segura de que Pedro llegue a la hora.
- Tengo la impresión de que eres muy generosa, ¿me equivoco?
- Yo diría que tú te organizas muy bien y aprovechas mucho el tiempo.

Observaciones:

También podemos expresar certeza y evidencia o falta de certeza y evidencia sobre condiciones y consecuencias hipotéticas. Con estas utilizamos, lógicamente, el pretérito imperfecto de subjuntivo y el condicional simple.

- Está claro que si me preocupase menos por las cosas, viviría más tranquila.
- No estoy del todo segura de que si tuviera más tiempo libre, viajaría más.

12 Expresar opiniones y argumentar

Yo	Opino Considero Veo (No) Diría	que	+ indicativo..., porque...
A mí me parece			
A mi modo de ver,			

- Yo considero que el empleo precario es uno de los mayores problemas que tenemos aquí, porque las condiciones laborales de las personas que lo sufren suelen ser bastante malas.

(Yo) No	opino considero veo	que + subjuntivo..., porque...
A mí no me parece		

- A mí no me parece que el tráfico sea uno de nuestros mayores problemas, porque hay otros que nos afectan mucho más; por ejemplo, las crisis económicas.

13 Acuerdo y desacuerdo

Estas expresiones sirven para mostrar acuerdo o desacuerdo con lo dicho (o con parte de lo dicho) por otra persona.

Acuerdo total	Acuerdo parcial	Desacuerdo total
Desde luego (que sí/no) Por supuesto (que sí/no) Sí, sí, eso está claro (Pues) Claro (que sí/no) Sin duda (alguna) ¡Ya lo creo! Yo también lo veo así Es verdad/cierto/evidente Tienes toda la razón	Estoy de acuerdo (pero solo) en parte Puede que sí Puede que tengas razón No estoy del todo de acuerdo (Yo) No lo veo (tan) claro Bueno, según se mire Ya, pero...	No estoy en absoluto de acuerdo (Yo creo que) Te equivocas Estás (muy) equivocado/-a ¡En absoluto! No tienes ninguna razón Yo no lo veo así

- A mí me parece que la educación es fundamental para luchar contra la discriminación de la mujer.
- **Por supuesto que sí**. Yo estoy cada vez más convencida de eso.

- Yo diría que las crisis económicas afectan más a los jóvenes.
- **No estoy del todo de acuerdo. Sí es cierto que** afectan a muchos jóvenes, **pero al mismo tiempo** afectan a mucha gente más mayor que se queda sin trabajo y tiene dificultades para conseguir otro.

- A mi modo de ver, en el futuro habrá menos racismo, porque habrá más contacto entre gente de diferentes razas.
- **Yo no lo veo así**. Yo soy un poco más pesimista: pienso que, desgraciadamente, habrá tanto como ahora.

14 Valorar hechos y situaciones

Cuando valoramos hechos y situaciones especificando quién realiza la acción valorada, utilizamos el subjuntivo.

(A mí) Me parece	(muy) bien/mal/ ... un error / una buena idea / ... lógico/curioso/excelente/...	que + subjuntivo

- **A mí me parece muy bien que** cada vez **haya** más mujeres en el mundo de la política, **me parece muy bien que hayan decidido** entrar en ese mundo.

14.1. También se puede usar la construcción *es* + adjetivo + *que* + subjuntivo.

Es	lógico natural absurdo normal justo injusto bueno malo importante necesario horrible estupendo curioso ...	que + subjuntivo

- **Es estupendo que ocurran** cosas así.
- Con lo que pasó, **es lógico que** la gente **reaccionara** de esa forma.

Excepciones:

Empleamos el indicativo con adjetivos como *seguro, evidente, obvio, cierto* e *indudable*, puesto que con ellos no se expresa duda.

- **Es evidente que** tú y yo no **pensamos** lo mismo sobre este tema.

14.2. La construcción *es* + *un/una* + sustantivo + *que* + subjuntivo

Es	una injusticia una buena idea una tontería una vergüenza una equivocación un error ...	que + subjuntivo

- **Es una buena idea que** el Ayuntamiento **estimule** el uso del transporte público.
- Realmente, **es una vergüenza que hayan aprobado** la construcción de una urbanización en ese sitio.

14.3. La construcción *está* + adverbio + *que* + subjuntivo

Está	bien mal genial fenomenal fatal ...	que + subjuntivo

- **Está muy bien que** la gente **se conciencie** de la necesidad de ahorrar energía.

Observaciones:

- Cuando valoramos hechos y situaciones, y no especificamos quién realiza la acción valorada, utilizamos el infinitivo.
  - Yo pienso que **es absurdo hacer** todo eso. (No se especifica el sujeto.)
  - Yo pienso que **es absurdo que hagamos** todo eso. (Nosotros)
- Si valoramos hechos o situaciones del presente o del futuro cronológicos, empleamos el presente de subjuntivo.
  - **A mí me parece muy bien que** el Ayuntamiento **tome** esas medidas.
- Pero si pertenecen al pasado cronológico, usamos el correspondiente tiempo verbal del pasado en subjuntivo.
  - **A mí me parece muy bien que** el Ayuntamiento **haya tomado** esas medidas **este mes**.
  - **A mí me parece muy bien que** el Ayuntamiento **tomara** esas medidas **el mes pasado**.

15 Obligación y necesidad

Para expresar obligación y necesidad, podemos emplear estas construcciones:

Es Me parece Considero	imprescindible indispensable	+ infinitivo que + subjuntivo
Hace falta		

- Para llegar a hablar con fluidez, **hace falta practicar mucho**.
- Para solucionar el problema del tráfico, **es imprescindible que usemos** menos el coche.
- **Hace falta que colaboremos** todos para solucionar el problema.

16 Sentimientos y cambios de estado de ánimo

16.1. Alegría o satisfacción

Cuando expresamos alegría o satisfacción por algo, podemos usar estas construcciones:

Me alegro (mucho)		
Estoy	contento encantado	de
Me siento muy	feliz contento satisfecho	que + subjuntivo
Me pone	muy contento de buen humor	
Me hace ilusión		

- **Me alegro mucho de que** te **hayas reconciliado** con Marina.
- **Estamos encantados de que pases** estos días con nosotros.
- **Me siento muy contenta de que hayas sacado** tan buenas notas.
- **Me pone de buen humor que** me **hagan** bromas.
- **Me hizo mucha ilusión que** me **llamaras** anoche, de verdad.

- Y también podemos emplear frases exclamativas:

¡Qué bien		que + subjuntivo!
¡Cuánto ¡Cómo	me alegro de	

- **¡Qué bien que** te **hayas curado** tan pronto!
- **¡Cómo me alegro de que hayas conseguido** esa beca!

16.2. Pena, lástima o tristeza

16.2.1. Para expresar pena, lástima o tristeza por algo:

Me da Es una	pena lástima	que + subjuntivo

- **Me da** mucha **pena que** te **haya pasado** eso.
- **Fue una lástima que** no te **dieran** esa beca.

Siento Lamento	que + subjuntivo

- **Siento** mucho **que haya ocurrido** esto.
- **Lamento que** no **puedas** acompañarme.

¡Qué	pena lástima	que + subjuntivo!

- **¡Qué pena que** te **hayan suspendido**!
- **¡Qué lástima que** no **vinieras** ayer!

¡Cómo ¡Cuánto	siento lamento	que + subjuntivo!

- **¡Cómo siento que** no te **hayan renovado** el contrato!
- **¡Cuánto siento que pasara** eso!

Me	disgusta duele hace daño pone triste	que + subjuntivo

- **Me disgusta** mucho **que discutamos**, me pone muy triste.
- **Me dolió que hicieras** eso, me dio mucha pena y me quedé muy triste.
- **Me puso** muy **triste que** no **contaran** conmigo para nada, en aquel momento no lo entendí.

16.2.2.

Además, es frecuente mencionar el motivo por el cual sentimos pena, lástima o tristeza. Para hacerlo, podemos emplear estas construcciones:

Con lo que + verbo en indicativo

- Me da mucha pena que haya suspendido. **Con lo que había estudiado...** (= porque había estudiado mucho).

Con lo	+ adjetivo/adverbio	+ *que* + verbo en indicativo

- Siento que haya ocurrido eso. **Con lo ilusionados que estabais todos...** (= porque estabais muy ilusionados todos).
- ¡Qué lástima que no vinierais a la cena! **Con lo bien que nos lo pasamos...** (= porque nos lo pasamos muy bien).

Con	*el/la/los/las*	+ sustantivo + *que* + verbo en indicativo

- ¡Qué pena no poder pasar este fin de semana juntos! **Con las ganas que tenía de verte...** (= porque tenía muchas ganas de verte.)

16.3. Indiferencia

Cuando mostramos indiferencia, podemos emplear:

Me da	igual lo mismo	+ infinitivo que + subjuntivo
No me importa (nada)		

- Pues, la verdad, hoy **me da igual salir** o **quedarme** en casa.
- ¿Tú qué equipo quieres que gane?
- Psss... **Me da lo mismo que gane** uno u otro, no tengo ninguna preferencia.
- **No me importó que llegara** tarde, pero no me gustó que no me avisara.

16.4. Sorpresa, extrañeza y preocupación

16.4.1. Para expresar una reacción espontánea de sorpresa, extrañeza y preocupación ante un hecho o una información inesperados:

Es	raro extraño increíble sorprendente	que + subjuntivo
Me	sorprende extraña	

- **Es raro que** Santiago no **haya dicho** nada. Si* normalmente no para de hablar...
- **Me extraña que** no **venga** Claudia a la fiesta. Si* no se pierde una...

¡Qué	raro extraño	que + subjuntivo!

- ¡**Qué raro que se hayan separado** Olga y Eduardo! Si* parecía que se llevaban muy bien...
- ¡**Qué extraño que** no nos **llamara** Elisa ayer! Si* nos había dicho que nos telefonearía...

* Empleamos *si* en estas construcciones para introducir un argumento que justifica el motivo de nuestra sorpresa, extrañeza o preocupación.

16.4.2. Cuando expresamos sorpresa, extrañeza y preocupación es muy frecuente tratar de dar una explicación a lo sucedido. Para ello solemos formular hipótesis sobre el presente o sobre el pasado, y podemos utilizar:

1. Adverbios y expresiones como *quizá(s)*, *probablemente*, *puede (ser) que*, *seguro que*, *me imagino que*, *igual*, *a lo mejor*, *es posible que*, *lo más seguro/probable es que*, etc.
   - ¡Qué raro que todavía no haya llamado Susana! ¿Le habrá pasado algo?
   - ¡Bah! No, hombre, no. **Seguro que** se le **ha olvidado**; ya sabes cómo es.
   - O **puede que haya** problemas de tráfico y no **haya llegado** todavía a casa.

2. El futuro simple y el futuro compuesto.
   - ¡Qué raro que todavía no haya llamado Susana! ¿Le habrá pasado algo?
   - ¡Bah! No, hombre, no. Se le **habrá olvidado** y **estará** tan tranquila en casa.

3. El condicional simple y el condicional compuesto.
   - ¡Qué extraño que María no fuera a la fiesta ayer! ¿No?
   - Pues sí, pero yo me imagino que no **iría** porque no la **habrían invitado**.

Por último, fíjate en este cuadro de equivalencias verbales:

Estamos seguros de la información	La información nos parece probable
Presente *(viene)*	Futuro simple *(vendrá)*
Pretérito perfecto *(ha venido)*	Futuro compuesto *(habrá venido)*
Pretérito indefinido *(vino)*	Condicional simple *(vendría)*
Pretérito imperfecto *(venía)*	
Pretérito pluscuamperfecto *(había venido)*	Condicional compuesto *(habría venido)*

- **Se acostó** tan pronto porque **estaba** cansado.
- No **ha venido** porque no **ha podido**.
- No te **llamó** porque **había perdido** tu número de teléfono.

- **Se acostaría** tan pronto porque **estaría** cansado.
- No **habrá venido** porque no **habrá podido**.
- No te **llamaría** porque **habría perdido** tu número de teléfono.

16.5. Preocupación

Para referirnos a lo que nos causa preocupación, podemos usar también estas construcciones:

Me preocupa	+ infinitivo
	+ sustantivo singular
	que + subjuntivo

Me preocupan + sustantivo singular

Me preocupo	*cuando*	+ indicativo
	si	

- **Me preocupa no poder** hacer nada para solucionar ese problema.
- **Me preocupa que sigan** destruyendo los bosques.
- El año pasado **me preocupó** mucho **que se inundaran** unas calles de mi pueblo.
- A mí **me preocupan** mucho **los incendios forestales**.

- **Yo me preocupo** bastante **cuando hay** una catástrofe natural, pero Silvia **se preocupa** muchísimo; está muy sensibilizada.

16.6. Aversión

Para expresar aversión:

Detesto *Odio* *No soporto* *No aguanto*		*que* + subjuntivo
Me	*molesta* *disgusta* *horroriza* *da asco*	+ infinitivo

No hay	*nadie que* *quien*	+ presente de subjuntivo*

* De los verbos *soportar* y *aguantar*.

- **Me molestó** muchísimo **que** me **trataran** así; todavía no me explico por qué lo hicieron.
- **Me horrorizó que dijeras** eso y no supe reaccionar, la verdad.
- **Detesto que** me **tomen** por tonto, **que** me **traten** como si fuera tonto.
- **Odio que** la gente **no cumpla** su palabra.
- **No soporto que** me **hablen** a gritos, como si estuviera sordo.
- **Odio hacer** esto, pero no tengo más remedio.

- Habla tanto que **no hay nadie que lo soporte**.
- Es tan desagradable que **no hay quien lo aguante**.
- Yo creo que **no hay quien aguante** a ese niño. ¡Qué pesado es!

16.7. Diversión

Para expresar diversión:

Me	diverte / entretiene / da risa	que + subjuntivo / + infinitivo

¡Qué	divertido / gracioso / risa	que + subjuntivo!

- **Me divierte** mucho **que digas** eso.
- **Me dio** mucha **risa que dijeras** eso y no podía parar de reírme.
- **Me divierte** mucho **tomarle** el pelo a la gente.

- **¡Qué divertido que hicieras** eso! Fue graciosísimo.
- **¡Qué gracioso que imitaras** tan bien a tu jefe en la comida del otro día!

16.8. Aburrimiento

Para expresar aburrimiento:

Me aburre que + subjuntivo

¡Qué	aburrimiento / rollo	que + subjuntivo!

Me aburro de + infinitivo

- **Me aburre que** aquí no **haya** nada que hacer y **que** todo **sea** tan monótono.
- **¡Qué rollo que tengamos** que hacer otra vez lo mismo!

- **Me aburro de oír** siempre lo mismo. ¡Qué rollo!

16.9. Nerviosismo

Para expresar nerviosismo:

Me pone	nervioso / histérico	que + subjuntivo / + infinitivo

- **A mi padre le pone** muy **nervioso que** no le **escuchen** cuando habla.
- Antes **me ponía histérico que** me **interrumpieran** continuamente cuando estaba hablando; ahora no me molesta tanto.
- La verdad, **me pone nerviosa oír** tantas mentiras.

16.10. Enfado

Para expresar enfado:

Me	pone de mal humor / furioso / da rabia / enfada / fastidia / indigna	que + subjuntivo / + infinitivo

- **Me pone de mal humor que** la gente **critique** a los demás sin motivo.
- **Me da rabia que ocurran** estas cosas sabiendo que se pueden evitar perfectamente.
- Pues claro que **me enfada que** me **digan** esas barbaridades.
- **Me fastidió** mucho **que tomaran** esa decisión sin decirme absolutamente nada.
- **Me indignó que** me **pidieran** eso sabiendo que no podía hacerlo.
- **Me da rabia decirlo**, pero estoy convencido de que lo que estamos haciendo no sirve de nada.

16.11. Vergüenza

Para expresar vergüenza:

Me	da vergüenza / avergüenza	que + subjuntivo / + infinitivo

Me avergüenzo / Estoy avergonzado	de	+ infinitivo / + sustantivo

- **A Elsa le da** mucha **vergüenza que** la **feliciten** por sus logros.
- **Me dio** mucha **vergüenza que hablaras** tan bien de mí delante de todos.
- La verdad, **me avergüenza haber hecho** eso; ahora no lo haría.
- Yo creo que su problema es que a veces **se avergüenza de ser** así.
- Sí, a mí también me da la impresión de que **se avergüenza** algo **de su forma de ser**.

16.12. Miedo

Para expresar miedo:

Me da	miedo pánico terror	que + subjuntivo + infinitivo

- **Me da miedo que** lo **intenten** y no lo **consigan**; son tan exigentes...
- De pequeño **me daba pánico que** me **pusieran** inyecciones.
- **A Abel le da pánico que** se **rompa** el ascensor estando él dentro.
- **Me da miedo pensar** cómo puede reaccionar si se entera.

Tengo miedo	a de	que + subjuntivo + infinitivo

- **Tengo miedo de que lleguen** tarde y **pierdan** el avión.
- Victoria **tiene** mucho **miedo a volar**, le da pánico.

17 Agradecer

Para agradecer algo se pueden usar estas construcciones:

Te agradezco que + subjuntivo	
¡Cómo ¡Cuánto	te/le agradezco que + subjuntivo!

Gracias por	+ infinitivo + infinitivo compuesto

- **Te agradezco** mucho **que** me **hayas apoyado** en estos momentos tan difíciles para mí.
- **¡Cómo le agradezco que haya tenido** ese detalle conmigo!

- **Gracias por acompañarme**, de verdad.
- **Muchas gracias por haber hecho** todo lo que hiciste por mí.

18 Esperanza

Para expresar esperanza:

Espero Esperemos	que + subjuntivo

¡Ojalá (que) + subjuntivo!

- **Esperemos que** no le **haya pasado** nada y **que esté** bien.
- **Espero que** todo **salga** bien

- **¡Ojalá** no **sea** nada grave y **se recupere** pronto!

19 Marcadores del discurso. Conectores

Los conectores sirven para expresar la relación existente entre las ideas de un texto. Además, ayudan a entender y predecir las informaciones que aparecen en él, y le dan cohesión.

He aquí algunos conectores y marcadores tratados en este curso. Fíjate en el tipo de relación que expresa cada uno de ellos. Lee los ejemplos y observa cómo se usa cada uno de ellos y la puntuación.

Ordenar ideas	Causa	Consecuencia	Añadir ideas	Contraste u oposición	Resumen o conclusión
por una parte por otra parte por un lado por otro lado en primer lugar en segundo lugar en tercer lugar para empezar para finalizar	debido a que puesto que ya que dado que	por consiguiente por (lo) tanto en consecuencia de manera que de forma que de modo que	asimismo además igualmente	aunque a pesar de que sin embargo en cambio no obstante	en conclusión en resumen resumiendo en definitiva

19.1. Ordenar ideas

- **Por una parte**, me gustaría vivir en un pueblo, en una casa con algo de terreno; estoy seguro de que tendría más calidad de vida. **Por otra parte**, sé que echaría de menos muchas cosas que ofrece la ciudad.
- **En primer lugar**, se trata de una energía limpia que no contamina. **En segundo lugar**, no es más cara que otras que sí contaminan.

19.2. Causa

● Usamos *puesto que, ya que* y *dado que* para introducir un hecho entendido como una circunstancia que posibilita o favorece la realización de una acción determinada. Podemos expresar la causa antes o después de la consecuencia.

Causa	Consecuencia
Dado que cada vez son más rápidos y cómodos,	los transportes públicos se usan cada vez más.

Consecuencia	Causa
Los transportes públicos se usan cada vez más,	dado que cada vez son más rápidos y cómodos.

- Considero que es una buena medida, **ya que** beneficiará a mucha gente.
- **Puesto que** estamos todos de acuerdo, damos por aceptada la propuesta.

● *Ya que* se utiliza frecuentemente en la lengua hablada. *Puesto que* y *dado que* se emplean más en la lengua escrita.

19.3. Consecuencia

● *Por (lo) tanto* y *por consiguiente* introducen una consecuencia obtenida mediante un razonamiento hecho a partir de la información dada anteriormente.
- Mañana es sábado y, **por lo tanto**, no habrá clase.
- Mañana es sábado; **por lo tanto**, no habrá clase.
- Ahora hay muchos más coches que antes y, **por consiguiente**, hay más problemas de aparcamiento.

Por consiguiente es de uso más culto que *por (lo) tanto*.

● *En consecuencia* introduce la consecuencia a la que necesariamente se llega a partir de la información dada anteriormente.
- En esta provincia ha habido grandes incendios forestales y, **en consecuencia**, llueve menos que antes.
- En esta provincia ha habido grandes incendios forestales; **en consecuencia**, llueve menos que antes.

19.4. Añadir ideas

- Es un proyecto original, moderno y muy ambicioso. **Además**, hay mucha gente que quiere colaborar en él.
- Es un proyecto original, moderno y muy ambicioso. Hay, **además**, mucha gente que quiere colaborar en él.
- En la reunión se explicaron las medidas que va a aplicar el Ayuntamiento. **Asimismo**, se detallaron las acciones que van a realizar los vecinos (= también se detallaron las acciones que van a realizar los vecinos).

Asimismo se emplea en registros más cuidados.
- La contaminación atmosférica ha disminuido últimamente aquí. **Igualmente**, ha descendido el nivel de contaminación acústica (= también ha descendido el nivel de contaminación acústica).

19.5. Contraste u oposición

● *En cambio* expresa un contraste entre las dos informaciones que relaciona.
- En mi ciudad hay muchos carriles bici; **en cambio**, aquí hay poquísimos.

● *Sin embargo* y *no obstante* introducen una información que no es la conclusión a la que se podría llegar a partir de la información dada anteriormente.
- Come mucho y, **sin embargo**, está delgada. (Sería lógico concluir que si come mucho, podría no estar delgada.)

● *No obstante* tiene un significado similar al de *sin embargo*, pero no idéntico, y se utiliza mucho menos que este.
- Tenemos previsto convocar la reunión a las cuatro; **no obstante**, si lo preferís, podemos convocarla antes (= a pesar de lo dicho, si lo preferís, podemos convocarla antes).

● *Aunque, a pesar de que* (ver oraciones concesivas, apartado 36).
- **Aunque / a pesar de que** todos sus amigos se lo han desaconsejado, él va a dejar el trabajo.

19.6. Resumen o conclusión
- **En resumen / resumiendo**, la idea de prohibir el tráfico en esas calles me parece muy acertada porque habrá menos contaminación y más espacio para caminar.
- **En conclusión**, me parece una buena idea y confío en que pronto se haga realidad.

19.7. Otros marcadores

Destacar o concretar algo	especialmente precisamente concretamente
Matizar una información	de hecho en realidad
Reformular explicando	en otras palabras es decir o sea
Reformular rectificando	mejor dicho más bien

- Me gustan mucho algunos anuncios de la televisión, **especialmente** los que son originales y artísticos.
- Pues a mí hay algunos que no me gustan nada, **concretamente** algunos que anuncian productos financieros.
- En general, encuentro muy útil la publicidad; **de hecho**, me da muchas ideas para comprar luego cosas.
- La publicidad ha cambiado con el paso del tiempo; **en realidad**, se parece muy poco a la que se veía hace unas décadas.
- Los anuncios de radio me parecen molestos, ruidosos y desagradables; **en otras palabras**, que no los soporto.
- La publicidad quiere hacernos creer cosas que no son ciertas, **es decir**, que quiere engañarnos.
- Yo veo muy poca publicidad; **mejor dicho**, no veo nada.
- A mí a veces me gusta ver, **más bien** analizar, determinados anuncios para estudiarlos en detalle.

20 Finalidad
- Para expresar la finalidad de algo podemos emplear:

Para Con el objeto de El objetivo de... es A*	+ infinitivo que + subjuntivo

- Aquella campaña publicitaria se hizo **para que** la gente **fuera** más prudente al volante y **condujera** mejor.
- Las empresas hacen tanta publicidad **con el objeto de que** la gente **compre** sus productos.
- **El objetivo de** aquel anuncio que me gustaba tanto **era que** los niños **descubrieran** el placer de leer.

* Con verbos de movimiento como *ir, venir, salir*, etc. utilizamos frecuentemente *a* en lugar de *para*.
- He venido **a consultarte** unas dudas.
- He venido **a que** me **resuelvas** unas dudas.

21 Voz pasiva

21.1. *Ser* + participio
- Verbo *ser* conjugado y participio de otro verbo. Este último concuerda en género y número con el sujeto pasivo de la frase.
  - **Esta película ha sido premiada** en varios festivales.
  - **Dos de sus actores han sido premiados** en varios festivales también.

Con esta construcción pasiva se destaca la acción (*ha sido premiada, han sido premiados*).

- Unas veces no expresamos quién realiza la acción, porque no importa o no lo sabemos.
  - El *Quijote* **fue escrito** en el siglo XVII.
- En cambio, otras veces sí lo expresamos: lo introducimos con la preposición *por*.
  - El *Quijote* **fue escrito por Cervantes**.
- Este tipo de pasiva se usa poco en el lenguaje coloquial. Es propio de registros formales y aparece mucho en titulares de medios de comunicación. En estos, se prescinde a menudo del verbo *ser* y se usa solo el participio.
  - (Ha sido) **Hallado** el coche de la persona desaparecida en Sierra Nevada.

Observa:

Voz activa   Cervantes **escribió** el *Quijote*.

Voz pasiva   El *Quijote* **fue escrito** por Cervantes.

21.2. *Estar* + participio

- Usamos esta otra construcción pasiva para mostrar el resultado de una acción, el efecto de esa acción sobre el sujeto pasivo de la frase.
    - ¿Ya funciona tu móvil?
    - Sí, ya **está arreglado**.
- El participio concuerda en género y número con el sujeto de la frase.
    - **Las obras** de esta pintora **estarán expuestas** en el Reina Sofía hasta el día treinta de este mes.
    - **Este cuadro** tan interesante **estará expuesto** hasta el día treinta.

21.3. Voz pasiva con *se* (pasiva refleja)

El pronombre *se* va seguido de la tercera persona singular o plural de un verbo transitivo (que tiene objeto directo en la voz activa).

- Actualmente **se hace** mucha publicidad comercial.
- El año pasado **se hicieron** más anuncios que este.

En este tipo de construcciones pasivas, por lo general no hacemos referencia al sujeto.

El verbo concuerda en número con el sustantivo (*se hace publicidad, se hicieron anuncios*).

Este tipo de pasiva se usa frecuentemente tanto en la lengua hablada como en la escrita.

22 Pronombres de objeto indirecto (OI) y de objeto directo (OD)

- Cuando combinamos estos pronombres, el de OI va siempre primero y se produce un cambio: sustituimos *le* y *les* por *se*.

1	2
OI	**OD**
me	
te	lo
le	la
nos	los
os	las
les	

le/les + lo → se lo
le/les + la → se la
le/les + los → se los
le/les + las → se las

- Estos pronombres van delante del verbo si está conjugado, excepto en el caso del imperativo afirmativo.
    - ¿Ya le has dado las fotos a Míriam?
    - **Se las envié** ayer por correo.

    - Voy a contarte una cosa, pero **no se la digas** a Enrique, ¿eh?

    - No sé qué hacer con este cuadro; la verdad es que no me gusta mucho.
    - Pues **regálaselo** a tu hermana, que le encanta.

- Con las perífrasis de infinitivo y de gerundio existen dos posibilidades:
    1. Podemos colocarlos detrás del infinitivo o del gerundio, formando una sola palabra:
        - ¿Cuándo **vas a decírselo**?
        - No **iba a comentárselo**, pero empecé a hablar, me sinceré y **terminé contándoselo**.

        - Oye, ¿Claudia tiene el carné de conducir?
        - No, precisamente **está sacándoselo** ahora.

    2. Pueden ir delante del verbo que precede al infinitivo o al gerundio (*ir, estar, terminar*, etc.).
        - ¿Cuándo **se lo vas a decir**?
        - No **se lo iba a comentar**, pero empecé a hablar, me sinceré y **se lo terminé contando**.

        - Oye, ¿Claudia tiene el carné de conducir?
        - No, precisamente **se lo está sacando** ahora.

23 *Por-para*

23.1. *Por*

Algunos usos:

- "A favor o en defensa de":
- "En sustitución de o en lugar de":

- Separación de los elementos de una serie:
- "A cambio de" (o precio):

- Para expresar que la acción no está realizada, que está pendiente de realizarse (*estar + por +* infinitivo):
- Falta de utilidad de una acción:
    1. Infinitivo + *por* + el mismo infinitivo:
    2. Verbo + *por* + infinitivo del mismo verbo:

- No poner obstáculos:
- Para expresar que una cantidad se reparte de manera igualitaria:
- Ausencia de riesgo (*por* + infinitivo):
- "En busca de" (verbo de movimiento + *por* + sustantivo):

- Ha luchado toda su vida **por una sociedad más justa.**
- ¿Te importa ir **por mí** a la inauguración? Es que yo no voy a poder ir.
- Os recibiré **uno por uno.**
- Al final me compré un cuadro **por cuatrocientos euros.**
- Realmente, estamos empezando ahora; casi todo **está por hacer** aún.

- Eso es **hablar por hablar** y así no conseguirás nada.
- **No hables por hablar,** que es un tema muy delicado.
- **Por mí,** puedes volver a la hora que quieras.
- Son **quince euros por persona.**

- **Por intentarlo** no pierdes nada.
- **Voy por agua.**

23.2. *Para*

Algunos usos:

- Introducir una opinión:

- Para indicar tiempo futuro:

- Comparación o desproporción:
- Necesidad o conveniencia de algo (*estar para*):
- Inoportunidad o inconveniencia de algo (*no estar para*):

- **Para mí,** la publicidad no es tan negativa como dices.
- **Para Semana Santa** creo que me iré unos días a la playa.
- La obra estará acabada **para cuando vuelvas de vacaciones.**
- **Está altísima para la edad que tiene.**
- Este coche **está para llevarlo al taller.**
- Lo siento, pero hoy **no estoy para bromas.**

24 Contraste imperfecto-indefinido (repaso)

24.1. Describir la situación o las circunstancias en las que se produjeron ciertos hechos pasados.

- Ayer **nos encontramos** a Laura en la calle cuando **volvíamos** a casa.
Imperfecto (*volvíamos*): referencia a las circunstancias, a la situación.
Indefinido (*nos encontramos*): referencia a los hechos o los acontecimientos.

- Es frecuente el uso del imperfecto de *estar* + gerundio para referirse a una acción en desarrollo.
    - **Estábamos comiendo** cuando **llegaron.**
- En los ejemplos anteriores, el imperfecto sirve para expresar una acción que se estaba realizando en cierto momento del pasado. Eso significa que la acción había comenzado antes y siguió realizándose después; en ese momento la acción no había terminado.
    - **Estábamos comiendo** cuando **llegaron.**

PASADO	PRESENTE
comer	(Llegaron durante la comida)
llegar	

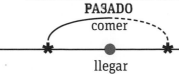

24.2. Podemos utilizar el indefinido para narrar hechos pasados o referirnos a una sucesión de acciones pasadas terminadas: primero tuvo lugar una y, después, otra.

- **Comimos** cuando **llegaron**.

PASADO   PRESENTE

(Llegaron antes de la comida)

llegaron   comimos

24.3. Para referirnos a una acción inminente que no llegó a realizarse en el momento del que hablamos, podemos utilizar:

Imperfecto de	*ir a* *querer* *estar a punto de*	+ infinitivo

- Cuando **estaba a punto de salir**, vino Blanca y, entonces, me contó todo.
- **Íbamos a ir** en mi coche, pero a última hora se estropeó y tomamos el tren.

24.4. Hablar de dos acciones pasadas que se desarrollan simultáneamente: imperfecto.

- Mientras Marta **planchaba** la ropa, su marido **hacía** la cena.

24.5. Para especificar el número de veces que se realizó una acción: indefinido.

- El año pasado **fui tres veces** a México.

24.6. Para especificar la duración de una actividad pasada: indefinido.

- La charla **duró más de dos horas**: empezó a las tres y acabó a las cinco y diez.

25 Oraciones temporales

25.1. Anterioridad

- *Antes de que*

Antes de que + subjuntivo

Podemos referirnos al pasado, al presente o al futuro.

- Se marchó **antes de que** me **llamaras** por teléfono.
- ¡Qué madrugador eres! Siempre te levantas **antes de que nos despertemos** los niños y yo.
- Lo siento, pero me iré **antes de que termine** la conferencia. Es que tengo una cita a la que no puedo faltar.

25.2. Posterioridad

- *Después de que, en cuanto, tan pronto como, apenas, una vez que*

Después de que *En cuanto* *Tan pronto como* *Apenas* *Una vez que*	+ indicativo + subjuntivo

Usamos *en cuanto*, *tan pronto como* y *apenas* para expresar una acción inmediatamente posterior a otra introducida por esos conectores.

- **En cuanto llegó** a casa, se duchó (= se duchó inmediatamente después de llegar a casa).
- **Apenas salimos**, empezó a nevar (= empezó a nevar inmediatamente después de que saliéramos).

Cuando nos referimos al pasado o al presente, utilizamos el indicativo.

- **Tan pronto como se enteró**, me avisó.
- **Una vez que terminó** el debate, se despidió y se marchó.
- **Apenas llega** a casa, se encierra en su habitación y se mete en internet.

Pero con *después de que* también podemos utilizar el subjuntivo. Este uso es más frecuente en registros más cultos.

- Nos avisaron justo **después de que se fue/fuera** Esther.

Cuando nos referimos al futuro, empleamos el subjuntivo.

- Quedaré contigo **después de que vuelvas** de vacaciones.
- Te veré **en cuanto pueda**.
- **Una vez que acabe** la reunión, haré el informe.

• *Una vez*

> *Una vez* + participio

El participio concuerda en género y número con la persona, animal o cosa a la que se refiere.

- **Una vez acabada** la asamblea, nos fuimos a tomar unas cañas y seguimos hablando (= una vez que acabó la asamblea, nos fuimos a tomar unas cañas y seguimos hablando).
- **Una vez terminados** los deberes, suelo ponerme a chatear (= una vez que termino los deberes, suelo ponerme a chatear).
- **Una vez terminada** la película, tendremos un coloquio sobre ella (= una vez que termine la película, tendremos un coloquio sobre ella).

• *Nada más*

> *Nada más* + infinitivo

Para expresar una acción inmediatamente posterior a otra introducida por esta construcción. Tiene un significado equivalente a *en cuanto, tan pronto como* y *apenas*.

- **Nada más entrar**, se dio cuenta de que había pasado algo.
- **Nada más oír** esta música, me acuerdo de ti.
- Te llamaré **nada más llegar** para que te quedes tranquilo.

25.3. Simultaneidad

• *Cuando, mientras, al mismo tiempo que*

Cuando Mientras Al mismo tiempo que	+ indicativo + subjuntivo

Podemos referirnos a un hecho que sucede al mismo tiempo que otro en el pasado, el presente o el futuro.

- Miguel me pidió que te diera esto **cuando te viera**.
- **Mientras estaba** reunido, Aída me mandó un SMS para felicitarme.
- Tiene la costumbre de tocarse el pelo **mientras habla** por teléfono.
- Disfruta todo lo que puedas **mientras estés** de vacaciones.
- Por favor, no hables por teléfono **al mismo tiempo que conduzcas**. Sabes que es peligroso y, encima, te pueden poner una multa.

• *Al* + infinitivo

Se puede sustituir por *cuando* + verbo conjugado.

- Me enteré de todo | **al hablar** / **cuando hablé** | con Ernesto.
- Avísame | **al salir,** / **cuando salgas,** | por favor, para que sepa más o menos cuándo llegarás.

• *Mientras tanto, entretanto, mientras:*

Tienen un significado equivalente. Observa cómo se usan.

- Tuve que esperar bastante rato. | **Mientras tanto, Entretanto, Mientras,** | aproveché para repasar unos apuntes de clase.
- Yo baño a mi hijo todos los días sobre las siete. | **Mientras tanto, Entretanto, Mientras,** | mi pareja prepara la cena.
- Tengo que ir a la peluquería a cortarme el pelo. | **Mientras tanto, Entretanto, Mientras,** | tú puedes hacer la compra, ¿te parece, cariño?

26 Estilo indirecto

Cuando referimos las informaciones dichas anteriormente por nosotros o por otra persona, mantenemos su sentido, pero adaptamos las palabras a la nueva situación de comunicación. Realizamos unos cambios que afectan no solo a los tiempos verbales, sino también a otras palabras.

26.1. Cambio de palabras

He aquí algunos de los cambios más comunes que se producen cuando el verbo introductor va en indefinido o en imperfecto (*dijo, decía*):

	Estilo directo	Estilo indirecto
Sujeto	yo	él/ella
	nosotros/-as	ellos/-as
Referencias temporales	hoy	ayer, aquel día
	ayer	anteayer, el día anterior
	anoche	anteanoche, la noche anterior
Referencias espaciales	aquí	allí
Posesivos	mi	su
	mío/-a	suyo/-a
	nuestro/-a	su, suyo/-a
Demostrativos	este	ese, aquel

26.2. Transformaciones verbales

Las transformaciones verbales pueden producirse en diversos casos. He aquí algunos:

1. Cuando las referencias temporales han variado y no relacionamos la información con el presente:
    - "Hoy me ha ocurrido una cosa muy extraña." → **Me dijo que ayer le ocurrió** una cosa muy extraña.

2. Cuando las referencias temporales no han variado y no relacionamos la información con el presente:
    - "Estoy muy ilusionada con ese proyecto." → **Dijo que estaba** muy ilusionada con ese proyecto.

    Sin embargo, si relacionamos esa información con el presente, no hacemos ninguna transformación verbal:
    - **Dijo que está** muy ilusionada con ese proyecto.

3. Cuando las referencias temporales no han variado, pero queremos resaltar que estamos refiriendo lo dicho por otra persona:
    - "Hoy tengo que hacer muchas cosas." → **Me ha dicho que** hoy **tenía** que hacer muchas cosas.
    - "Pronto os haré una visita." →**Dijo que** pronto **nos haría** una visita.

Observa este cuadro de correspondencias de tiempos verbales:

Estilo directo	Estilo indirecto (*Dijo/ ha dicho / decía que…*)	Ejemplos
Presente	Imperfecto Presente	"Estoy contentísimo." → **Dijo que estaba** contentísimo./ **Dijo que está** contentísimo.
Perfecto	Pluscuamperfecto Indefinido* Perfecto	"He comido con Elsa." → **Me dijo que había comido** con Elsa./ **Me dijo que (ayer) comió** con Elsa./ **Me dijo que ha comido** con Elsa.
Indefinido	Pluscuamperfecto Indefinido*	"Vine con Adolfo." → **Me dijo que había venido** con Adolfo./ **Me dijo que (el martes) vino** con Adolfo.
Imperfecto	Imperfecto	"Cuando llegué estaba cansadísima." → **Me dijo que** cuando llegó **estaba** cansadísima.
Pluscuamperfecto	Pluscuamperfecto	"No había estado aquí nunca." → **Dijo que** no **había estado** aquí nunca.
Futuro simple	Condicional simple Futuro simple	"Te escribiré pronto." → **Me dijo que** me **escribiría** pronto./ **Me dijo que** me **escribirá** pronto.
Futuro compuesto	Condicional compuesto Futuro compuesto	"En junio ya habré acabado." → **Dijo que** en junio ya **habría acabado.**/ **Dijo que en** junio ya **habrá acabado.**
Condicional simple	Condicional simple Condicional compuesto	"Yo hablaría otra vez con Marta." → **Me dijo que** él **hablaría** otra vez con Marta./ **Me dijo que** él **habría hablado** otra vez con Marta.
Condicional compuesto	Condicional compuesto	"Yo no habría hecho eso." → **Dijo que** él no **habría hecho** eso.
Imperativo	Presente de subjuntivo Imperfecto de subjuntivo	"Pregúntaselo a Antonio." → **Me dijo que** se lo **pregunte** a Antonio./ **Me dijo que** se lo **preguntara** a Antonio.

* Podemos especificar una fecha.

26.3. Verbos utilizados:

Al contar lo dicho anteriormente por otro, interpretamos la intención de esa persona y empleamos verbos que nos permiten expresar lo que hemos interpretado:

● Consejos y sugerencias:

Aconsejar *Sugerir* *Recomendar* *Decir*	*que* + subjuntivo	● "Ve al médico." → Ayer mi compañero Mark **me aconsejó que fuera** al médico.

● Peticiones y órdenes:

Pedir *Ordenar* *Mandar* *Rogar* *Exigir* *Decir*	*que* + subjuntivo	● "¿Puedes/podrías traer mañana una canción de América Latina a clase?"/ "Por favor, trae mañana una canción de América Latina a clase" → Ayer **me pidió** la profesora **que trajera** una canción de América Latina a clase.

● También es frecuente el uso de sinónimos de *decir*: *comentar, explicar*, etc. Las informaciones de carácter periodístico podemos introducirlas con *declarar, manifestar, afirmar, confesar*, etc. Además, empleamos ciertos verbos para dar coherencia a nuestro discurso: *añadir, agregar*, etc.:

● "Si ganamos, bajaremos los impuestos. Lógicamente, eso beneficiará a todos." → El presidente de mi país **afirmó** en la última campaña electoral **que si ganaban, bajarían** los impuestos. **Añadió que**, lógicamente, eso **beneficiaría** a todos.

27 Formación de palabras

27.1. Sufijos

27.1.1.

Fíjate en estos sustantivos que sirven para hablar de ecología. Cada uno de ellos se puede formar a partir de un verbo.

-ción		-cción	-sión	-aje	-miento
contaminación prevención extinción salvación repoblación desertización	degradación intoxicación conservación deforestación recuperación	protección producción construcción destrucción reducción	agresión emisión	reciclaje	envenenamiento calentamiento

Observaciones:

● Las palabras terminadas en *-ión* son de género femenino, agudas y van acentuadas.

● **La deforestación** tiene efectos muy negativos para **la conservación** del medioambiente.

27.1.2.

Estos sustantivos los podemos utilizar para hablar del carácter de una persona. La mayoría de ellos se forman a partir de un adjetivo (*ingenuo → ingenuidad*).

-dad	-cia	-ez	-ía	-ción
ingenuidad terquedad susceptibilidad vanidad espontaneidad irresponsabilidad curiosidad fidelidad serenidad superficialidad	imprudencia tolerancia arrogancia constancia competencia injusticia exigencia audacia	sencillez timidez inmadurez sensatez honradez	hipocresía valentía cortesía cobardía ironía	ambición atención imaginación exageración indiscreción

Observaciones:
- Los sustantivos que tienen esas terminaciones suelen ser femeninos.
  - ¿Qué es lo que más valoras en una persona?
  - **La sinceridad,** sin duda.
- Los sustantivos terminados en -cia no van acentuados: ~~la impaciencía~~ / la impaciencia; pero sí llevan acento gráfico otros que acaban en -ía sin formar un diptongo: *cobardía, ironía, hipocresía, valentía, cortesía.*

27.2. Prefijos
- Podemos emplear el prefijo *in-* para formar palabras de significado contrario.
  - maduro → **in**maduro; madurez → **in**madurez
  El prefijo *in-* puede tomar las siguientes formas:
- *im-* ante *p* o *b*:
  - prudente → **im**prudente; bebible → **im**bebible; prudencia → **im**prudencia
- *i-* ante *l*:
  - legal → **i**legal; legalidad → **i**legalidad
- *ir-* ante *r*:
  - responsable → **ir**responsable; responsabilidad → **ir**responsabilidad

28 Consecuencias: *tan/tanto/tantos/... que...*
Para expresar la consecuencia de algo, podemos utilizar estas construcciones consecutivas intensivas:

- *Tan* + adjetivo/adverbio + *que*
  Se usa para intensificar una cualidad.
  - Tienes razón, soy **tan espontánea que** siempre digo con naturalidad lo que pienso.
  - ¿Sabes que hablas **tan rápido que** tengo que esforzarme mucho para poder seguirte?
- *Tanto/-a/-os/-as* + sustantivo + *que*
  Se emplea para intensificar una cantidad, con sustantivos.
  - Normalmente dice **tantas mentiras que** nadie se cree lo que dice.
  - Tiene **tanto sentido del humor que** es imposible no reírte con ella.
- *Tanto que*
  Se utiliza para intensificar una acción.
  - Habla **tanto que** muchas veces mete la pata.

29 Gustos y afecto
Podemos expresar que nos gustamos a nosotros mismos. Para ello empleamos los pronombres reflexivos.

Con pronombres reflexivos		
yo	me	gusto
tú	te	gustas
él/ella/usted	se	gusta
nosotros/nosotras	nos	gustamos
vosotros/vosotras	os	gustáis
ellos/ellas/ustedes	se	gustan

- Quizás no esté bien que lo diga, pero **yo me gusto** bastante; estoy contenta con mi forma de ser.
- Creo que el origen de los problemas de Tomás está en que no **se gusta,** no se acepta a sí mismo.

También podemos expresarle a una persona el afecto que sentimos por ella.

Con pronombres de objeto indirecto		
yo	te/le/os/les	gusto
tú	me/le/nos/les	gustas
él/ella/usted	me/te/le/nos/os/les	gusta
nosotros/nosotras	te/le/os/les	gustamos
vosotros/vosotras	me/le/nos/les	gustáis
ellos/ellas/ustedes	me/te/le/nos/os/les	gustan

- Oye, ¿**yo te gusto** todavía?
- Pues claro que **me gustas,** me vuelves loca.
- **Me gustas** mucho, cariño, y cada día **me gustas** más.
- **Tú** también **me gustas** mucho **a mí.**
- ¿Tú crees que **yo le gusto a Rosa**?
- No tengo ninguna duda, está clarísimo que **le gustas** mucho.

Y también podemos expresar gustos usando estas construcciones:

Me	entusiasma fascina apasiona vuelve loco/-a	+ infinitivo que + subjuntivo + sustantivo singular*

* Si el sustantivo va en plural, la forma verbal también va en plural.

- Me apasionan las películas de suspense.
- ¿Sabes una cosa? Me vuelven loco los bombones belgas.
- Pues no tienes mal gusto, ¿eh?

- De pequeño me entusiasmaba que ganara el equipo de fútbol de mi barrio.
- A mi niña le fascina que le cuente este cuento. Como tiene tanta fantasía...
- ¡Uf! Me vuelve loco que me des estas sorpresas.
- Lo reconozco: a mí me apasiona el baloncesto, mejor dicho, ver jugar a mi equipo de toda la vida.

30 Cambios de personas

30.1. Cambios en la vida de una persona

- *Volverse*

  Lo usamos para expresar cambios rápidos que interpretamos como definitivos. Generalmente lo utilizamos con adjetivos y nos referimos a cambios que tienen un sentido negativo.

    - Todo lo que pasó le afectó mucho y se volvió loco.

    - ¿No te parece que Enrique se ha vuelto muy desconfiado?

    - ¡Huy! Muchísimo. No se fía de nadie.

- *Convertirse en*

  Para expresar cambios totales. Se usa con sustantivos y adjetivos con función de sustantivos.

    - Se ha convertido en un director de cine muy respetado por la crítica.
    - Se ha convertido en la famosa más odiosa del país.

- *Convertirse a*

  Para referirnos a cambios de religión, creencias o ideología.

    - ¿Sabes que Lucas se ha convertido al budismo?

- *Llegar a ser*

  Para expresar cambios que se producen de forma progresiva. Pueden ser el resultado de un largo proceso que conlleva el esfuerzo de la persona que experimenta el cambio.

    - Entró a trabajar de empleado, fue ocupando otros puestos y llegó a ser director general.

  Se usa con un sustantivo. Si este va inmediatamente después de la perífrasis, no es necesario decir *ser*.

    - Entró a trabajar de empleado, fue ocupando otros puestos y llegó a director general.

- *Hacerse*

  Para expresar cambios decididos por la persona o que son consecuencia de la evolución natural. Tienen carácter definitivo y pueden referirse a la ideología, las creencias, la edad, la profesión, etc.

    - Con el tiempo ha cambiado y se ha hecho ecologista.
    - ¡Cómo has crecido! Te has hecho un hombre, ¿eh?
    - Se hizo cooperante y ahora está trabajando con una ONG en Latinoamérica.

30.2. Cambios físicos de personas

Para expresar cambios físicos de personas podemos usar estas expresiones:

- *Salir (algo a alguien)*

    - Me ha salido un grano en la nariz.
    - A mí me salen arrugas con el sol.
    - Me he dado cuenta de que me están saliendo algunas canas.

- *Dejarse (crecer algo)* [voluntariamente]

    - Me voy a dejar barba, que estoy harto de tener que afeitarme todos los días.
    - ¿Por qué no te dejas patillas? Te quedarían muy bien.

- *Hacerse (algo)* [voluntaria o involuntariamente]
    - ¿Cuándo **te has hecho ese tatuaje?** No te lo había visto antes.
    - Mira qué **herida me hice** cuando me caí ayer.
- *Quedarse* (involuntariamente)
    - Con los disgustos que me llevé, **me quedé muy delgado.**
    - Ya hace mucho que **me quedé calvo.**

He aquí algunos sustantivos y adjetivos con los que se pueden utilizar esos verbos:

SALIR	DEJARSE (CRECER)	HACERSE	QUEDARSE
canas	patillas	una cicatriz	delgado
pecas	perilla	un tatuaje	calvo
arrugas	melena	una herida	
ojeras	flequillo	una operación	
un grano	barba	un corte	
un bulto	bigote	la raya (del pelo) en medio/	
un lunar		a la izquierda / a la derecha	
una mancha			

31 Relativos: *que, quien, quienes, donde, adonde*

Utilizamos los relativos para conectar una oración con un sustantivo mencionado anteriormente. En ella damos información sobre personas, lugares o cosas nombrados con ese sustantivo.

Existen dos tipos de oraciones de relativo: especificativas y explicativas.

- Oraciones especificativas

  En las oraciones especificativas se expresa una información esencial, necesaria para identificar o describir a la persona, lugar o cosa de la que se está hablando.
    - Es un sitio **que tiene unas vistas espectaculares.** (Esa información permite distinguir ese sitio de otros.)
    - El pueblo **en el que he pasado el fin de semana** es precioso. (Esa información permite distinguir ese pueblo de otros.)

- Oraciones explicativas

  En las oraciones explicativas se añade una información complementaria que no es necesaria para identificar o definir a la persona, lugar o cosa de la que se está hablando. En la lengua escrita van entre comas y en la lengua hablada se separan del resto haciendo una pausa.
    - El *camping*, **que estaba al lado de un monte**, era baratísimo y estaba muy bien cuidado.
    - Esa playa, **a la que va poquísima gente**, tiene una arena finísima.

Relativos utilizados:

- *Que*

  Para referirse a personas, lugares o cosas. Se puede combinar con preposiciones y artículos determinados (*el, la, los, las*).
    - Mira esta foto, este es el museo **que me impresionó tanto.**
    - En esta foto está el chico **al que conocí en el viaje** y **del que ya te he hablado.**

  Cuando está claro por el contexto, se puede omitir el sustantivo al que se refiere el relativo (ver apartado 7.2).
    - ¿Qué exposición vemos?
      - **La que** quieras.
    - ¿A qué sesión vamos?
      - **A la que** te vaya bien.

  Cuando usamos las preposiciones *a, con, de* y *en*, muchas veces omitimos el artículo.
    - Esa es la casa **en (la) que** pasé los mejores años de mi vida.
    - Esta es la página web **de (la) que** nos ha hablado Arturo.
    - ¿Quién es Juan José?
      - Uno de los chicos **con (los) que** voy a clase.

- *Quien, quienes*

  Para referirse solo a personas. Se pueden combinar con preposiciones y se utilizan menos que *el/la/los/las + que*; su uso es más frecuente en registros formales.
    - Estos son los chicos **con quienes** comparto piso. = Estos son los chicos **con los que** comparto piso.
    - Acabo de enviarle un correo a la señora **a quien** visité ayer. = Acabo de enviarle un correo a la señora **a la que** visité ayer.

En las oraciones especificativas, cuando *quien* y *quienes* tienen función de sujeto, van sin preposición.
- **Quien** diga eso, está muy equivocado. = **El/la que** diga eso, está muy equivocado/-a.
- **Quienes** hayan terminado el examen, pueden entregármelo. = **Los/las que** hayan terminado el examen, pueden entregármelo.

En esos casos, *quien* y *quienes* tienen un sentido más generalizador.
En las oraciones explicativas, *quien* y *quienes* pueden alternar con *que*.
- Al salir, me encontré con el director, **quien** me saludó afectuosamente.
- No pude ver a los profesores, **con quienes** quería comentar unas cosas.

Pero en registros coloquiales se prefiere utilizar *que* (precedido de artículo cuando se usa con preposición).
- Al salir, me encontré con el director, **que** me saludó afectuosamente.
- No pude ver a los profesores, **con los que** quería comentar unas cosas.

- *Donde*
  Para referirnos a lugares.
  - Esta es la pensión **donde** nos alojamos esa noche. = Esta es la pensión **en la que** nos alojamos esa noche.
  - Enséñame los sitios **donde** hay mucha marcha por la noche. = Enséñame los sitios **en los que** hay mucha marcha por la noche.

  Puede ir precedido de una preposición.
  - Al final está el parque **por donde** paso todos los días.
- *Adonde*
  Para expresar movimiento hacia un lugar.
  - Cerca del pueblo había una laguna **adonde** fuimos a bañarnos unas cuantas veces. = Cerca del pueblo había una laguna **a la que** fuimos a bañarnos unas cuantas veces.
  - Yo prefiero veranear en sitios **adonde** no va casi nadie. = Yo prefiero veranear en sitios **a los que** no va casi nadie.
  - Ese es el pico tan alto **adonde** subimos un día. = Ese es el pico tan alto **al que** subimos un día.

Observaciones:
Los modos verbales en las oraciones de relativo:
En las oraciones explicativas, el verbo va generalmente en indicativo.
- El camino, que **iba** a un lado de la vía, era muy llano.

En las oraciones especificativas puede ir en indicativo o en subjuntivo.
Utilizamos el indicativo cuando nos referimos a algo conocido o que sabemos que existe.
- Tengo un amigo muy viajero con el que **he hecho** unos cuantos viajes.
- La chica con la que **comparto** piso es bilingüe.

En cambio, empleamos el subjuntivo cuando nos referimos a algo que no sabemos si existe o no conocemos su identidad.
- Buscamos una casa que **esté** alejada del centro y **tenga** por lo menos cuatro dormitorios.
- Necesito a alguien que **pueda** traducirme un texto al ruso.

32 Quejas y reclamaciones

32.1.
Cuando presentamos una queja o hacemos una reclamación, solemos emplear una serie de palabras o expresiones que sirven para atraer la atención de nuestro interlocutor. Además, decimos esas palabras y el resto de la información con un tono suave y amable, tratando de no ser bruscos, agresivos u ofensivos con esa persona.

Oiga, perdone, pero es que *Oiga, mire, es que* *Mire, perdone, pero creo que*	+ descripción del problema

- **Oiga, perdone, pero es que** hemos pedido hace mucho rato y todavía no nos han traído nada.
- **Oiga, mire, es que** reservamos una habitación doble y nos han dado una individual.

32.2.

Otras veces reaccionamos de manera espontánea cuando comprobamos que hemos recibido un mal servicio o que no hemos recibido el servicio solicitado. En esos casos mostramos sorpresa, incredulidad, enfado, etc. y mencionamos el motivo; es frecuente utilizar *si* y *con...* para introducir argumentos que justifiquen nuestra reacción.

¡No puede ser *¡Es una falta de seriedad*	*que* + subjuntivo!	*Si* + indicativo			
Pero ¿cómo es posible que + subjuntivo?		*Con*	*lo*	adjetivo/adverbio/Ø	*que* + indicativo
			el/la/los/las	sustantivo	

- **¡No puede ser que no haya** aire acondicionado! **¡Si** en la agencia nos **dijeron** que había en todas las habitaciones!
- **Pero ¿cómo es posible que no haya** secador? **Con lo caro que es** este hotel... / **Con lo que hemos pagado...** / **Con el dinero que hemos pagado...**

33 Disculpas

Para disculparse por algo se pueden emplear estas construcciones:

Perdona/-e	*por* + infinitivo (compuesto)
	que + subjuntivo

- **Perdona por llegar** tarde, pero hay unos problemas de tráfico tremendos.
- **Perdone por no haber venido** ayer, pero me fue imposible.
- **Perdona que no te haya llamado** antes.

Siento *Lamento*	+ infinitivo (compuesto)
	que + subjuntivo

- **Lamento no poder** hacer nada, pero no está en mis manos.
- **Siento no haber podido** arreglarlo antes, pero es que no era fácil de arreglar.
- **Siento que se haya cometido** esa equivocación.
- **Lamento que se haya producido** ese malentendido.

- Y también se pueden utilizar estas frases:
  -Lo siento, ha sido sin querer.
  -No sabe(s) cuánto/cómo lo siento.
  -(Le/Te) Ruego (que) me disculpe(s).

34 Involuntariedad

Con esta construcción podemos expresar una acción involuntaria o accidental que afecta negativamente a alguien, quien es víctima de ella.

Se	*me* *te* *le* *nos* *os* *les*	+ indicativo

- Ayer **se me cayó** el móvil al suelo y **se me rompió**.
- El año pasado **se me perdió** el pasaporte y tuve que solicitar otro.
- Mejor llámame tú; **a mí se me está terminando** la batería.

Con el pronombre *se* se mitiga la responsabilidad de las personas afectadas. Los pronombres de objeto indirecto (*me/te/le/nos/os/les*) indican quiénes son las personas afectadas.

Para relatar ese tipo de sucesos involuntarios empleamos verbos como *caer, perder, romper, estropear, averiar, acabar, terminar, olvidar, quemar, manchar,* etc.

- **¡Otra vez se me ha estropeado** este maldito ordenador! Voy a tener que cambiarlo de una vez.
- **Se me ha quemado** un poco la paella, pero creo que no ha sido mucho y espero que se pueda comer.

35 Reprochar

• Para reprochar a alguien (o para reprocharse a uno mismo) algo que ha hecho, podemos utilizar estas construcciones:

(No) Debería(s) (No) Tendría(s) que Podría(s)	+ infinitivo compuesto

- • Creo que **no** se lo **deberías haber dicho**; no le ha gustado nada.
- • Esta charla es un rollo. **No debería haber venido.**
- • ¡Qué manera de perder el tiempo! **Me tendría que haber quedado** en casa estudiando.
- • **Podrías haberme consultado** antes de tomar la decisión, pues también me afecta a mí.

• Y también podemos emplear esta construcción:

Si en	vez lugar	de + infinitivo + pretérito pluscuamperfecto de subjuntivo,	+ condicional compuesto + condicional simple

- • ¿Ves? **Si en lugar de perder** tanto el tiempo **hubieras estudiado** más, **habrías aprobado.**

  no tendrías que volver a examinarte.

36 Oraciones concesivas

Las oraciones concesivas presentan un obstáculo, una dificultad o una oposición real o posible para la realización de una acción. Sin embargo, ese obstáculo, dificultad u oposición no impide que la acción se realice.

La oración concesiva puede ir antes o después de la principal.

- • **Aunque estudié poquísimo**, he aprobado. (Estudiar poquísimo es un obstáculo para aprobar, pero eso no impidió que aprobara.)
- • He aprobado **aunque estudié poquísimo**.

He aquí algunos nexos y conectores:

Con indicativo y subjuntivo	Con indicativo	Con infinitivo	Con sustantivo
aunque a pesar de que por más que por mucho que	y eso que tanto si... como si...	a pesar de	a pesar de

- • **Aunque era muy pequeñita**, dibujaba verdaderas maravillas.
- • **A pesar de que pocos sabían qué era la ecología**, ella ya era ecologista.
- • Decidió vivir de la pintura, **aunque supiera que no sería fácil.**
- • **Por más que se lo propusieron**, Celia nunca se casó.
- • Sacaba muy buenas notas, **y eso que no daba ni golpe.**
- • **Tanto si vendía cuadros como si no vendía**, ella seguía pintando.

• *Aunque*

Es el conector más utilizado. Lo usamos con indicativo cuando queremos informar sobre un hecho.

- • **Aunque sus padres le decían que no lo hiciera**, siempre pintaba en el suelo.

En cambio, lo usamos con subjuntivo en los siguientes casos:

1. Cuando no pretendemos informar sobre un hecho porque nuestro interlocutor lo conoce, o suponemos que lo conoce, o se ha mencionado antes.
   - • Ya sabemos que te cae muy mal, pero debes hablar con ella **aunque no te apetezca**. (Los dos hablantes saben que no le apetece.)
   - • **Aunque sea muy culto**, es un maleducado; siempre ha sido un maleducado. (Los dos hablantes saben que la persona de la que hablan es muy culta.)

2. Cuando expresamos hechos que consideramos posibles, pero no estamos seguros de si se han ocurrido u ocurrirán.
   - • No sé si ha tenido la gripe o no, pero **aunque haya estado enferma**, ha ido todos los días a trabajar. (Es posible que haya estado enferma, pero no estoy seguro.)
   - • **Aunque me lo pida**, no se lo daré, pues no se lo merece. (Es posible que me lo pida, pero no estoy seguro.)

3. Cuando pensamos que es improbable que ocurra un hecho en el futuro, empleamos el pretérito imperfecto de subjuntivo.

- **Aunque me regalaran un crucero**, no lo aceptaría; no me gustan nada los cruceros. (Es improbable que me lo regalen.)

- *A pesar de (que)*

A pesar de que funciona con indicativo y subjuntivo igual que *aunque*, pero lo utilizamos más frecuentemente con indicativo.

A pesar de puede ir seguido de un verbo en infinitivo, un sustantivo o un pronombre.

A pesar de que	+ indicativo + subjuntivo
A pesar de	+ infinitivo (compuesto) + sustantivo + pronombre

- Hicimos todo el trayecto a pie **a pesar de que estuvo lloviendo** todo el rato.
- Tienes que empezar a ir a natación **a pesar de que no te seduzca** nada la idea.
- **A pesar de no encontrarme** bien, tuve que ir a la reunión.
- **A pesar de haber llegado** tarde, me dejaron entrar.
- Me encanta esta ciudad **a pesar del clima** que tiene, que no es precisamente el que más me gusta.
- **A pesar de eso**, me habla como si no hubiera pasado nada; no lo entiendo, la verdad.

- *Por más que, por mucho que*

Para indicar que sea cual sea la intensidad del obstáculo, este no impide la realización de una acción. Funcionan con indicativo y subjuntivo, igual que *aunque*.

Por	*más* *mucho*	+ *que*	+ indicativo + subjuntivo

- **Por más que** se lo **dijeron** sus amigos, no hizo caso y, claro, luego pasó lo que pasó.
- **Por mucho que** se lo **digas**, no te hará caso; es muy cabezota.

Por	*más* *mucho* *mucha* *muchos* *muchas*	+ sustantivo	+ *que*	+ indicativo + subjuntivo

- **Por más pretendientes que tuvo**, Celia nunca se casó.
- **Por mucho ejercicio que hace**, Javi sigue echando tripa.
- **Por más dinero que se gaste** en ropa, seguirá vistiendo mal; tiene bastante mal gusto.
- **Por más horas que estudie al día**, seguirá teniendo dificultades. Si no cambia su forma de estudiar...

- *Y eso que*

Empleamos *y eso que* para expresar oposición, contradicción o falta de relación lógica entre las dos oraciones. Permite introducir un elemento de disculpa o agravamiento.

- Estos pantalones me costaron 70 euros, **y eso que estaban rebajados**. (Que estuvieran rebajados los pantalones hizo que el precio fuera más bajo, pero todavía eran caros.)
- Apenas habla ruso, **y eso que vivió** algún año en Moscú. (Haber vivido en Moscú hace más grave que casi no hable ruso.)

Se usa solo con indicativo y es muy utilizado en la lengua hablada.

- *Tanto si... como si...*

Se emplea para presentar dos posibilidades o supuestos para una conclusión. Son dos posibles alternativas que no impiden la realización de una acción (la expresada en la oración principal). Esa acción se realiza igualmente bajo condiciones radicalmente distintas.

- **Tanto si vienes como si no vienes**, celebraremos el aniversario.

Tiene valor concesivo y valor condicional, y se combina con las formas verbales de la misma manera que *si*.

- **Tanto si llueve como si hace sol**, mañana haremos senderismo.
- **Tanto si me invitaran a ese acto como si no me invitaran**, no iría.

Vocabulario

Lección 1: Aprender español

	Alemán	Francés	Inglés	Portugués
agrio, gesto ~	sauer, ~es Gesicht	grimace, faire une ~	sharp, a ~ gesture	azedo, gesto indelicado
apetecer	Lust haben auf	avoir envie	to feel like	querer
aprovechar	(be)nutzen	profiter de	to take advantage of	aproveitar
arrastrar un problema	ein Problem mit sich herumschleppen	traîner un problème	to have a problem that drags on	arrastar um problema
atrapar	fesseln	attraper	to ensnare	prender
boca: quedarse con la ~ abierta	die Sprache verschlagen	rester bouche bée	to be dumbfounded	ficar com a boca aberta
bucanero	Seeräuber	boucanier	buccaneer	pirata
caber	passen	tenir	to fit	caber
colado, estar ~	verliebt, ~ sein	en pincer pour quelqu'un	to be crazy in love	caído, estar ~
colmo: ser el ~	das Letzte sein	c'est le comble	to be the last straw	ser o cúmulo
concentrarse	sich konzentrieren	se concentrer	to concentrate	concentrar-se
devenir	Werden	devenir	future	futuro
embarazoso	peinlich	gênant	awkward	embaraçoso
enloquecer	den Verstand verlieren	devenir fou	to drive crazy	enlouquecer
esforzarse	sich anstrengen	faire des efforts	to make an effort	esforçar-se
exhausto	entkräftet	épuisé	exhausted	exausto
farmacéutico	Apotheker	pharmacien	pharmacist	farmacêutico
fluidez	Gewandtheit	fluidité	fluency	fluência
frustrante	frustrierend	frustrant	frustrating	frustrante
imprescindible	notwendig, unentbehrlich	indispensable	essential	imprescindível
incrédulo	ungläubig	incrédule	sceptical	incrédulo
lanzarse a	Mut fassen	oser	to dare to	atrever-se a
latir	pochen	battre	to beat	bater
lío	Durcheinander, Problem	embrouille	mess	confusão
mansión	Villa	villa	mansion	mansão
medieval	mittelalterlich	médiéval	medieval	medieval
molesto	lästig	désagréable	bothersome	cansativo
naturalidad	Unbefangenheit	naturel	naturalness	naturalidade
objeción	Einwand	objection	objection	objeção
ocurrir (algo a alguien), ocurrirse(le)	geschehen, einfallen (etwas jdm)	arriver, penser	to occur (something to somebody), to figure out	acontecer (algo com alguém), ter a ideia
odio	Hass	haine	hate	ódio
oler	riechen	sentir	to smell	cheirar
pasión	Leidenschaft	passion	passion	paixão
paso: ~ del tiempo, de ~	Laufe der Zeit, nebenbei	avec le temps, en passant	passage of time, on the way	passar do tempo, aproveitando a ocasião
perfeccionista	perfektionistisch	perfectionniste	perfectionist	perfeccionista
prever	vorsehen	prévoir	to foresee	prever
recomendar	empfehlen	recommander	to recommend	recomendar
reconstruir	rekonstruieren	reconstruire	to piece together	reconstruir
subtitulado	untertitelt	sous-titré	subtitled	legendado
teatro: hacer ~	vortäuschen	jouer la comédie	theatre: to play act	fingir algo
tembloroso	zitterig	tremblant	trembling	trêmulo
vértigo	Rausch	vertige	frenzy	tontura

Lección 2: El tiempo libre

	Alemán	Francés	Inglés	Portugués
ahorrativo	sparsam	économe	thrifty	poupador
ameno	unterhaltsam	amusant	enjoyable	ameno
apasionante	begeisternd	passionnant	thrilling	apaixonante
aprovechado	dreist	intéressé	unscrupulous	aproveitador
asombroso	erstaunlich	surprenant	astonishing	surpreendente
astuto	listig	malin	clever	astuto
atípico	untypisch	atypique	atypical	atípico
atraer	anziehen	attirer	to attract	atrair
autorizado	befugt	autorisé	authorized	autorizado
avispa	Wespe	guêpe	wasp	vespa
beneficio	Nutzen	bénéfice	profit	benefício
bíblico	biblisch	biblique	biblical	bíblico
bicho, ~ raro	Ungeziefer, komischer Kauz	insect, drôle d'oiseau	bug, weirdo	bicho, pessoa esquisita
blanco: en ~ y negro	schwarzweiß	en noir et blanc	in black and white	em preto e branco
boquiabierto	verblüfft	bouche bée	dumbfounded	ficar de boca aberta
broma: en ~	aus Spaß	pour rire	jokingly	de brincadeira
bruto	dumm	brut	uncouth	grosseiro
buitre	Geier	vautour	vulture	abutre
burro, ser un ~	Esel, ein ~ sein	bête, être bête	donkey, to be an oaf	burro, ser um cavalo
caballo	Pferd	cheval	horse	cavalo
cabra, estar como una ~	Ziege, durchgedreht sein	chèvre, être fou	goat, to be crazy	cabra, estar maluco
cabreado	stinksauer	en colère	angry	irritado
cámara	Kamera	caméra	camera	câmera
caracterizarse por	sich kennzeichnen durch	se caractériser	to be characterized by	caracterizar-se por
cardo	Distel	chardon	thistle	alcachofra-brava
celuloide	Zelluloid	celluloïd	film	cinema
cercano	naheliegend	proche	nearby	próximo
cerdo: ser un ~	ein Schwein sein	être un vrai porc	to be a pig	ser um porco
cicloturismo	Radwandern	cyclo-tourisme	bicycle touring	cicloturismo
cineasta	Filmer	cinéaste	filmmaker	cineasta
cinematográfico	Film-	cinématographique	film	cinematográfico
compañía	Ensemble	compagnie	company	companhia
competencia, hacer la ~	Konkurrenz, ~ machen	concurrence, faire de la~	competition, to compete	concorrência, fazer ~
componer	verfertigen	composer	to compose	compor
comportamiento	Verhalten	comportement	behaviour	comportamento
conformista	angepasst	conformiste	conformist	conformista
connotación	Konnotation, Nebebedeutung	connotation	connotation	conotação
contribuir	beitragen	contribuer	to contribute	contribuir
costa: a ~ de	auf Kosten	aux dépens de	to the detriment of	à custa de
crítico	kritisch	critique	critical	crítico
cura	Heilung	soin	cure	cura
da igual (dar igual)	es ist egal (egal sein)	c'est égal (être égal)	it's all the same to me (to be all the same)	tanto faz
¿De qué va?	Worum geht es?	De quoi parle-t-il ?	What's it about?	Sobre o que é?
década	Jahrzehnt	décennie	decade	década
deprimente	deprimierend	déprimant	depressing	deprimente
despectivo	abwertend	méprisant	disrespectful	pejorativo
devorar	auffressen	dévorer	to devour	devorar
diario: a ~	täglich	chaque jour	daily	diariamente
dibujos animados	Zeichetrickfilm	dessins animés	cartoons	desenhos animados
documental	Dokumentarfilm	documentaire	documentary	documentário
drama	Drama	drame	drama	drama
duda: no caber la menor ~/ninguna ~	kein Zweifel bestehen	Il n'y a pas le moindre doute / aucun ~	there is no doubt	não há a menor dúvida, nenhuma ~
duración	Dauer	durée	duration	duração
duro	hart	dur	hard	cruel
emoción	Gefühl	émotion	emotion	emoção

emocionante	erregend	passionnant	exciting	emocionante
emotivo	bewegend	émouvant	moving	emotivo
entretenido	unterhaltsam	amusant	entertaining	divertido
equivalente	Pendant	équivalent	equivalent	equivalente
estudio	Studio	studio	studio	estúdio
estupendo	prima	formidable	great	ótimo
etiquetar	kennzeichnen	étiqueter, cataloguer	to label	etiquetar
evidente	ersichtlich	évident	clear	evidente
evolución	Entwicklung	évolution	evolution	evolução
exclusivo	ausschließlich	exclusif	exclusive	exclusivo
exhibición	Vorführung	exhibition	show	exibição
exigente	anspruchsvoll	exigeant	demanding	exigente
fama	Ruf	réputation	fame	fama
fenomenal	sagenhaft	super	phenomenal	ótimo, muito bem
fiel	treu	fidèle	faithful	fiel
figurado	bildlich	figuré	figurative	figurado
frívolo	frivol	frivole	silly	fútil
guarro	dreckig	sale	dirty	porco
herramienta	Werkzeug	outil	tool	ferramenta
hormiga, ser una ~/hormiguita	Ameise, fleißig arbeiten und sparsam leben	fourmi, être économe	ant, to work diligently	formiga, ser trabalhador/ formiguinha
ignorar	verkennen	ignorer	to be unaware	ignorar
imaginativo	phantasievoll	imaginatif	imaginative	imaginativo
inclasificable	unklassifizierbar	inclassable	unclassifiable	inclassificável
indio	indisch	indien	Indian	indiano
ingenio	Scharfsinn	génie	wit	inteligência
interlocutor	Gesprächspartner	interlocuteur	fellow speaker	interlocutor
ir bien/genial	passen, gut ~	convenir	to be convenient	pode ser
irascible	jäzornig	irascible	irascible	que se irrita facilmente
justicia	Justiz	justice	justice	justiça
largometraje	Spielfilm	long métrage	feature-length film	longa-metragem
librarse de	entkommen	se débarasser de	to get rid of	livrar-se de
licencia	Genehmigung	licence	permit	licença
limpieza	Sauberkeit, Säuberung	nettoyage	cleanliness, cleaning	limpeza
machismo	Maschismus	machisme	male chauvinism	machismo
malintencionado	hinterhältig	mal intentionné	sneaky	maldoso
malpensado	argwöhnisch	mauvaise langue	suspicious, with evil intentions	que sempre pensa o pior
mariposa	Schmetterling	papillon	butterfly	borboleta
mariposear	herumflattern	papillonner	to be fickle	trocar com frequência de atividade ou parceiro
melodrama	Melodram	mélodrame	melodrama	melodrama
mental, facultad ~	Geistes-, ~gabe	mental, faculté mentale	mental, ~ faculties	mental, faculdade ~
merecer	verdienen	mériter	to deserve	valer
mérito	Verdienst	mérite	merit	mérito
monopolio	Monopol	monopole	monopoly	monopólio
mudo, cine mudo	stumm, Stummfilm	muet, cinéma ~	silent, ~ cinema	mudo, cinema ~
no me digas	Das kann nicht wahr sein	ne me dis pas	don't tell me	não vai me dizer
numeroso	zahlreich	nombreux	large in number	numeroso
o sea	das heißt	donc	so	isto é
obvio	offenkundig	évident	obvious	óbvio
ocasión	Gelegenheit	une fois	occasion	vez
ocultar	verbergen	cacher, dissimuler	to hide	ocultar
oveja, ~ negra	Schaf, schwarzes ~	mouton,~ noir	sheep, black ~	ovelha, ~ negra
partidario	Anhänger	partisan	supporter	partidário
pasatiempos	Zeitvertreib	passe-temps	puzzle	passatempos
patinaje	Rollschuhlaufen	patinage	skating	patinagem
patinar	rollschuhlaufen	patiner	to skate	patinar
peatón	Fußgänger	piéton	pedestrian	pedestre
peculiar	ausgefallen, eigenartig	spécial	peculiar	peculiar
película de acción, ~ del oeste	Actionfilm, Western	film d'action, Western	action film, western	filme de açao, ~ de bang-bang
pena: merecer la ~	sich löhnen	valoir la peine	to be worth it	valer a pena
percibir	wahrnehmen	percevoir	to observe	perceber

perjudicial	nachteilig, schädlich	nuisible	harmful	prejudicial
perturbado	gestört	perturbé	mentally unbalanced	perturbado
ponerse a	anfangen	se mettre à	to start	começar a
por lo visto	anscheinend	visiblement	apparently	pelo visto
prestigioso	renommiert	prestigieux	prestigious	prestigioso
previsible	voraussichtlich	prévisible	predictable	previsível
producción	Produktion	production	production	produção
profundo	tiefgreifend	profond	deep	profundo
profundizar	vertiefen	approfondir	to explore in depth	aprofundar
pronto: de ~	plötzlich	soudain	suddenly	de repente
proponer	vorschlagen	proposer	to suggest	propor
prostituta	Nutte	prostituée	prostitute	prostituta
protagonista	Protagonist	personnage principal	protagonist	protagonista
pulpo	Tintenfisch	poulpe, pieuvre	octopus	polvo
rata, ser un/una ~	Ratte, geizig sein	rat, être radin, avare	rat, to be cheap	rato, ser mão-de-vaca
rebaño	Herde	troupeau	flock	rebanho
referencia, hacer ~	Anspielung, anspielen	référence, faire ~	reference, to refer	referência, fazer ~
reflejo, ser un fiel ~	Spiegelbild, ein ~ sein	reflet, être le ~ fidèle	reflection, to be a faithful ~	reflexo, ser um ~ fiel
reputación	Ansehen	réputation	reputation	reputação
respecto a	bezüglich	en ce qui concerne	regarding	a respeito de
rodar	drehen	tourner	to film	rodar
satisfactorio	zufriedenstellend	satisfaisant	satisfactory	satisfatório
secreto	Geheimnis, geheim	secret	secret	segredo
séptimo arte	siebte Kunst	septième art	cinema	sétima arte
sesión	Kinovorstellung	séance	show	sessão
sincronizado	synchronisiert	doublé	synchronized	sincronizado
sobón	Grapscher	collant	groper	inoportuno
sobresalir	hervorragen	se distinguer	to stand out	sobressair
sonoro	Ton-	sonore	with sound	sonoro
sorprendente	seltsam	surprenant	surprising	surpreendente
superficial	oberflächlich	superficiel	superficial	superficial
supuesto: por ~	selbstverständlich	bien sûr	of course	com certeza
surgir	entstehen	surgir	to emerge	surgir
suspense	Grusel-	suspens	suspense	suspense
taquilla	Kinokasse	guichet	box office	bilheteria
tentáculo	Fangarm	tentacule	tentacle	tentáculo
tierno	gefühlvoll	tendre	sweet	sentimental, doce
ubicación	Standort	situation	location	localização
utilización	Gebrauch	utilisation	use	utilização
víbora, ser una ~	Viper, eine falsche Schlange sein	vipère, être une ~	snake, to be vicious	cobra, ser uma ~
víctima	Opfer	victime	victim	vítima
violento	gewaltsam	violent	violent	violento
zorro, ser un ~, ser una zorra	Fuchs, ein schlauer ~ sein, eine Nutte sein	renard ; être rusé comme un renard, être une prostituée	fox, to be cunning, to be a bitch	raposa, ser uma ~

Lección 3: Condiciones de vida

	Alemán	Francés	Inglés	Portugués
abandonarse	sich vernachlässigen	se laisser aller	to let oneself go	descuidar-se
acerca de	über, bezüglich	au sujet de	about	sobre
adicto (a)	abhängig	dépendant de	addicted (to)	viciado (a)
afirmar	behaupten	affirmer	to affirm	afirmar
agredir	schaden	agresser	to hurt	agredir
agricultura, ~ biológica	Landwirtschaft, biologische ~	agriculture, ~ biologique	agriculture, organic farming	agricultura, ~ biológica
aire: cambiar de ~s	Tapeten wechseln	changer d'air	to have a change of air	mudar de ares
aliviado	erleichtert	soulagé	relieved	aliviado
allegado	Vertraute	proche	loved one	chegado
alma	Seele	âme	soul	alma
altruista	uneigennützig	altruiste	altruistic	altruísta
apasionado	leidenschaftlich	passionné	passionate	apaixonado
apenas	kaum	à peine	barely (any)	apenas
aportar	geben, einbringen	apporter	to contribute	oferecer

apoyarse en	sich stützen	se reposer sur,	to lean on	apoiar-se em
arredrado	erschrocken	effrayé	daunted	amedrontado
atiborrar	überfressen	bourrer	to stuff	entupir
bien	Gut	bien	good	bem
boca: estar en ~ de	von etwas sprechen	être le centre de	to be talked about by	estar em boca de
callado	wortarg	réservé	quiet	calado
cara: de ~ a	im Hinblick auf	en ce qui concerne	with an eye to	com o objetivo de
carta: tomar ~s en el asunto	das Heft in die Hand nehmen	agir	to intervene in a matter	tomar uma atitude
catarro	Schnupfen	rhume	cold	resfriado
cierto: por ~	übrigens	au fait	by the way	falando nisso
círculo social	Bekanntenkreis	cercle d'amis	social circle	círculo social
claro: tener ~	sicher sein	être sûr de	to be clear	ter claro
comercio justo	fairer Handel	commerce équitable	fair trade	comércio justo
comisaría	Polizeistation	commisariat	police station	delegacia
conciencia	Bewusstsein	conscience	awareness	consciência
consumo	Konsum	consommation	consumption	consumo
contacto: estar/ entrar en ~	in Kontakt sein/ den ~ aufnehmen	être en contact/entrer en ~	to be/come in contact	estar/entrar em contato
culpa: por ~ de	wegen	à cause de	through the fault of	por culpa de
derrochar	verschwenden	gaspiller	to squander	esbanjar
desconfiar	misstrauen	ne pas avoir confiance	to mistrust	desconfiar
desconocer	nich kennen	méconnaître	to be unaware of	desconhecer
desempeñar	innehaben, ausüben	jouer un rôle	to hold	desempenhar
deshonesto	unanständig	malhonnête	dishonest	desonesto
desperdiciar	vergeuden	gaspiller	to waste	desperdiçar
desplazamiento	Fahrt	déplacement	trip	deslocamento
destrucción	Zerstörung	destruction	destruction	destruição
detallado	ausführlich	détaillé	detailed	detalhado
detestar	nicht mögen	détester	to hate	detestar
dieta: a ~	auf Diät	au régime	on a diet	de regime
digno	angemessen	digne	decent	digno
discreción	Diskretion	discrétion	discretion	discrição
discreto	diskret	discret	discreet	discreto
donar	spenden	donner	to donate	doar
emocionado	gerührt	ému	moved	emocionado
encerrado	gefangen	enfermé	shut away	fechado
enfrentar	gegenüberstellen	affronter	to face	enfrentar
enhorabuena	Glückwunsch	félicitations	congratulations	parabéns
enterrar	beerdigen	enterrer	to bury	enterrar
entrada: de ~	zuallererst	pour commencer	for a start	para começar
entregar	übergeben	livrer	to turn something in	entregar
estrellarse	zusammenstoßen	s'écraser	to crash	espatifar-se
ético	ethisch	éthique	ethical	ético
experto	Experte	expert	expert	especialista
explotar	ausbeuten	exploiter	to exploit	explorar
extrovertido	extrovertiert	extraverti	extrovert	extrovertido
facultad	Fähigkeit	capacité	ability	faculdade
flexible	gleitend	flexible	flexible	flexível
genio	Genie	genié	genius	gênio
habituarse a	sich gewöhnen	s'habituer à	to get used to	habituar-se à
hacienda	Finanzamt	Direction Générale des Impôts	the Treasury	fazenda
hartarse de	überdrüssig werden	en avoir marre	to grow sick of	estar farto de
hipoteca	Hypothek	hypothèque	mortgage	hipoteca
honesto	ehrlich	honnête	honest	honesto
humilde	bescheiden	modeste	humble	humilde
¡Huy!	Au!	Ouh lala !	Gosh!	Ui!
idealista	Idealist	idéaliste	idealistic	idealista
imprudente	leichtsinnig, unvorsichtig	imprudent	imprudent	imprudente
incendiar	in Brand geraten	incendier	to burn	incendiar
indiscreto	indiskret	indiscret	indiscreet	indiscreto
inesperado	unerwartet	inespéré	unexpected	inesperado
inflar	aufblähen	gonfler	to inflate	aumentar

insolidario	unsolidarisch	peu solidaire	unsupportive	não solidário
interesado	eigennützig	intéressé	selfish	interessado
intermediario	Zwischenhändler	intermédiaire	intermediary	intermediário
intervenir	eingreifen	intervenir	to intervene	intervir
investigación	Forschung	recherche	research	pesquisa
investigar	forschen	faire des recherches	to do research	pesquisar
largo: pasar de ~	vorbeigehen	passer sans s'arrêter	to go right past	passar de longe
maletín	Handkoffer	valise	briefcase	pasta
mano: estar en la ~ (de alguien)	in (jemandes) Händen liegen	être en notre pouvoir	to be in somebody's power	estar nas mãos (de alguém)
matarse a	sich überanstrengen	se tuer à	to kill oneself doing something	matar-se de
materialista	Materialist	matérialiste	materialistic	materialista
medioambiental	Umwelt-	environnemental	environmental	meio ambiental
mejorable	verbesserungsfähig	que l'on peut améliorer	improvable	melhorável
mercancía	Ware	marchandise	goods	mercadoria
merengue	Baiser, Meringue	meringue	meringue	merengue
millonario	Millionär	millionnaire	millionaire	milionário
mimar	verwöhnen	gâter	to pamper	mimar
miseria	Hungerlohn	misère	pittance	miséria
monótono	eintönig	monotone	monotonous	monótono
montañismo	Bergsteigen	alpinisme	mountain climbing	montanhismo
morado: ponerse ~	sich den Bauch vollschlagen	se goinfrer	to stuff oneself	encher-se de comida
morirse de	platzen vor	mourir d'envie de	to almost die of	morrer de
necesitado	notleidend	nécessiteux	in need	necessitado
obesidad	Fettsucht	obésité	obesity	obesidade
obsesionarse	sich quälen	être obsédé par	to get obsessed	obcecar-se
ojo: costar un ~ de la cara	ein Heidengeld kosten	coûter les yeux de la tête	to cost an arm and a leg	custar o olho da cara
opción	Option	choix	choice	opção
oposición	öffentliches Auswahlverfahren	concours	entrance examination	concurso
optar por	sich entscheiden	se décider pour	to decide on	optar por
orientación	Orientierung	orientation	direction	orientação
oro: hacerse de ~	reich werden	devenir riche	to make a fortune	ficar rico
pacífico	friedfertig	pacifique	peaceful	pacífico
pasarse	übertreiben, zu weit gehen	exagérer	to go too far	exagerar
pastel	Kuchen	gâteau	cake	bolo
peli	Film	film	film	filme
pensar: no ~se dos veces (algo)	sich (etwas) nicht zweimal überlegen	sans réfléchir	not to think twice (about something)	não pensar duas vezes (algo)
perecer	umkommen	mourir	to perish	perecer
plantear	fragen	se poser	to consider	pensar
pleno empleo	Vollbeschäftigung	plein emploi	full employment	pleno emprego
poseer	haben	posséder	to have	possuir
prescindir	unterlassen	renoncer à	to do without	prescindir
prioridad	Priorität	priorité	priority	prioridade
privarse de	verzichten auf	se priver de	to deprive oneself of	privar-se de
pro: los ~s y los contras	die Vor- und Nachteile	le pour et le contre	the pros and cons	os prós e contras
progresista	fortschrittlich	progressiste	progressive	progressista
prohibitivo	unbezahlbar	prohibitif	prohibitive	proibitivo
prudente	vorsichtig	prudent	prudent	prudente
puñetero	verdammt	fichu	damn	chato
químico	chemisch	chimique	chemical	químico
raíz: a ~ de	aufgrund	à partir de	as a result of	por causa de
reflexionar	nachdenken	réfléchir	to reflect	refletir
repartir	verteilen	distribuer	to give out	repartir
repentino	schlagartig	soudain	sudden	repentino
replantear	infrage stellen	remettre en question	to reconsider	repensar
resarcirse de	entschädigen	se remettre de	to make up for	ressarcir de
respetuoso	schonend	respectueux	respectful	respeitador
resolver	lösen	résoudre	to solve	resolver
ritmo de vida	Lebensrhythmus	rythme de vie	pace of life	ritmo de vida

rogar	bitten	prier	to beg	pedir
rumbo	Kurs	direction	path	rumo
rural	Land-	rural	rural	rural
sabor	Geschmack	goût	taste	sabor
sacrificarse por/para	sich aufopfern für	se sacrifier pour	to make sacrifices for	sacrificar-se por/para
seguridad social	Sozialversicherung	sécurité sociale	social security	segurança social
sensibilizar	sensibilisieren	sensibiliser	to raise awareness	sensibilizar
sensible	sensibel	sensible	sensitive	sensível
ser, ~ querido	geliebter Mensch	être, ~ cher	being, loved one	ser, ~ querido
sistema solar	Sonnensystem	système solaire	solar system	sistema solar
solidario	solidarisch	solidaire	supportive	solidário
sostenible	nachhaltig	renouvelable	sustainable	sustentável
temor	Furcht	crainte	fear	temor
tender a	neigen	avoir tendance à	to tend to	tender a
terreno	Bereich	domaine	field	terreno
tiempo: a ~ completo/parcial	Voll-/Teilzeit	à temps complet/partiel	full/part time	período integral/meio ~
títere: no quedar/dejar ~ con cabeza	alles kurz und klein schlagen/hauen	tout saccager/n'épargner personne	not to escape unscathed/to spare nobody	acabar com tudo
trabajador social	Sozialarbeiter	travailleur social	social worker	trabalhador social
tremendo, tomarse algo a la tremenda	schrecklich, etwas tragisch nehmen	terrible, en faire une maladie	terrible, to take something to heart	horrível, dar muita importância
tumba	Grab	tombe	tomb	túmulo
unánime	übereinstimmend	unánime	unanimous	unânime
urbano	städtisch	urbain	city, urban	urbano
vividor	Lebemann	bon vivant	freeloader	boa-vida

Lección 4: Un mundo mejor

	Alemán	Francés	Inglés	Portugués
absoluto: en ~	keinesfalls	pas du tout	not at all	de modo algum
absurdo	absurd	absurde	absurd	absurdo
acceso	Zugang	accès	access	acesso
acostumbrar a	gewöhnen	s'habituer à	to be in the habit of	acostumar a
afectar	betreffen	affecter	to affect	afetar
agresor	Eingreifer	agresseur	aggressor	agressor
albornoz	Bademantel	peignoir	bathrobe	roupão
alto cargo	Führungsstellung	cadre	person in senior post, high-ranking officer	alto cargo
amar	lieben	aimer	to love	amar
amenazar	bedrohen	menacer	to threaten	ameaçar
ampliar	erweitern	élargir	to broaden	ampliar
analfabetismo	Analphabetismus	analphabétisme	illiteracy	analfabetismo
anticorrupción	Antikorruption	anti-corruption	anti-corruption	anticorrupção
apetecible	wünscheswert	appétissant	appetizing	apetitoso
apostar	wetten	parier	to bet	apostar
arrepentirse de	bereuen	regretter	to regret	arrepender-se de
artículo	Produkt	produit	product	artigo
asco	Ekel	C'est nul	something revulsive	nojo
auricular	Telefonhörer	combiné	receiver	fone
autonomía	Selbstständigkeit	autonomie	independence	autonomia
banda ancha	Breitband	internet	broad band	banda larga
basura	Müll	poubelle	rubbish	lixo
catástrofe, ~ natural	Katastrophe, Natur~	catastrophe, ~ naturelle	disaster, natural ~	catástrofe, ~ natural
código de circulación	Straßenverkehrsordnung	code de la route	Highway Code	leis de trânsito
colmo: para ~	obendrein	par-dessus le marché	to top it all	para cúmulo
cómico	ulkig	comique	funny	cômico
comisión	Provision	commission	commission	taxa
comprensible	verständlich	compréhensible	understandable	compreensível
concienciarse	sich bewusst machen	prendre conscience de	to become aware	conscientizar-se
condiciones laborales	Arbeitsbedingungen	conditions de travail	working conditions	condições de trabalho

conflicto bélico	kriegerische Auseinandersetzung	conflit belliqueux	war	conflito bélico
construcción	Errichtung	construction	construction	construção
consumismo	Konsumismus	surconsommation	consumerism	consumismo
consumista	konsumgeil	grand consommateur	materialistic	consumista
contaminación	Verschmutzung	pollution	pollution	poluição
contenerse	sich beherrschen	se retenir	to hold oneself back	conter-se
contraste	Kontrast	contraste	contrast	contraste
contrato temporal	Zeitvertrag	contrat temporaire	temporary contract	contrato temporário
contundente	überzeugend	convaincant	robust	consistente
convencer	überzeugen	convaincre	to convince	convencer
cooperación, ~ internacional	Kooperation, internationale ~	coopération, ~ internationale	cooperation, international ~	cooperação, ~ internacional
corrupción	Korruption	corruption	corruption	corrupção
crisis	Krise	crise	crisis	crise
culminación	Höhepunkt	apogée	culmination	culminação
década	Jahrzehnt	décennie	decade	década
decena	Zehner	dizaine	ten	dezena
dejar mucho/ bastante que desear	viel zu wünschen übrig lassen	laisser beaucoup/assez à désirer	to leave a lot to be desired	deixar muito/bastante a desejar
denotar	durchblicken lassen	signaler	to denote	denotar
denunciar	anklagen	dénoncer	to report	denunciar
departamento	Abteilung	département	department	departamento
desconexión	Abschaltung	déconnexion	disconnection	desconexão
descuento	Abzug	remise	discount	desconto
desescolarización	Schulabbruch, fehlende Einchulung	déscolarisation	lack of schooling	desescolarização
desigual	ungleich	inégal	unequal	desigual
desigualdad	Ungleichheit	inégalité	inequality	desigualdade
despilfarro	Vergeudung	gaspillage	waste	desperdício
discriminación	Diskriminierung	discrimination	discrimination	discriminação
disminuir	vermindern	diminuer	to decrease	diminuir
dubitativo	Zweifel ausdrückend	dubitatif	hesitant	hesitante
duda: sin ~	zweifellos	sans aucun doute	undoubtedly	sem dúvida
echarse atrás	bereuen	reculer	to back out	dar para trás
elecciones	Wahlen	élections	election	eleições
emigrante	Auswanderer	migrant, émigrant	emigrant	emigrante
encanto	Charme, Zauber	merveille	charm	encanto
endurecer	verschärfen	durcir	to toughen	endurecer
enriquecedor	bereichernd	enrichissant	enriching	enriquecedor
erradicar	beseitigen	erradiquer	to eradicate	erradicar
escaso	gering	faible	limited, scarce	escasso
esclavizar	versklaven	réduire en esclavage	to enslave	escravizar
especulación	Spekulation	spéculation	speculation	especulação
esperanzador	hoffnungsvoll	encourageant	encouraging	esperançoso
exceso	Übermaß	excès	excess	excesso
explotar	abbauen	exploiter	to exploit	explorar
factura	Rechnung	facture	bill	conta
fin: sin ~	endlos	sans fin	endless	inúmeros(as)
fomentar	fördern	encourager	to boost	fomentar
forcejeo	Gerangel	lutte	struggle	discussão
frecuentar	oft besuchen	fréquenter	to frequent	frequentar
fuego cruzado	Kreuzfeuer	feu croisé	crossfire	fogo cruzado
generalizar	verallgemeinern	généraliser	to generalize	generalizar
gestión	Vorgehen	gestion	procedure	gestão
globo terráqueo	Erdball	globe terrestre	globe	globo terrestre
grabar	aufnehmen	enregistrer	to record	gravar
grano/granito de arena	Sandkorn	apporter sa pierre à l'édifice	grain of sand	grão/grãozinho de areia
impuesto	Steuer	imposé	tax	imposto
indispensable	unentbehrlich	indispensable	indispensable	indispensável
inflación	Inflation	inflation	inflation	inflação
injusticia	Ungerechtigkeit	injustice	injustice	injustiça
injusto	ungerecht	injuste	unfair	injusto

inmigrante	Einwanderer	immigré	immigrant	imigrante
limitado	begrenzt	limité	limited	limitado
luego: desde ~	durchaus	bien sûr	of course	claro que não, sem dúvida
malos tratos	Misshandlung	maltraitance	physical abuse	maus-tratos
maltratador	Täter	auteur de maltraitance	abuser	agressor
mecanismo, ~ de control	Mechanismus, Kontrol~	mécanisme, ~ de contrôle	mechanism, control ~	mecanismo, ~ de controle
medida	Maßnahme	mesure	measure	medida
modernizar	modernisieren	moderniser	to modernize	modernizar
modo: a mi ~ de ver	meines Erachtens	selon moi	the way I see it	a meu ver
montar	gründen	monter	to start	montar
multiplicarse	vermehren	se multiplier	to multiply	multiplicar-se
mundo laboral	Arbeitswelt	monde du travail	working world	mundo profissional
naturalidad	Ungezwungenheit	naturel	naturalness	naturalidade
obedecer	gehorchen	obéir	to obey	obedecer
oferta	Angebot	offre	offer	oferta
país: ~ de acogida, ~ desarrollado, ~ en vías de desarrollo	Aufnahmeland, entwickeltes ~, Entwicklungs~	pays d'accueil, ~ développé, ~ en voie de développement	host country, developed ~, developing ~	país de acolhida, ~ desenvolvido, ~ em vias de desenvolvimento
parte: en ~	zum Teil	en partie	in part	em parte
pega	Manko	difficultés	snag	empecilho
pelear	streiten	lutter	to fight	brigar
perpetuar	verewigen	perpétuer	to perpetuate	perpetuar
perseverante	beharrlich	persévérant	persevering	perseverante
pleno: en ~	mitten in/an	en plein	in the middle of	em pleno
poblar	bevölkern	peupler	to populate	povoar
polución	Verschmutzung	pollution	pollution	poluição
precariedad	Prekarisierung	précarité	insecurity	precariedade
precario	prekär	précaire	unstable	precário
predecir	vorhersagen	prédire	to predict	predizer
pretensión	Verlangen	prétention	desire	pretensão
procedente	herkommend	originaire	from	procedente
promover	voranbringen	promouvoir	to promote	promover
racial	Rassen-	racial	racial	racial
racismo	Rassismus	racisme	racism	racismo
racista	rassistisch	raciste	racist	racista
rebaja	Schlussverkauf	baisse	sale	liquidação
reconversión, ~ industrial	Wiederumwandlung, industrielle ~	reconversion, ~ industrielle	restructuring, industrial ~	reconversão, modernização industrial
reforma	Reform	réforme	reform	reforma
reformar	umändern	réformer	to reform	reformar
reina, ~ de la casa	Königin, ~ des Hauses	reine, ~ de la maison	queen, ~ of the house	rainha, ~ da casa
relato	Bericht	récit	story	relato
renta	Einkommen	revenus	income	renda
reparto	Verteilung	distribution	distribution	distribuição
repercutir	auswirken	répercuter	to affect	repercutir
requisito	Bedingung	conditions	requirement	requisito
reunir	sammeln	réunir	to raise	reunir
riqueza	Reichtum	richesse	wealth	riqueza
salvo: a ~	in Sicherheit	en lieu sûr	safe	a salvo
servicio público	öffentlicher Dienst	service public	public service	serviço público
silencio: en ~	schweigend	en silence	in silence	em silêncio
sobrevivir	überleben	survivre	to survive	sobreviver
someter	unterziehen	soumettre	to subject	submeter
superpoblación	Überbevölkerung	surpopulation	overpopulation	superpopulação
teleoperador	Telefonagent	Téléopérateur	telemarketer	teleoperador
temblar	bangen	trembler	to shake	tremer
tercio	Drittel	tiers	third	terço
término: en ~s generales	im Allgemeinen	dans l'ensemble	generally speaking	em linhas gerais
terrorismo	Terrorismus	terrorisme	terrorism	terrorismo
trabajoso	mühselig	laborieux	laborious	trabalhoso
través: a ~	durch	à travers	through	através
venta	Verkauf	vente	sale	venda

vida: ganarse la ~	sein Brot verdienen	gagner sa vie	to earn a living	ganhar a vida
violencia	Gewalt	violence	violence	violência
ya lo creo	Das will ich meinen!	Ça c'est vrai !	you bet	claro

Lección 5: Sentimientos

	Alemán	Francés	Inglés	Portugués
aliciente	Anreiz	attrait	incentive	estímulo
animado	munter	content	cheerful	divertido
anodino	fade	anodin	bland	insignificamte
anónimo	anonym	anonyme	anonymous	anônimo
antes: un ~ y un después	Meilenstein	un avant et un après	a turning point	antes e depois
aplicado	fleißig	appliqué	diligent	aplicado
arrepentirse de	bereuen	regretter	to be sorry about	arrepender-se de
asalariado	Lohnarbeiter	salarié	wage-earning	assalariado
ascender	befördern	avoir de l'avancement	to promote	ser promovido
asombrarse de	staunen	s'étonner	to be amazed at	surpreender-se com
asustar	erschrecken	effrayer	to frighten	assustar
atónito	verblüfft	stupéfait	astonished	atônito
ausente	abwesend	absent	absent	ausente
avergonzarse de	sich schämen	avoir honte de	to be embarrassed about	envergonhar-se de
calavera	Nachtschwärmer	fêtard	a rake	farrista
carecer de	nicht haben	manquer de	to lack	carecer de
completo: por ~	ganz und gar	complètement	completely	completamente
complicar	dazwischenkommen	compliquer	to complicate	complicar
conformarse con	sich zufriedengeben	se résigner	to settle for	conformar-se com
consciente	bewusst	conscient	aware	consciente
contratiempo	Zwischenfall	contre-temps	setback	contratempo
convertirse en	werden	se transformer en	to become	converter-se em
coser: ser ~ y cantar	kinderleicht sein	C'est un jeu d'enfant	to be as easy as pie	ser vapt-vupt
curiosidad	Neugier	curiosité	curiosity	curiosidade
dar rabia	verärgern	avoir la rage	to be annoying	dar raiva
decepcionar	enttäuschen	décevoir	to disappoint	decepcionar
desgracia	Unglück	malheur	misfortune	desgraça
desinteresado	uneigennützig	désintéressé	disinterested	desinteressado
despistado	zerstreut, vergesslich	distrait	absentminded	desligado
determinante	entscheidend	déterminant	deciding	determinante
diablo: ¡Qué ~s!	Zum Teufel!	Allons, bon !	What the hell!	Que diabo!
el qué dirán	Leumund, Meinung der Leute	le qu'en dira-t-on	what people will say	o que vão dizer?
embarazada	schwanger	enceinte	pregnant	grávida
emergencia	Notfall	urgence	emergency	emergência
empeñarse en	beharren	s'entêter à	to insist on	empenhar-se em
entusiasmarse con	schwärmen für	s'enthousiasmer pour	to get enthusiastic about	entusiasmar-se com
escapada	Ausflug, Abstecher	escapade	short trip	escapada
exacto	genau	exact	exactly	exato
fallecer	verscheiden	décéder, mourir	to pass away	falecer
fijo, hacer ~	fest, ~ anstellen	fixe, faire un contrat à durée indéterminée	permanent, to offer a ~ contract	fixo, tornar ~
fracasar	scheitern	échouer	to fail	fracassar
gusto: a ~	wohl	bien, à l'aise	at ease	à vontade
hospitalizar	ins Krankenhaus einweisen	hospitaliser	to hospitalize	hospitalizar
igual	vielleicht	peut-être	perhaps	igual
ilusionado	begeistert	content	excited	entusiasmado
ilusionarse con	sich begeistern	se réjouir de	to get excited about	entusiasmar-se com
independizar	selbständig werden	rendre indépendant	to become independent	tornar-se independente
inquietud	Interesse	inquiétude	interest	ambição
juerguista	Lebemann	fêtard	reveller	farrista
lamentarse de	bedauern	se lamenter	to regret	lamentar-se de
ligue	Flirt, Liebhaber	aventure, liaison	boyfriend or girlfriend	paquera, ficante
madrugada: de ~	frühmorgens	a l'aube, très tôt le matin	very early in the morning	de madrugada
malestar	Unwohlsein	malaise	discomfort	mal estar

	Alemán	Francés	Inglés	Portugués
manera: a mi/tu/ su... ~	auf meine/deine/seine/ ihre... Weise	à ma/ta/sa... manière	my/your/her... way	a minha/tua/sua... maneira
marcar	prägen	marquer	to leave an impression	marcar
marearse	schwindelig werden	se sentir mal	to feel dizzy	ficar tonto
metódico	methodisch	méthodique	methodical	metódico
modélico	vorbildlich	modèle	model	exemplar
molestarse en	sich Mühe machen	se donner la peine de	to bother to	incomodar-se com
muleta	Krücke	béquille	crutch	muleta
nadie: no somos ~	Wir sind ein Nichts.	nous sommes peu de chose	we're insignificant	não somos nada
noche: cambiar como de la ~ al día	sich sehr verändern	changer du jour au lendemain	to change like night and day	mudar da noite para o dia
novillos, hacer ~	Jungstiere, die Schule schwänzen	jeune taureau, faire l'école buissonière	young bulls, to play truant	bezerro, matar aula
operar	operieren	opérer	to operate	operar
pérdida	Verlust	perte	loss	perda
perfección	vortrefflich	perfection	perfection	perfeição, com ~
pobre: el/la ~	der/die Arme	le/la pauvre	the poor bloke/woman	o coitado/a coitada
prisa: darse ~	sich beeilen	se presser	to hurry	apressar-se
racha	Zeit	courte période	streak	fase
reacción	Reaktion	réaction	reaction	reação
reconciliarse	sich versöhnen	se réconcillier	to make up	reconciliar-se
redondo	volkommen	bien	perfect	perfeito
renunciar a	verzichten	renoncer à	to give up	renunciar a
resaca	Kater	gueule de bois	hangover	ressaca
resignarse a	sich fügen	se résigner à	to resign oneself to	resignar-se a
romance	Affäre	romance	romance	romance
rotundo	kategorisch	catégorique	emphatic	categórico
sabedor	Kenner	au courant	aware	conhecedor
sentar bien/mal	gut/schlecht vertragen	faire du bien/du mal	to agree/disagree with somebody	cair bem/mal
socorro	Hilfe	Au secours !	help	socorro
tanto: las tantas	sehr spät	à point d'heure, très tard	early hours of the morning	muito tarde
tener por	halten	prendre pour	to consider somebody bloke/woman	considerar cara
tío	Typ	type		
titularse	Inhaber eines akademischen Titels werden	terminer ses études	to get one's degree	formar-se
transformación	Verwandlung	transformation	transformation	transformação
triunfar	siegen	triompher	to succeed	triunfar
vida social	Sozialleben	vie sociale	social life	vida social
voluntario	Freiwillige	volontaire	volunteer	voluntário

Lección 6: Ecología

	Alemán	Francés	Inglés	Portugués
accidental	zufällig	accidentel	accidental	acidental
aconsejable	ratsam	conseillé	advisable	aconselhável
aerosol	Aerosol	aérosol	aerosol	aerossol
aliviar	erleichtern	soulager	to relieve	aliviar
alivio	Erleichterung	soulagement	relief	alívio
almacenar	lagern	emmagasiner	to store	armazenar
alteración	Beschädigung	altération	change	alteração
ambientador	Duftspender	désodorisant	air freshener	purificador de ar
ambiental	Umwelt-	environnemental	environmental	ambiental
arrojar	werfen	jeter	to drop	lançar
asimismo	ebenfalls	également	also	também
atmósfera	Atmosphäre	atmosphère	atmosphere	atmosfera
beneficiado	Begünstigte	bénéficiaire	favoured	beneficiado
biodiversidad	Artenvielfalt	biodiversité	biodiversity	biodiversidade
bobada	Quatsch	bêtise	nonsense	bobagem
bomba atómica	Atombombe	bombe atomique	atomic bomb	bomba atômica
cable	Kabel	câble	cable	cabo
calentamiento global	globale Erwärmung	réchauffement global	global warming	aquecimento global

cancerígeno	krebserregend	cancérigène	carcinogenic	cancerígeno
capa de ozono	Ozonschicht	couche d'ozone	ozone layer	camada de ozônio
caudal	Durchflussmenge	débit	flow	fluxo
causa: a ~ de	aufgrund	à cause de	because of	por causa de
central	Kraftwerk	centrale	power station	central
ciudadanía	Bürgerschaft	citoyens	citizens	cidadania
clorofluorocarbono (CFC)	Fluorchlorkohlen-wasserstoff (FCKW)	chlorofluorocarbure	chlorofluorocarbon	clorofluorcarbono (cfc)
combinación: en ~ con	in Verbindung mit	combiné à/avec	combined with	combinado com
conclusión: en ~	schließlich	en conclusion	in short	em conclusão
consecuencia: en ~	folglich	en conséquence	therefore	em consequência
conservación	Erhaltung	conservation	conservation	conservação
consiguiente: por ~	demzufolge	par conséquent	consequently	por consequência
contaminante	umweltschädlich	polluant	pollutant	poluente
continuación: a ~	im Folgenden	ensuite	then	a seguir, abaixo
contrario: al ~	im Gegenteil	au contraire	on the contrary	ao contrário
corriente	Strom	courant	current	corrente
costoso	teuer	coûteux	costly	caro
cotidiano	alltäglich	quotidien	everyday	cotidiano
cultivo transgénico	Gentechnikanbau	culture transgénique	transgenic farming	cultivo transgênico
dado que	da	étant donné que	since	dado que
dañar	schädigen	endommager	to harm	danificar
debajo: por ~ de	unterhalb	sous	below	por debaixo de
decenio	Dezennium	décennie	decade	década
declaración	Erklärung	déclaration	declaration	declaração
definitivo: en definitiva	letztendlich	en fin de compte	in short	definitivamente
deforestación	Entwaldung	déforestation	deforestation	desmatamento
degradar	abbauen	dégrader	to decompose	degradar
demanda	Nachfrage	demande	demand	demanda
desastre	Katastrophe	désastre	disaster	desastre
descenso	Rückgang	baisse	decrease	queda
desecho	Abfall	déchet	waste	resíduo
desenchufar	den Stecker herausziehen	débrancher	to unplug	desligar da tomada
desertización	Verwüstung	désertification	desertification	desertificação
desertizar	Wüsten bilden	désertifier	to turn into desert	desertificar
desplazar	reisen	déplacer	to move	deslocar
detergente	Reinigungsmittel	lessive	detergent	detergente
deteriorar	schaden	détériorer	to deteriorate	deteriorar
doméstico	Haus-	domestique	household	doméstico
ecología	Ökologie	écologie	ecology	ecologia
ecológico	ökologisch	écologique	ecological	ecológico
ecologismo	Umweltschutzbewegung	écologisme	environmentalism	ecologismo
ecosistema	Ökosystem	écosystème	ecosystem	ecossistema
edificar	bebauen	édifier	to build	construir
efecto invernadero	Treibhauseffekt	effet de serre	greenhouse effect	efeito estufa
electrodoméstico	Hausgerät	électroménager	household appliance	eletrodoméstico
empeorar	verschlechtern	se dégrader	to make worse	piorar
empezar: para ~	zunächst einmal	pour commencer	first of all	para começar
enchufar	anstecken	brancher	to plug in	ligar (na tomada)
energía: ~ eólica, ~ renovable	Windenergie, erneuerbare ~	énergie éolienne, ~ renouvelable	wind energy, renewable ~	energia eólica, ~ renovável
ensuciar	verschmutzen	salir	to make dirty	sujar
entorno	Umgebung	environnement	surroundings	meio
envase	Verpackung	emballage	container	embalagem
envenenar	vergiften	empoisonner	to poison	envenenar
erosión	Verwitterung	érosion	erosion	erosão
estricto	streng	strict	strict	estrito, rigoroso
éxodo	Flucht	exode	exodus	êxodo
experimentar	verzeichnen	éprouver	to experience	experimentar
explotación	Bewirtschaftung	exploitation	exploitation	exploração

extinguir	auslöschen	éteindre	to become extinct	extinguir
fauna	Tierwelt	faune	fauna	fauna
fenómeno	Phänomen	phénomène	phenomenon	fenômeno
fertilizante	Düngemittel	fertilisant	fertilizer	fertilizante
finalizar: para ~	zum Schluss	pour finir	in conclusion	para finalizar
flora	Pflanzenwelt	flore	flora	flora
forestal	Wald-, Forst-	forestier	forest	florestal
forma: de ~ que	so dass	de ~ à	in such a way that	de forma que
fuente de energía	Energiequelle	source d'énergie	source of energy	fonte de energia
fusión	Verschmelzung	fusion	fusion	fusão
ganadería, ~ intensiva	Massentierhaltung	élevage, ~ intensif	livestock farming, intensive ~	criação de gado, ~ intensiva
gasolina sin plomo	bleifreies Benzin	essence sans plomb	unleaded petrol	gasolina sem chumbo
global	global	global	global	global
grado	Grad	degré	degree	grau
grifo	Wasserhahn	robinet	tap	torneira
habitar	leben	habiter	to live	habitar
hecho: de ~	in der Tat	en fait	in fact	de fato
huracán	Hurrikan	ouragan	hurricane	furacão
incendio	Brand	incendie	fire	incêndio
incremento	Erhöhung	augmentation	increase	aumento
índice de natalidad	Geburtenrate	taux de natalité	birth rate	índice de natalidade
inmueble	Immobilie	immeuble	property	imóvel
intencionado	absichtlich	criminel	intentional	intencionado
intoxicar	vergiften	intoxiquer	to poison	intoxicar
inundación	Überschwemmung	inondation	flood	inundação
inventario	Bestandsaufnahme	inventaire	inventory	inventário
irracional	vernunftwidrig	irrationnel	irrational	irracional
jamás	niemals	jamais	never	jamais, nunca
lado: por un ~	einerseits	d'un côté	on the one hand	por um lado
legado	überliefert	héritage	legacy	legado
llevar a cabo	durchführen	mener à bien	to carry out	concluir
lluvia ácida	saurer Regen	pluie acide	acid rain	chuva ácida
malgastar	verschwenden	gaspiller	to waste	desperdiçar
manera: de ~ que	so dass	de façon que	in such a way that	de maneira que
marea negra	Ölpest	marée noire	oil slick	maré negra
maremoto	Seebeben	raz-de-marée	seaquake	maremoto
medio físico	Umwelt	moyen physique	physical environment	meio físico
¡Mierda!	Scheiße!	Merde !	Shit!	Merda!
moderar	mäßigen	modérer	to cut down on	moderar
modificación	Veränderung	modification	change	modificação
modo: de ~ que, de ese ~	so dass, auf diese Weise	de façon que, de cette ~	in such a way that, in this way	de modo que, desse ~
monocultivo	Monokultur	monoculture	single-crop farming	monocultura
motor	Motor	moteur	engine	motor
no obstante	dennoch	cependant	however	não obstante
oxígeno	Sauerstoff	oxygène	oxygen	oxigênio
paisaje	Landschaft	paysage	landscape	paisagem
paralización	Stilllegung	paralysie, arrêt	shut-down	paralização
parte: por otra ~	andererseits	d'autre part	on the other hand	por outro lado
perjudicar	schädigen	nuire	to be detrimental to	prejudicar
perjuicio	Nachteil	dommage	damage	prejuízo
polar	Polar-	polaire	polar	polar
polémico	polemisch	polémique	controversial	polêmico
potable	trinkbar	potable	drinkable	potável
preservar	schützen	préserver	to preserve	preservar
protección	Schutz	protection	protection	proteção
provocar	verursachen	provoquer	to cause	provocar
puesto que	da	puisque	since	ainda que
racional	vernünftig	rationnel	rational	racional
radiación	Strahlung	radiation	radiation	radiação
rayo solar	Sonnenstrahl	rayon solaire	the Sun's rays	raio solar
reciclable	wiederverwertbar	recyclable	recyclable	reciclável
recomendable	empfehlenswert	recommendable	advisable	recomendável
redactar	verfassen	rédiger	to write	redigir

	Alemán	Francés	Inglés	Portugués
reductor	Strahlregler	réducteur	limiter	redutor
rehacer	umarbeiten	refaire	to redo	refazer
reiterado	wiederholt	réitéré	repeated	reiterado
relevo, tomar el ~	Staffel, ersetzen	relève, prendre la ~	changing, to take over	relevo, substituir alguém
repoblar	wiederaufforsten	repeupler	to reforest	repovoar
resaltar	hervorheben	souligner	to highlight	ressaltar
reserva	Speicher	réserve	reserve	reserva
reservado	geheim	réservé	confidential	reservado
residuo: ~ tóxico, ~ radiactivo, ~ atómico, ~ contaminante	toxischer, radioaktiver Rückstand, atomarer ~, umweltschädlicher ~	déchet toxique, ~ radioactif, ~ atomique, ~ polluant	toxic waste, radioactive ~, atomic ~, contaminant ~	resíduo tóxico, ~ radiativo, ~ atômico, ~ contaminante
resumen: en ~	zusammenfassend	en résumé	in short	em resumo
resumiendo	zusammenfassend	pour résumer	in short	resumindo
retornable	Mehrweg-	consigné	returnable	retornável
reutilizar	wiederverwenden	réutiliser	to reuse	reutilizar
revalorizar	aufwerten	revaloriser	to revalue	revalorizar
revisar	korrekturlesen	vérifier	to revise	revisar
salvar	retten	sauver	to save	salvar
secuela	Folgeerscheinung	séquelle	consequence	sequela
sentido común	Menschenverstand	bon sens	common sense	senso comum
sequía	Trockenheit	sécheresse	drought	seca
severo	groß	sévère	severe	severo
solicitar	bitten	solliciter	to request	solicitar
talar	abholzen	tailler	to fell	derrubar, talar
termómetro	Thermometer	thermomètre	thermometer	termômetro
terremoto	Erdbeben	tremblement de terre	earthquake	terremoto
terrestre	Erd-	terrestre	of the Earth	terrestre
tonelada	Tonne	tonne	tonne	tonelada
tóxico	giftig	toxique	toxic	tóxico
tratar de	versuchen	essayer	to try	tentar, procurar
trayecto	Fahrtstrecke	trajet	route	trajeto, percurso
trivial	trivial	banal	trivial	trivial
tsunami	Tsunami	tsunami	tsunami	tsunami
ultravioleta	ultraviolett	ultraviolet	ultraviolet	ultravioleta
usar: de ~ y tirar	Wegwerf-	jetable	throw-away	de usar e jogar fora
vajilla	Geschirr	vaisselle	dishes	louça
vapor de agua	Wasserdampf	vapeur d'eau	steam	vapor d`água
verter	schütten	verser	to dump	verter, espalhar

Lección 7: La publicidad

	Alemán	Francés	Inglés	Portugués
abonar	bezahlen	payer	to pay	pagar
ahorro	Sparen	économie	savings	economia
antídoto	Gegengift	antidote	antidote	antídoto
arrimarse	sich nähern	s'approcher	to come closer	encostar-se
atractivo	reizvoll	attirant	attractive	atraente
atrevido	mutig	audacieux	daring	atrevido
avance	Fortschritt	progression	development	avanço
beneficioso	vorteilhaft	bénéfique	beneficial	benéfico
campaña	Kampagne	campagne	campaign	campanhaa
catálogo	Katalog	catalogue	catalogue	catálogo
cobijar	beschützen	abriter	to shelter	abrigar
combinar	zusammenstellen	combiner	to combine	combinar, juntar
concernir	angehen	concerner	to concern	concernir
considerado	rücksichtsvoll	respecté	held in high regard	considerado
convencionalismo	Konventionalismus	conventionnalisme	conventionality	convencionalismo
dar a conocer	bekannt machen	faire connaître	to make known	dar a conhecer
desapercibido	unbeachtet	inaperçu	unnoticed	desapercibido
entendedor	denkfähig	connaisseur	wise, knowledgeable	entendedor
entrometer	einmischen	se mêler de	to intrude	intrometer
eslogan	Slogan	slogan	slogan	slogan
excitante	spannend	excitant	exciting	excitante
éxito	Erfolg	succès	success	sucesso

exótico	exotisch	exotique	exotic	exótico
expectación	Erwartung	intérêt, curiosité	anticipation	expectativa
felicidad	Glück	bonheur	happiness	felicidade
fiable	zuverlässig	fiable	reliable	confiável
ficticio	fiktiv	fictif	fictitious	fictício
fin	Ziel	objectif	aim	fim, finalidade
folleto	Broschüre	prospectus	brochure	folheto
fomento	Förderung	promotion	promotion	Incentivo, fomento
fórmula	Formel	formule	formula	fórmula
frase hecha	Redewendung	phrase toute faite	set phrase	frase feita
igualdad, ~ de sexos	Gleichberechtigung, ~ von Mann und Frau	égalité, ~ des sexes	equality, gender ~	igualdade, ~ de sexos
importado	importiert	importé	imported	importado
inducir	verleiten	inciter, pousser à	to lead	induzir
ineficaz	unwirksam	inefficace	ineffective	ineficaz
infantil	Kinder-	infantile	children's	infantil
influir	beinflussen	influencer	to have an influence	influir
influyente	einflussreich	influent	influential	influente
innovador	innovativ	innovateur	innovative	inovador
inolvidable	unvergesslich	inoubliable	unforgettable	inesquecível
irreal	unwirklich	irréel	unreal	irreal
juego de palabras	Wortspiel	jeu de mots	play on words	jogo de palavras
librarse de	entkommen	se débarasser de	to escape	livrar-se de
ligero	leicht	léger	light	leve
machista	frauenfeindlich	machiste	sexist	machista
madrugar	früh aufstehen	se lever tôt	to wake, get up early	madrugar
manipular	manipulieren	manipuler	to manipulate	manipular
mejor dicho	genauer gesagt	plutôt	rather	melhor dizendo
microrrelato	Mikroerzählung	mini-récit	short story	relato curto
nutritivo	nahrhaft	nutritif	nutritious	nutritivo
ocasión: en ocasiones	gelegentlich	parfois	occasionally	em certas ocasiões
oculista	Augenarzt	oculiste	optician	oculista
ocurrente	einfallsreich	plein d'esprit	witty	criativo
pancarta	Reklamebanner	pancarte	placard	faixa
pegatina	Aufkleber	autocollant	sticker	adesivo
pensión	Pension	retraite	pension	pensão
persuasivo	überredend	persuasif	persuasive	persuasivo
plan de pensiones	Altersversicherung	régime de retraites	pension plan	plano de aposentadoria
poderoso	mächtig	puissant	powerful	poderoso
potente	kräftig	puissant	powerful	potente
precisamente	genaugenommen	précisément	precisely	precisamente
preciso	genau	précis	precise	preciso
prestigio	Ansehen	prestigieux	prestige	prestígio
pretender	anstreben	prétendre	to aim	pretender
proclamar	verkünden	proclamer	to proclaim	proclamar
promoción	Förderung	promotion	promotion	promoção
propaganda	Werbung	publicité	advertising	propaganda
protector	Beschützer	protecteur	patron	protetor
refrán	Sprichwort	dicton, proverbe	proverb	provérbio
refranero	Sprichwörtersammlung	recueil de proverbes	collection of proverbs	conjunto de provérbios
refrescante	erfrischend	rafraîchissant	refreshing	refrescante
relajante	erholsam	relaxant	relaxing	relaxante
reparo	Bedenken	réserve	objection	crítica
reputado	renommiert	réputé	renowned	reputado
revisión	Untersuchung	vérification	check-up	revisão
sector	Kreis	secteur	sector	setor
seductor	verlockend	séducteur	seductive	sedutor
socio	Mitglied	associé	member	sócio
sombra	Schatten	ombre	shade	sombra
suave	zart	doux	smooth	suave
sugerente	anregend	suggestif	suggestive	sugestivo
telefonía móvil	Mobiltelefonie	téléphonie mobile	mobile phones	telefonia móvel
todoterreno	Geländewagen	tout-terrain	all-terrain vehicle	carro 4x4
tono	Ton	ton	tone	tom

triunfador	Sieger	vainqueur	winner	triunfador
veneno	Gift	poison	poison	veneno
violar	verletzen	violer	to violate	violar
virtual	virtuell	virtuel	virtual	virtual

Lección 8: Los medios de comunicación

	Alemán	Francés	Inglés	Portugués
acaudalado	wohlhabend	riche	wealthy	endinheirado, rico
adecuado	richtig	adéquat	appropriate	adequado
aéreo	Flug-	aérien	plane	aéreo
amenazador	bedrohend	menaçant	threatening	ameaçador
antecedente	Vorstrafe	précédent	record	antecedente
artículo de opinión	Meinungsartikel	article d'opinion	editorial	artigo de opinião
asombro	Staunen	surprise	surprise	espanto
aspirante a	Bewerber	candidat à	contender for	aspirante a
atracador	Räuber	braqueur, voleur	mugger	assaltante
atracar	rauben	attaquer à main armée	to mug	assaltar
audiencia	Zuhörerschaft	audience	audience	audiência
audio	Ton	audio	audio	áudio
banquete	Festmahl	banquet	feast	banquete
bloque	Block	bloc	block	bloco
calmar	beruhigen	calmer	to calm down	acalmar
cámara	Kamera	caméraman	cameraman	cinegrafista
camino: a medio ~	zwischen	a mi-chemin	halfway	no meio do caminho
canal	Sender	canal	channel	canal
cárcel	Gefängnis	prison	jail	prisão
centenar	Hundert	centaine	one hundred	centena
chaval	Junge	gamin	kid	rapaz
clamor	Geschrei	clameur	clamour	clamor
clasificación	Platzierung	classement	classification	classificação
columna	Rubrik	chronique	column	coluna
comprensivo	verständnisvoll	compréhensif	understanding	compreensivo
concreto	konkret	concret	concrete	concreto
condicionar	bedingen	conditionner	to condition	condicionar
contenido	Inhalt	contenu	content	conteúdo
corresponsal	Korrespondent	correspondant	correspondent	correspondente
cotilleo	Klatsch	ragots	gossip	fofoca
crónica	Chronik	chronique	report	crônica
cubrir	Bericht erstatten	couvrir	to cover	cobrir
decenio	Dezennium	décennie	decade	década
demonio	Teufel	Bon sang !	hell	diabo
desconectar	ausschalten	déconnecter	to disconnect	desconectar
desmayo	Ohnmacht	évanouissement	faint	desmaio
digital	online	numérique	digital	digital
edición	Auflage	édition	edition	edição
editor	Verleger	éditeur	editor	editor
efectuar	ausführen	effectuer	to carry out	realizar
eliminatoria	Vorrunde	éliminatoire	qualifying round	eliminatória
emisión	Sendung	émission	broadcast	emissão
emitir	senden	émettre	to broadcast	emitir
encubierto	verdeckt	caché	covert	encoberto
enriquecimiento	Bereicherung	enrichissement	enrichment	enriquecimento
entierro	Beerdigung	enterrement	burial	enterro
entretanto	inzwischen	entre-temps	meanwhile	entretanto
erróneo	falsch	erroné	erroneous	errôneo
escaño	Abgeordnetensitz	siège	seat	cadeira (parlamentar)
escocés	schottisch	écossais	Scottish	escocês
especialista	Facharzt	spécialiste	specialist	especialista
establecimiento	Lokal	établissement	establishment	estabelecimento
examinar	erwägen	examiner	to examine	examinar
físico	Physiker	physicien	physicist	físico
fondista	Langstreckler	coureur	long-distance runner	fundista
funeral	Bestattung	obsèques	funeral	funeral
gamo	Damhirsch	daim	fallow deer	gamo

gánster	Gangster	gangster	gangster	gânster
garantizar	garantieren	garantir	to guarantee	garantir
gato encerrado	(hier ist) etwas faul	Il y a anguille sous roche	something fishy	algo suspeito
granadino	aus Granada	grenadin	of/from Granada	granadino
hipócrita	Heuchler	hypocrite	hypocrite	hipócrita
impacto	große Wirkung	impact	impact	impacto
impreso	gedruckt	imprimé	print	impresso
improvisar	improvisieren	improviser	to improvise	improvisar
indiferente	gleichgültig	indifférent	indifferent	indiferente
informativo	Nachrichten	journal télé	news programme	jornal (telejornal)
ingresar	eingehen	entrer	to enter	entrar
inmediatez	Unmittelbarkeit	soudaineté	immediacy	instantaneidade
júbilo	Jubel	joie	jubilation	alegria, contentamento
lágrimas de cocodrilo	Krokodilstränen	larmes de crocodile	crocodile tears	lágrimas de crocodilo
libertad de prensa	Pressefreiheit	liberté de la presse	freedom of the press	liberdade de imprensa
limitar	einschränken	limiter	to restrict	limitar
lirón	Schlafmaus	loir	dormouse	ratazana
localidad	Ortschaft	municipalité	town	localidade
lugar común	Gemeinplatz	lieu commun	cliché	lugar comum
manifestar	bekunden	manifester	to declare	manifestar
matanza	Massaker	massacre	killing	matança
meritorio	verdienstvoll	méritant	praiseworthy	meritório, louvável
metáfora	Metapher	métaphore	metaphor	metáfora
mimoso	schmusig	câlin	affectionate	terno
moco: no ser ~ de pavo	kein Pappenstiel sein	Ce n'est pas rien.	not to be an easy matter	ter importância
molestia	Beschwerde	malaise	discomfort	dor, desconforto
montón: del ~	gewöhnlich	quelconque	average	pessoa comum
mosca: por si las ~s	für alle Fälle	au cas où	just in case	por via das dúvidas
negar	verneinen	nier	to deny	negar
nómina	Namensverzeichnis	fiche/feuille de paie	vocabulary list	lista
omitir	weglassen	omettre	to omit	omitir
oposición	Opposition, Widerstand	opposition	opposition, opposing party	oposição
oyente	Hörer	auditeur	listener	ouvinte
palabras cruzadas	Kreuzworträtsel	mots croisés	crossword	palavras cruzadas
parte meteorológico	Wetterbericht	prévision météorologique	weather report	previsão meteorológica
penal	Straf-	pénal	criminal	penal
periódico electrónico	Onlinezeitung	journal électronique	online newspaper	jornal eletrônico
peso: de ~	gewichtig	important	weighty	importante
piel de gallina	Gänsehaut	chair de poule	gooseflesh	pele arrepiada
populista	populistisch	populiste	populist	populista
portada	Titelseite	première page	front page	capa
portal	Hauseingang	porte d'entrée	doorway	portão
precavido	vorsichtig	prévoyant	cautious	precavido
prensa: ~ amarilla, ~ rosa	Regenbogenpresse	presse à scandale, ~ du cœur	gutter press, gossip magazines	imprensa marrom, ~ de fofocas
prisión	Haft	prison	prison	prisão
profundidad	Tiefe	profondeur	depth	profundidade
prometer	versprechen	promettre	to promise	prometer
pronto: tan ~ como	sobald	dés que	as soon as	assim que
propiciar	ermöglichen	provoquer, entraîner	to bring about	propiciar
publicar	herausgeben	publier	to publish	publicar
puercoespín	Stachelschwein	porc-épic	porcupine	porco-espinho
radiofónico	Rundfunk-	radiophonique	radio	radiofônico
recaudación	Sammlung	recette	takings	arrecadação
receptor	Empfänger	récepteur	receiver	receptor
redacción	Redaktion	rédaction	editorial staff	redação
redactor	Redakteur	rédacteur	columnist	redator
reportaje	Reportage	reportage	news report	reportagem
reportero	Berichterstatter	reporter	reporter	repórter
resto	Überrest	restes, dépouille mortelle	remains	resto

resurrección	Auferstehung	résurrection	resurrection	ressurreição
rostro	Gesicht	visage	face	rosto
satisfecho	froh	satisfait	satisfied	satisfeito
sede	Sitz	siège	headquarters	sede
táctica del avestruz	Vogelstraußpolitik	politique de l'autruche	burying one's head in the sand	tática do avestruz
talle de avispa	Wespentaille	taille de guêpe	wasp waist	cintura fina
telespectador	Fernschzuschauer	téléspectateur	TV viewer	telespectador
tertulia	Gesprächsrunde	débat	informal debate group	reunião de pessoas para conversar
titular	Schlagzeile	manchette, gros titre	headline	manchete
totalidad	Gesamtheit	totalité	whole	totalidade
transmisión	Übertragung	transmission	broadcast	transmissão
verbigracia	zum Beispiel	par exemple	for example	por exemplo
vez: una ~ que	sobald, wenn	une fois que	once	uma vez que
vista de lince	Luchsaugen	yeux de lynx	sharp eyes	olho de lince
zoológico	zoologisch	zoologique	zoological	zoológico

Lección 9: Carácter y sentimientos

	Alemán	Francés	Inglés	Portugués
agresividad	Aggressivität	agressivité	aggression	agressividade
ambicioso	ehrgeizig	ambitieux	ambitious	ambicioso
añorar	vermissen	avoir la nostalgie de	to miss	sentir saudade
apasionar	leidenschaftlich anreizen	passionner	to excite	apaixonar
arrogancia	Hochmut	arrogance	arrogance	arrogância
audaz	kühn	audacieux	bold	ousado
aurora	Morgenrot	aurore	dawn	aurora
ausencia	Abwesenheit	absence	absence	ausência
autoestima	Selbstwertgefühl	estime de soi	self esteem	autoestima
barbaridad	Barberei	barbarie	atrocity	barbaridade
botones	Hotelpage	groom	bellboy	mensageiro de hotel
buhardilla	Dachgeschosswohnung	mansarde	attic room	sótão
cabezota	dickköpfig	têtue	stubborn	cabezota
Cáncer	Krebs	Cancer	Cancer	Câncer
casero	häuslich	propriétaire	home-loving	caseiro
clave	Schlüssel	clés, idées	key	dica
cobarde	feige	lâche	coward	covarde
cobardía	Feigheit	lâcheté	cowardice	covardia
codo: hablar por los ~	wie ein Wasserfall reden	être un moulin à paroles	to talk nineteen to the dozen	falar pelos cotovelos
competente	kompetent	compétent	competent	competente
comunicador	Sprecher	communicateur	communicator	comunicador
confiado	zutraulich	confiant	trusting	confiado
constancia	Ausdauer	constance	perseverance	constância
contradictorio	widerspruchsvoll	contradictoire	contradictory	contraditório
contrario: llevar la contraria	widersprechen	contredire quelqu'un	to take the opposite view	dizer justamente o contrário
cortés	höflich	poli	courteous	cortês
cortesía	Höflichkeit	politesse	courtesy	cortesia
creencia	Glaube	croyance	belief	crença
crítico	kritisch	critique	critical	crítico
darse por vencido	sich geschlagen geben	s'avouer vaincu	to give up	dar-se por vencido
deber, sentido del ~	Pflichtbewusstsein	devoir, sens du ~	duty, sense of ~	dever, sentido do ~
dignidad	Würde	dignité	dignity	dignidade
diplomático	diplomatisch	diplomate	diplomatic	diplomático
disciplina	Disziplin	discipline	discipline	disciplina
duradero	dauerhaft	durable	lasting	duradouro
ejecutivo	Führungsperson	cadre	executive	executivo
elegancia	Eleganz	élégance	elegance	elegância
embustero	lügnerisch	menteur	liar	trapaceiro
empollón	Streber	bûcheur	swot	C.D.F.
enfrentamiento	Auseinandersetzung	affrontement	confrontation	enfrentamento
envidia	Neid	envie	envy	inveja

equilibrio	Gleichgewicht	équilibre	balance	equilíbrio
esclavo	Sklave	esclave	slave	escravo
escrupuloso	gewissenhaft	minutieux	scrupulous	escrupuloso
espontaneidad	Spontanität	spontanéité	spontaneity	espontaneidade
espontáneo	spontan	spontané	spontaneous	espontâneo
estímulo	Anreiz	encouragement	encouragement	estímulo
exagerado	übertrieben	exagéré	exaggerated	exagerado
excitación	Anregung	excitation	excitement	excitação
fascinar	faszinieren	fasciner	to fascinate	fascinar
fidelidad	Treue	fidelité	loyalty	fidelidade
figura	Persönlichkeit	figure	figure	figura
fijo, ser de ideas fijas	unverrückbar, ~e Ideen haben	fixe, avoir des idées fixes	set, to have ~ ideas	fixo, ser de ideias fixas
fingir	vortäuschen	feindre	to pretend	fingir
fondo: en el ~	im Grunde genommen	au fond	deep down	no fundo
franco	ehrlich	franc	frank	franco
frescura	Frische	fraîcheur	freshness	frescor
herir	verletzen	blesser	to hurt	ferir
honrado	tugendhaft	honnête	honest	honrado
horóscopo	Horoskop	horoscope	horoscope	horóscopo
improvisado	improvisiert, aus dem Stegreif	improvisé	improvised	improvisado
imprudencia	Leichtsinnigkeit	imprudence	imprudence	imprudência
incompetente	ungeeignet	incompétence	incompetent	incompetente
indecisión	Unentschlossenheit	indécision	indecision	indecisão
inexperiencia	Unerfahrenheit	inexpérience	inexperience	inexperiência
ingenuidad	Naivität	naïveté	ingenuity	ingenuidade
ingenuo	naiv	naïf	ingenuous	ingênuo
inmadurez	Unreife	immaturité	immaturity	imaturidade
inmaduro	unreif	immature	immature	imaturo
inocencia	Unschuld	innocence	innocence	inocência
intuitivo	intuitiv	intuitif	intuitive	intuitivo
irónico	ironisch	ironique	ironic	irônico
irresponsabilidad	Unverantwortlichkeit	irresponsabilité	irresponsibility	irresponsabilidade
irresponsable	unverantwortlich	irresponsable	irresponsible	irresponsável
labia	Zungenfertigkeit	bagout	gift of the gab	lábia
loco: volver ~	verrückt machen	rendre fou	to drive crazy	ficar maluco
madera: tener ~ de	das Zeug zu etwas haben	avoir l'étoffe de	to have the makings of	levar jeito para
madurez	Reife	maturité	maturity	maturidade
mano: echar una ~	helfen	donner un coup de main	to lend a hand	dar uma mãozinha
mediocridad	Mittelmäßigkeit	médiocrité	mediocrity	mediocridade
memoria de elefante	Elefantengedächtnis	mémoire d'éléphant	incredible memory	memória de elefante
mentir	lügen	mentir	to lie	mentir
meticuloso	sorgfältig	méticuleux	meticulous	meticuloso
morirse de risa	sich kaputt lachen	mourir de rire	to die laughing	morrer de rir
neutralidad	Neutralität	neutralité	neutrality	neutralidade
novedad	Neuigkeit	nouveauté	novelty	novidade
ojo: tener buen ~	scharfsinnig sein	avoir l'œil	to have an eye	ter feeling
orden	Befehl	ordre	order	ordem
pata: meter la ~	ins Fettnäpfchen treten	faire une gaffe	to put one's foot in it	dar uma bandeira
paz: dejar en ~	in Ruhe lassen	laisser tranquille	to leave alone	deixar em paz
pelo: no tener ~s en la lengua	kein Blatt vor den Mund nehmen	ne pas avoir la langue dans sa poche	not to mince words	não ter papas na língua
pez: como ~ en el agua	wie ein Fisch im Wasser	comme un poisson dans l'eau	water: in one's element	como peixe na água
poder	Macht	pouvoir	power	poder
pureza	Reinheit	pureté	purity	pureza
realismo	Realismus	réalisme	realism	realismo
reflexivo	reflexiv	réfléchi	reflective	reflexivo
relevante	bedeutsam	important	relevant	relevante
resignación	Resignation	résignation	resignation	resignação
respeto	Respekt	respect	respect	respeito
rezar	beten	prier	to pray	rezar

ridículo	Blamage	ridicule	ridiculous	ridículo
sangre	Blut	sang	blood	sangue
satisfecho	zufrieden	satisfait	satisfied	satisfeito
selectivo	selektiv	sélectif	selective	seletivo
sencillez	Einfachheit	simplicité	simplicity	simplicidade
sensato	vernünftig	sensé	sensible	sensato
serenidad	Besonnenheit	sérénité	serenity	serenidade
sereno	besonnen	serein	serene	sereno
seriedad	Ernst	sérieux	seriousness	seriedade
soberbio	hochmütig	arrogant	proud	soberbo
soñador	träumerisch	rêveur	dreamer	sonhador
susceptibilidad	Empfindlichkeit	susceptibilité	susceptibility	suscetibilidade
susceptible	empfindlich	susceptible	susceptible	suscetível
tajante	resolut	catégorique	emphatic	taxativo
templo	Tempel	temple	temple	templo
terco	hartnäckig	entêté	stubborn	teimoso
terquedad	Hartnäckigkeit	entêtement	stubbornness	teimosia
timidez	Scheu	timidité	shyness	timidez
tolerancia	Toleranz	tolérance	tolerance	tolerância
valentía	Tapferkeit	courage	bravery	coragem
vanidad	Eitelkeit	vanité	vanity	vaidade
vanidoso	eitel	vaniteux	vain	vaidoso
virtud	Tugend	vertu	virtue	virtude
vulnerable	verletzlich	vulnérable	vulnerable	vulnerável

Lección 10: Estados físicos y anímicos

	Alemán	Francés	Inglés	Portugués
acumular	anhäufen	accumuler	to accumulate	acumular
aeróbico	aerobisch	aérobic	aerobic	aeróbico
agobiar	bedrücken	stresser	to overwhelm	angustiar
alarmar	beängstigen	alarmer	to alarm	alarmar
alucinar	ausflippen	halluciner	to fascinate	alucinar
angustia	Angst	angoisse	anguish	angústia
ansiedad	Unruhe	anxiété	anxiety	ansiedade
arruga	Falte	ride	wrinkle	ruga
barbilla	Kinn	menton	chin	queixo
broncear	bräunen	bronzer	to get a tan	bronzear
bulto	Wulst	bosse	lump	caroço
carcajada	Gelächter	éclat de rire	guffaw	gargalhada
chato	platt	aplati	snub	chato
cicatriz	Narbe	cicatrice	scar	cicatriz
citar	anführen	citer	to quote	citar
coco	Kinderschreck	grand méchant loup	bogeyman	bicho-papão
coleta	Haarzopf	couette	ponytail	rabo-de-cavalo
delicadeza	Zärtlichkeit	délicatesse	gentleness	delicadeza
depresión	Depression	dépression	depression	depressão
deprimir	deprimieren	déprimer	to depress	deprimir
desconcertante	verblüffend	déconcertant	disconcerting	desconcertante
desconcertar	verblüffen	déconcerter	to disconcert	desconcertar
digestión	Verdauung	digestion	digestion	digestão
ejercitar	betreiben	pratiquer	to exercise	exercitar
emocionar	rühren	émouvoir	to thrill	emocionar
enfado	Ärger	colère	anger	aborrecimento
envejecer	alt werden	vieillir	to grow old	envelhecer
envidiable	beneidenswert	enviable	enviable	invejável
espeso	dicht	épais	thick	grosso
estimulante	anreizend	stimulant	stimulating	estimulante
estimular	auffordern	stimuler	to stimulate	estimular
estreñimiento	Verstopfung	constipation	constipation	prisão de ventre
estresar	stressen	stresser	to stress	estressar
facial	fazial, Gesichts-	du visage	facial	facial
flequillo	Pony	frange	fringe	franja
fortalecer	kräftigen	fortifier	to strengthen	fortalecer
frente	Stirn	front	forehead	testa

frustrar	frustrieren	frustrer	to frustrate	frustrar
furioso	wütend	furieux	furious	furioso
grano	Pickel	bouton	spot	espinha
hígado	Leber	foie	liver	fígado
ilusión	Freude	illusion	excitement	ilusão
indignar	empören	indigner	to make indignant	indignar
inexperto	unerfahren	inexpérimenté	inexperienced	inexperiente
insípido	fade	insipide	insipid	insípido
insomne	schlaflos	insomniaque	insomniac	insone
irritar	erregen	irriter	to irritate	irritar
liberar	befreien	libérer	to release	liberar
lunar	Muttermal	lunaire	mole	sinal
magnífico	großartig	magnifique	magnificent	magnífico
malinterpretar	missverstehen	mal interpréter	to misinterpret	interpretar mal
mejilla	Wange	joue	cheek	bochecha
melena	langes Haar	longue chevelure	long hair	cabelo
obsceno	unanständig	obscène	obscene	obsceno
obsesivo	obsessiv	obsédant	obsessive	obssessivo
ojera	Augenring	cerne	bag under the eyes	olheira
ojo: no pegar ~	kein Auge zutun	ne pas fermer l'œil	not to sleep a wink	não pregar o olho
oxigenación	Sauerstoffsättigung	oxygénation	oxygenation	oxigenação
pánico	Panik	panique	panic	pânico
patilla	Koteletten	pattes	sideboard	costeleta
peca	Sommersprosse	tâche de rousseur	freckle	sarda
pensamiento	Gedanke	pensée	thought	pensamento
perilla	Spitzbart	bouc	goatee	cavanhaque
pestaña	Wimper	cil	eyelash	pestana, cílios
piercing	Piercing	piercing	piercing	piercing
pierna: dormir a ~ suelta	wie Murmeltier schlafen	dormir à poings fermés	to sleep soundly	dormir profundamente
polvo: hacer ~	fertig machen	crever	to spoil	estar exausto
preocupación	Sorge	inquiétude	worry	preocupação
prescribir	verschreiben	prescrire	to prescribe	prescrever, receitar
prisa: meter ~	drängen	presser	to rush	apressar
psiquiatra	Psychiater	psychiatre	psychiatrist	psiquiatra
reportar	bringen	apporter	to yield	proporcionar
respiración	Atmung	respiration	breathing	respiração
risa	Lachen	rire	laughter	riso
sabiduría	Weisheit	sagesse	wisdom	sabedoria
soso	fade	fade/ennuyeux, niais	boring, bland	sem graça, sem sal
tatuaje	Tätowierung	tatouage	tattoo	tatuagem
tensión	Spannung	tension	tension	tensão
velada	geselliger Abend	soirée	evening	noitada
verde, ser ~, estar ~	verderbt sein, noch in den Windeln stecken	vert, ne pas être mûr, être grivois	green, to be dirty, to be ~	verde, ser obsceno, estar ~

Lección 11: De vacaciones

	Alemán	Francés	Inglés	Portugués
a no ser que	es sei denn	a moins que	unless	a não ser que
abanico	Fächer	éventail	fan	leque
abundar	reichlich vorhanden sein	abonder	to abound	abundar
andino	aus den Anden	andin	Andean	andino
anfiteatro	Amphitheater	amphithéâtre	amphitheatre	anfiteatro
arqueológico	archäologisch	archéologique	archaeological	arqueológico
arqueólogo	Archäologe	archéologue	archaeologist	arqueólogo
autóctono	einheimisch	autochtone	indigenous	autóctone
bahía	Bucht	baie	bay	baía
buey	Ochse	bœuf	ox	boi
cabeza: a la ~	an der Spitze	en tête de	at the head	liderar
cabo	Landspitze	cap	cape	cabo
capitán, ~ de vuelo	Flugkapitän	capitaine	captain, flight ~	capitão, ~ de voo
cascada	Kaskade	cascade	waterfall	cascata
cima	Gipfel	sommet	summit	cume

civilización	Kultur, Zivilisation	civilisation	civilization	civilização
colchón	Matratze	matelas	mattress	colchao
con tal de que	wenn	du moment que	as long as	contanto que
condición: a ~ de que, con la ~ de que	unter der Bedingung, dass	à condition que, avec la ~ que	on condition that	sob condição de que, com a ~ de
cónico	kegelförmig	conique	conical	cônico
costero	Küsten-	côtier	coastal	costeiro
desenvolverse	sich verständigen	se débrouiller	to cope	desenvolver-se
desértico	Wüsten-	désertique	desert	desértico
diferir	abweichen	différer	to differ	diferir, adiar
disposición	Verfügung	disposition	disposal	disposição
edificación	Bebauung	construction	building	edificação
empinado	steil	raide, en pente	steep	empinado
encajar	zusammenfügen	emboîter	to fit together	encaixar
enigma	Rätsel	énigme	enigma	enigma
escalinata	Freitreppe	escalier	steps	escadaria
excepto si	wenn nicht	sauf si	unless	exceto se
expectativa	Erwartung	perspective	expectation	expectativa
expedición	Expedition	expédition	expedition	expedição
golfo	Meerbusen	golfe	gulf	golfo
guardia	Wache	tour de garde	guard	guarda
guía	Reiseführer	guide	guide	guia
gustazo	Vergnügen	pied, c'est le pied	great pleasure	prazer
horizonte	Horizont	horizon	horizon	horizonte
huelga de hambre	Hungerstreik	grève de la faim	hunger strike	greve de fome
imponente	imposant	imposant	imposing	imponente
inaccesible	unerreichbar	inaccesible	inaccessible	inacessível
inmejorable	vortrefflich	parfait	excellent	que não pode ser melhor
insonorizado	schalldicht	insonorisé	soundproof	insonorizado
insular	Insel-	insulaire	to insulate	insular
itinerario	Reiseroute	itinéraire	itinerary	itinerário
labrar	zurichten	travailler	to cut	lavrar
laguna	Teich	lagune	lagoon	lagoa
libro de reclamaciones	Beschwerdebuch	livre de réclamations	complaints book	livro de reclamações
lindo	schön	beau	beautiful	lindo
llano	flach	plat	flat	plano
llanura	Flachland	plaine	plain	planície
lujoso	luxuriös	luxueux	luxurious	luxuoso
marcha, salir de ~	losgehen, Party machen	ambiance, faire la fête	nightlife, to go out	sair, ir para a balada
mina	Mine	mine	mine	mina
montañoso	gebirgig	montagneux	mountainous	montanhoso
mosquito	Mücke	moustique	mosquito	mosquito
muestra	Muster	preuve	sample	mostra
muralla	Mauer	muraille, rempart	wall	muralha
nariz, hasta las narices	Nase, die Nase voll haben	ras-le-bol	nose, fed up	nariz, estar de saco cheio
nervio: poner de los ~s	auf die Nerven gehen	taper sur les nerfs	to get onsomebody's nerves	tirar do sério
ojo: en un abrir y cerrar de ~s	im Handumdrehen	en un clin d'oeil	in the blink of an eye	num piscar de olhos
pantano	Stausee	barrage	marsh	pântano
papel de fumar	Zigarettenpapier	papier à cigarettes	cigarette paper	papel fino
pendiente	Hang	pente	incline	ladeira
peninsular	Halbinsel-	péninsulaire	peninsular	peninsular
picotazo	Stich	piqûre	insect bite	picada
plaga	Plage	invasion	plague	praga
poblado	Siedlung	village	village	povoado
polea	Seilrolle	poulie	pulley	roldana, polia
precolombino	präkolumbisch	précolombien	pre-Columbus	pré-colombiano
refrigerado	gekühlt	climatisé	refrigerated	refrigerado
riego	Bewässerung	arrosage	irrigation	rego
saco	Schlafsack	sac de couchage	bag	saco
salvo que	außer wenn	sauf si	unless	salvo que

secuestrar	entführen	séquestrer	to hijack	sequestrar
siempre y cuando	nur dann, wenn	tant que	provided	desde que
sobrehumano	übermenschlich	surhumain	superhuman	sobre-humano
sobrenatural	übernatürlich	surnaturel	supernatural	sobrenatural
tremendo	toll	incroyable	amazing	impressionante
tronco: dormir como un ~	wie ein Stein schlafen	dormir comme une souche	to sleep like a log	dormir como uma pedra
tropical	tropisch	tropical	tropical	tropical
ventilador	Ventilator	ventilateur	fan	ventilador
vida nocturna	Nachtleben	vie nocturne	nightlife	vida noturna
vista	Aussicht	vue	view	vista
volcánico	vulkanisch	volcanique	volcanic	vulcânico

Lección 12: Hechos y decisiones importantes

	Alemán	Francés	Inglés	Portugués
alta, dar el ~	Gesundschreibung	sortir de l'hôpital	release	alta, dar alta
antelación, con ~	Vorausnahme, vorzeitig	avance, à l'~	notice, in advance	antecedência, com ~
apuesta	Wette	pari	bet	aposta
arreglar, arreglárselas	reparieren, zurechtkommen	réparer, se débrouiller	to fix, to sort things out for oneself	consertar, virar-se ou dar um jeito
asombrar	verwundern	surprendre	to amaze	causar admiração
auxiliar administrativo	Bürogehilfe	auxiliaire/employé administratif	administrative assistant	auxiliar administrativo
bellas artes	schöne Künste	Beaux-Arts	fine arts	belas artes
bochorno	Beschämung	honte	embarrassment	vergonha
bolsa de basura	Müllsack	sac poubelle	rubbish bag	saco de lixo
brillante	schlagfertig	brillant	brilliant	brilhante
camión de la basura	Müllwagen	camion poubelle	rubbish lorry	caminhão do lixo
cargador	Ladegerät	chargeur	charger	carregador
cerrajero	Schlosser	serrurier	locksmith	chaveiro
chapurrear	gebrochen sprechen	baragouiner	to speak a language poorly	arranhar um idioma
comarcal	Land-	régional	regional	regional
conocimiento	Bewusstsein	connaissance	consciousness	consciência
constatar	feststellen	constater	to verify	constatar
contenedor	Container	container	bin	container
cuerpo humano	menschlicher Körper	corps humain	human body	corpo humano
decepción	Enttäuschung	déception	disappointment	decepção
decepcionado	enttäuscht	déçu	disappointed	decepcionado
desenterrar	ausgraben	déterrer	to dig something/somebody out	desenterrar
desilusión	Ernüchterung	désillusion	disappointment	desilusão
desperdicio	Abfall	gaspillage	waste	desperdício
dimitir	zurücktreten	démissioner	to quit	pedir demissão
Edad Media	Mittelalter	Moyen-Age	Middle Ages	Idade Média
empeño	Bemühung	détermination	determination	empenho
ensayar	proben	répéter	to practise	ensaiar
esfuerzo	Anstrengung	effort	effort	esforço
estresado	gestresst	stressé	stressed	estressado
flauta	Flöte	flûte	flute	flauta
gasolina	Benzin	essence	petrol	gasolina
gasolinera	Tankstelle	station-service	petrol station	posto de gasolina
golpe: no dar ni ~	überhaupt nichts tun	se la couler douce	not to lift a finger	não fazer esforço
grúa	Abschleppwagen	dépanneuse	breakdown van	reboque
ileso	unverletzt	indemne	unharmed	ileso
inconformista	unangepasst	anticonformiste	nonconformist	inconformista
insignificante	belanglos	insignifiant	insignificant	insignificante
mano: quitar de las ~s	aus den Händen reißen	se l'arracher	to sell like hotcakes	tirar das mãos
maravilla	Wunderwerk	merveille	wonder	maravilha
mayúsculo	enorm	monumental	enormous	grande
medir	abschätzen	mesurer	to measure	medir
muerte: de ~	zu Tode	hyper	great	imenso
municipal	Stadt-, Gemeinde-	municipal	city	municipal

nadar en la abundancia	in Luxus schwelgen	nager/vivre dans l'opulence/abondance	to be rolling in money	nadar em ouro
neerlandés	Niederländisch	néerlandais	Dutch	holandés
noble	nobel	noble	noble	nobre
óptica	Optikgeschäft	opticien	optician's shop	ótica
ostra: aburrirse como una ~	sich zu Tode langweilen	s'ennuyer comme un rat mort	to be bored stiff	morrer de tédio
paliza	Abrackern	corvée, travail	beating	surra
perder por goleada	torreich verlieren	essuyer une défaite écrasante	heavy defeat	perder de goleada
personalidad	Persönlichkeit	personnalité	personality	personalidade
presentimiento	Vorgefühl	pressentiment	feeling	pressentimento
pretendiente	Verehrer	prétendant	suitor	pretendente
previsto	vorgesehen	prévu	planned	previsto
rasguño	Schramme	égratignure	scratch	arranhão
récord	Rekord	record	record	recorde
residir	wohnen	résider	to reside	residir
roce	Reibung	heurt	friction	trato, intimidade
segunda mano	Gebraucht-	d'occasion	second-hand	segunda mão
taller	Werkstatt	garage	repair shop	oficina mecânica
trasladar	umziehen	transporter	to move	mudar
urgencias	Notaufnahme	urgences	emergency ward	emergências
vertedero	Mülldeponie	décharge	dump	depósito de lixo
virtuoso	virtuos	virtuose	virtuoso	virtuoso